A LONG BRIGHT FUTURE

길고 멋진 미래
행복한 노년 준비하기

LAURA L. CARSTENSEN 저 | 김혜리·김영경 역

 박영story

이 책은 나를 비롯해 다섯 자녀를
한없이 사랑하고 지지해 주시는
나의 부모님, 팸 카스텐슨과 에드윈 카스텐슨

그리고

스탠포드 장수센터를 설립하고
나를 지지해 주며 통찰력이 뛰어난
리차드 레인워터에게 바친다.

〈 목 차 〉

〈 감사의 글 〉

여러 의미에서 이 책은 스탠포드대학교 문화의 산물이다. 스탠포드대학은 오랫동안 공공의 이익을 위해 헌신해 왔고 실리콘 밸리와의 각별한 인연 덕분에 할 수 있다는 가능성의 정신이 풍부한 문화를 만들어내고 있다. 나는 스탠포드 장수센터(Stanford Center on Longevity)보다 더 좋은 곳을 상상할 수 없다. 이 센터는 스탠포드대학의 교수와 학생을 대표하는 두뇌집단으로 설립되었으며, 장수를 지원하는 세상을 만들겠다는 공약에 따라 정치학, 경영학, 인구학, 기업가 정신의 전문성을 지닌 비범한 사람들로 구성되어 있다. 장수에 관한 나의 관점은 이렇게 매우 특별한 곳에서 생활하고 일하면서 만들어진 결과이기도 하다.

이 책에 잘못된 것이 있다면 그것은 전적으로 내 책임이지만, 신뢰할 만한 내용은 스탠포드 동료의 공로 덕분이다. 나는 심리학과 동료인 Tom Andriacchi, Bill Damon, Victor Fuchs, Alan Garber, Mary Goldstein, Dan Kessler, Iris Litt, Maggie Neale, Tom Rando, John Shoven 교수에게 감사한다. Jack Rowe가 설립

하여 이끌고 있는 고령화 사회를 위한 맥아더 재단(MacArthur Foundation Network on Aging Societies)의 동료에게도 고마움을 표한다. 나는 미국 국립노화연구소(National Institute on Aging)에서 행동 및 사회 연구 프로그램을 감독하는 Richard Suzman에게 신세를 많이 졌는데, 우리는 여러 연구 분야에 대해 생산적인 대화를 나누었고, 나는 그 덕을 크게 보았다. 또 내가 이 책을 쓰는 동안 베를린 소재 미국학술원과 구겐하임 재단(Guggenheim Foundation)에서 보내준 지지에 감사한다.

그리고 나는 Martha Deevy, Margaret Dyer-Chamberlain, Adele Hayutin, Jane Hickie, Ken Smith 등 스탠포드 장수센터의 유능한 선임 직원에게서 도움을 받았다. 그들이 갖추고 있는 정책, 정치, 산업, 사업 분야의 전문성 덕분에 나는 사회변화에 대한 기본적인 시각을 갖게 되었다. 또한 Jack Rowe가 회장으로 있고 Katherine August-deWilde, Kenneth Bacon, Natalie Naftzger Davis, Lawrence Hershfield, James Johnson, Scott Kerslake, Irene Mecchi, Thomas Moore Ⅲ, Steven Poizner, George Shultz, Anne Bennett Spence, Norman Volk, David Wise로 구성된 장수센터 자문회의 지혜와 분별력에 감사한다.

스탠포드 학부생이 증가된 수명은 노인뿐만 아니라 젊은이와도 관련된다는 것을 내게 확신시켜 주었듯이, 현재의 대학원생과 졸업한 대학원생도 이 책에 기여했다. 특히 Candice Lowdermilk, Greg Samanez-Larkin, Helene Fung, Hal Ersner-Hershfield는 나의 사고를 발전시켜 주었는데, 이 점은 앞으로도 항상 고마워할 것이다. 그리고 조교 Jill Chinen, Tracy Dow, Christina Sangervasi는 내가 알아차리기도 전에 발생 가능한 문제를 예상하고 해결해 주는 일이 여러 차례 있었다. 특히 Kara Platoni의 재능과 지성, 끊임없이 문제 제기하는 능력, 언어능력은 이 책을 정교하게 만드는 데 도움이 되었으며, 우리 실험실의 매우 특별한 대학원생인 Nanna Notthoff 덕분에 이 개정판이 좀 더 나은 책이 될 수 있었다.

James Johnson이 퍼블릭어페어즈(PublicAffairs) 출판사의 Peter Osnos와 Susan Weinberg에게 나를 소개하지 않았다면 이 책의 개정판은 없었을 것이다. 관대하고 현명하고 인내심 있는 선임 편집자 Lisa Kaufman에게도 큰 은혜를 입었다. Esther Newberg의 지속적인 지지는 처음부터 큰 힘이 되었다.

이 책에 스탠포드의 자료가 많이 반영되었듯이 우리 가족의 사랑, 지지, 지혜, 미덕이 반영되었다. 나는 여러 세대에 걸친 우리 가족의 가치를 직접적으로 잘 안다. 우리 할머니 Opal Carstensen은 우정이 세대를 초월할 수 있다는 것을 젊은 시절의 나에게 보여주었고, 우리 왕고모 Mabel은 내가 성장하고 나서 중요한 시기에 특별한 우정을 내게 나누어 주었다. 또 다른 왕고모 Nell의 재치와 분별력을 내가 102세쯤 되었을 때 나도 갖추고 있기를 희망한다.

우리 아버지가 이 책에 지적으로 기여한 바를 빠뜨릴 수 없다. 내가 원고를 아버지에게 보내면 항상 24시간 내에 의견을 아주 많이 보내주셔서 출중한 과학자를 아버지로 둔 덕을 톡톡히 보았다. 이는 다른 사람은 얻지 못하는 불공평한 특혜다. 아버지는 모든 것을 아는 듯하고, 그의 비판적인 사고와 명료함 덕분에 나는 장수에 관해 많은 생각을 하게 되었다. 아버지는 내가 열심히 배워 닮고 싶은 사람이다.

　나의 부모님은 자녀가 자신의 일을 진지하게 하도록 가르치셨고 과하게 관여하지 않으셨다. 부모님은 나의 형제자매인 Richard, Allen, Dee, Tina 그리고 나에게 우리가 선택한 직업이 무엇이건 최선을 다 하도록 웃음과 훈계로 키우셨다. 박물학자, 공예가, 음악가, 교육자인 우리 형제자매는 내가 알고 있는 사람 중에 가장 재미있는 사람이다. 내 아들 David Pagano와 며느리 Jennifer는 여러 방식으로 이 책에 직간접적인 영향을 미쳤으며, 아들 내외는 나의 남다른 손자손녀인 Evan, Jane과 함께 우리 가족에게 끊임없이 사랑을 주며 헌신하고 있다.

　내 남편 Ian Gotlib는 나의 동료이기도 한데, 이 책을 쓰는 데 직접적으로 영향을 미쳤다. 책을 쓰는 사람과 살아 본 사람이라면 누구나 그 일이 어렵다는 것을 안다. 책을 쓰는 내내 Ian은 한 번도 불평하지 않았다. 그뿐만 아니라 많은 시간을 들여 원고를 모두 읽었고 내 생각을 경청하고는 매번 훌륭하다고 말해 주었다. Ian, 나와 함께 해 줘서 고마워요!

Laura L. Carstensen

〈 옮긴이의 글 〉

.

　인류가 가지고 있는 오래된 염원의 하나는 늙지 않고 오래 사는 불로장생이었다. 중국을 통일하여 당대 최고의 권력을 누렸던 진시황이 서복이라는 신하에게 불로초를 구해오라는 명을 내렸던 것을 보아도 불로장생의 염원이 얼마나 절실했는지 알 수 있다. 자신의 소망과는 달리 진시황은 50세를 넘기지 못하였기에 불로장생의 염원을 달성하지 못했으나, 한국 등 선진국에서는 오늘날 평균수명이 80세를 넘고 있을 뿐만 아니라 백세인도 점점 증가하고 있으므로 오늘날의 일반인은 장수에 대한 염원을 어느 정도 달성했다고 볼 수 있겠다. 또한 노화에 관한 과학적 연구를 통해 노화과정을 과학적으로 이해하게 되면서 노화과정을 늦출 가능성이 있는 방법과 젊은 외모를 유지하는 방법 등은 날로 향상되고 있다. 그 결과, 생활환경 개선과 적절한 건강관리를 통해 오늘날의 80대는 과거의 60대에 버금가는 정도의 건강과 외모를 가지게 되었다.

　젊게 오래 살고 싶은 염원을 상당한 수준까지 달성한 현대인들은 행복한 삶을 영위할 것으로 보이나 꼭 그렇지만은 않은 것이 현실이

다. 개인적 차원에서 보면 수명은 연장되었지만 그 대신 고혈압, 당
뇨와 같은 만성질환과 알츠하이머병, 파킨슨병 등 치매를 유발하는
각종 질환의 위험이 높아졌는데, 이들 질병은 장기간의 관리가 필수
적인 만큼 본인과 그 가족에게 신체적, 정신적, 경제적으로 많은 어
려움을 발생시킨다. 또 현대인은 은퇴 이후에 어떻게 사는 것이 잘
사는 것인지에 대한 청사진을 가지고 있지 않기에 불안하다. 과거에
는 젊은 시절 열심히 자녀를 키우고 일하다 은퇴하면 약간의 저축과
성장한 자녀의 도움으로 노후생활을 그럭저럭 할 수 있었다. 그러나
지금은 평균수명만큼만 산다고 하여도 일하지 않으면서 20년 이상
을 더 살아야 하는데(한국의 공식퇴직연령인 60세에 은퇴했다고 했
을 때), 이에 얼마만큼의 노후자금이 필요한지 알기도 힘들 뿐만 아
니라, 노후를 위한 저축을 충분하게 하지 못한 상태에서 노년기로
들어가는 사람들은 대부분 불안할 수밖에 없다. 사회보장제도가 발
달된 나라들에서는 이런 문제를 해결하기 위해 고령연금이나 의료
보험으로 노인들의 기초생활 비용과 의료비용을 지원하고 있다.

수명 연장은 국가재정에도 큰 문제를 야기한다. 고령자 수가 증가
하면서 국가의 의료비 지출과 이들에게 지급해야 하는 총 연금 액수
가 급증하고 있다. 현재의 근로자에게 부과된 사회보장세로 은퇴자
에게 연금을 지급하는 부과방식으로 운영하는 미국에서는 근로자
수에 비해 고령 은퇴자 수의 비율이 수명 연장으로 인해 점차 커지
므로 연금재정이 악화된다. 한국과 같이 자신이 납부해서 적립한 금
액을 받는 적립형 연금의 경우도 사람들이 예상보다 오래 살게 되면
서 자신이 적립한 액수보다 훨씬 더 많은 액수를 받게 되므로 기금
이 고갈되기 시작한다. 이러한 위기를 인식하여 일부 정치인이나 연

금전문가 등은 국민연금이나 공무원연금 등 공적 연금의 기금이 곧 고갈될 것이므로 기여금을 더 늘리고 수령액을 줄여야 한다는 것을 주장하는 반면 멀지 않은 시기에 연금수령을 앞둔 사람이나 일부 사람들은 이에 반대하고 있는데, 두 입장간의 논쟁에 대한 보도를 우리는 다양한 매체를 통해 자주 접하게 되었다. 날로 열악해지고 있는 연금재정 문제에 대한 해법을 찾는 것은 경제학자나 연금전문가, 정치인이 머리를 맞대고 묘수를 찾아야 하는 복잡한 문제일 것이다.

이와 같이 경제학적으로 매우 복잡한 문제를 카스텐슨 박사는 사회복지학, 사회학, 정치학, 의학, 생물학, 공학 등 인접학문의 지식을 융합하여 발달심리학적으로 해결해보려고 시도하였다. 카스텐슨 박사의 핵심 주장은 우리 모두 인간의 수명이 현재에 비해 짧았던 시절에 이상적이라고 생각하였던 생애주기 모델에서 벗어나야 한다는 것이다. 인간의 수명이 60년 정도로 짧았던 시절엔 인생을 3막으로 구성된 것으로 간주하였다, 1막은 이 세상을 살아가는 데 필요한 다양한 지식과 기술을 배우는 교육 단계로 청년기까지에 해당하며, 2막은 직업을 가짐으로써 일과 가족부양에 몰두하는 가장 바쁘고 활동적인 성인기에 해당한다. 3막은 일과 가족부양의 의무에서 벗어나서 그다지 길지 않은 기간에 여가를 즐기다 질병 등으로 생을 마감하게 되는 시기이다. 이러한 생애 주기 모델은 각 단계별로 해야 하는 역할이 분명히 구분되어 있어서 자신의 해야 할 일, 즉 발달과업이 무엇인지 쉽게 알 수 있다는 이점이 있기는 하다. 그러나 성인기는 일과 자녀양육이라는 두 가지 과업을 달성하기 위해 바쁘게 뛰어야 하므로 가족 및 친지들과의 충분한 정서적 교류가 가능한 여유 있는 삶을 살 수 없기에 모두에게 힘든 시기이며, 이 힘든 시기는 은퇴 후의 여유로운 생활로 보상받으면 되는 것으로 보았다.

　카스텐슨 박사는 이러한 모델이 장수시대에는 맞지 않는다고 주장한다. 기대수명이 100세 정도 될 것으로 예측되는, 현재 자라나고 있는 어린 세대는 현재처럼 65세(미국의 경우)나 60세(한국의 경우)에 은퇴한다고 했을 때 거의 40년을 생산적 활동없이 여가생활이나 특별한 목적 없는 일상적 활동으로 시간을 보내야 하는데, 이는 비생산적 활동을 하는 기간이 너무 길다는 것이다. 많은 사람은 생산적인 활동을 할 때 삶의 의미와 즐거움을 경험하므로 생산적인 활동을 할 만큼 건강한 은퇴자에게 일에서 완전히 분리된 삶은 심리적으로 긍정적일 수 없으며, 생산활동 없이 40년 정도의 노후생활에 필요한 자금을 마련하는 것은 개인적으로나 국가재정 차원에서나 커다란 부담이 될 수밖에 없다는 것이다. 카스텐슨 박사는 이러한 문제는 연장된 인간의 수명을 모두 노년기 생활에만 사용한다고 생각하기 때문에 발생한다고 보았다. 20세기의 과학과 기술의 발달로 인해 인류의 오랜 염원인 장수가 가능해지게 되었는데, 우리가 가지게 된 여분의 시간을 노년기에만 써야 할 이유는 없으며 각 단계를 조금씩 더 연장함으로써 발달과업을 수행하느라 시간적으로 정신적으로 쫓기지 않으면서 각 단계를 좀 더 여유를 가지고 살 수 있다는 것이다.

　카스텐슨 박사가 이 책에서 제안한 새로운 생애모델은 5막 정도로 구성된다. 1막은 교육에 집중하는 청년기까지에 해당되는데, 이 시기는 배워야 하는 지식과 기술이 과거시대에 비해 증가하고 있기에 30세까지 연장될 수 있다(졸업을 유예하면서 진로모색을 하거나 취업준비를 위해 20대를 보내고 있는 현재의 한국 청년들에서 이 시기의 특징을 엿볼 수 있을 듯하다). 2막은 30대의 젊은 성인기인데 이 시기는 청년기에 배운 지식을 바탕으로 직장생활을 시작하지만 처음부터 자신의 일을 고정적으로 생각하지 않고 다양한 일을 시간제로 근무해보면서 자신에게 적합한 일을 찾는 단계이다. 시간제 일로 생기는 여유 있는 시간은 자녀양육에 사용할 수 있어서 이 시기에 자녀양육이 젊은 성인에게 부담이 되기보다는 가족의 의미와 인생의 즐거움을 충분히 경험할 수 있는 기회가 될 수 있다. 30대에 다양한 직업을 시도해 본 젊은 성인은 40대부터는 자신에게 최적의 직업을 선택하여 전일제로 근무하는 인생의 3막으로 진입한다. 일에 집중하는 단계이나 언제 은퇴해야 한다는 고정관념과 사회적 압박이 없으므로 일뿐만 아니라 자신이 가진 지식과 기술을 이웃에 지원하는 재능 기부나 취미 활동 등에 시간을 쓰는 시기로 대략 80세까지 연장될 수 있는 단계이다. 4막은 전일제 일에서 서서히 철수하면서 숙련된 직업기술을 사용하되 시간제로 신체를 덜 사용하는 방향으로 일을 지속하고, 그 결과 늘어난 여유 시간에 재능 기부나 봉사 활동 등에 더 많이 참여할 수 있게 되는 단계이다. 마지막 단계는 인생을 정리하는 단계이다.

이 생애주기 모델에서는 인생의 전반부(1막과 2막)는 사회의 도움을 받아서 유능하고 독립적인 성인으로 자라고 후반부(3막부터)에는 자신의 능력을 자라나는 어린이와 지역사회를 위해 사용함으로써 전반부에 지역사회로부터 받았던 혜택을 지역사회로 돌리는 것이다. 인간의 삶은 자신만을 위한 것이 아닌 후속세대를 위한 발판이 될 수 있어야 인간사회 전체가 함께 발전할 수 있다는 카스텐슨 박사의 철학이 깃들어 있는 생애주기 모델이라 하겠다.

이러한 모델은 연장된 수명을 잘 활용함으로서 우리의 행복수준을 높일 수 있는 모델로 보인다. 물론 이러한 모델이 현실적으로 가능한 모델이 되기 위해서는 무엇보다 단계적 은퇴가 시작되는 70대까지 건강을 유지할 수 있어야 함은 물론이며, 사회가 지나치게 경쟁적이지 않아야 하며, 직업전환이나 시간제에서 전일제로의 진입에 어려움이 없어야 할 것이다. 미국과는 달리 노동시장이 유연하지 않은 우리의 현실을 고려해 보면 현실성이 없는 지나치게 이상적인 모델로 보이기도 한다. 그러나 장수를 얻어낸 현대사회의 각 구성원이 모두 함께 행복하게 살 수 있는 사회가 되기 위해서 어떤 심리적, 사회적 변화가 필요한지를 잘 보여주는 모델이라 생각한다.

새로운 생애주기 모델이 새로운 발달적 사회모델로 자리잡기 위해서는 우리 모두의 사고가 열려있어야 할 뿐만 아니라 건강관리를 일찍부터 해야 하며 생산활동이 줄어들 수밖에 없는 4막 이후의 생활을 위해 저축해야 함을 카스텐슨 박사는 이 책의 도처에서 강조하고 있다. 장수시대가 되었다고 모두 장수하는 것이 아니며, 장수를 하더라도 병상에서 10년 이상을 보내는 것은 장수의 이점을 누리는 것이 아니므로 건강관리에 대한 개인과 국가차원의 노력이 필요함도 실험적 증거를 토대로 강력하게 피력하고 있다. 부모로부터 물려받은 DNA가 우리의 노년기 건강을 결정하는 것이 아니라 환경 요인에 의해서 그 표현형이 얼마든지 변화될 수 있음을 보여주는 최근의 후성유전학 연구결과와 열악한 환경에 있는 부모에게서 태어난 아동들은 5세가 채 되기도 전부터 교감신경계가 만성적으로 활성화되어 스트레스에 취약하지만 이들이 입양되거나 환경이 개선된 후에는 이러한 특징이 사라진다는 연구결과 등을 제시하면서, 카스텐슨 박사는 건강한 삶이 노력에 의해서 또 사회의 지원에 의해서 성취될 수 있음을 설득력 있게 주장하고 있다.

카스텐슨 박사는 왜 사람들이 저축을 충분하게 하지 못하는지에 대해서도 진화심리학적으로 설명하고 있다. 인간의 수명이 매우 짧았던 진화역사(인간이 수렵채집으로 살던 시절)에서는 현재의 편안함이 미래의 편안함보다 더 중요하였기에 미래를 위해 현재의 편안함을 약간 희생시키는 것이 무의미하였을 것이므로 그 후손인 현재의 인류도 현재의 편안함을 추구하기가 훨씬 쉽다는 것을 다양한 실험적 증거로 보여주고 있다. 또 현재의 편안함을 더 추구하는 우리의 특성을 감안하여 저축이 개인의 선택이 아닌 특별한 이유가 없는 한 수입의 일정 비율을 저축하도록 하는 제도적 장치를 마련할 것을 제안하고 있다.

이 책은 장수시대의 생애주기 모델을 심리학, 의학, 분자생물학, 경제학 분야의 이론과 실험적 증거를 토대로 제안하고 있다는 점에서 이론적으로 중요하지만, 길어진 인생을 어떻게 보내야 하는가에 대해 고민하고 있는 많은 사람에게 나아갈 방향을 제시한다는 점에서 실용적으로도 중요하다. 40년 가까이 아동발달을 배우고 가르치고 연구해왔던 본인은 나이와 함께 자연스럽게 관심이 아동에서 노인으로 변화되어서 최근 노년발달심리를 공부하게 되었다. 그 과정에서 노인심리에 관한 카스텐슨 교수의 수 많은 연구를 접하게 되었으며, 이러한 연구를 토대로 저술된 *A long bright future*를 알게 되었다. 이 책의 번역이 심리학, 사회학, 사회복지학, 의학 등 다양한 분야를 공부하는 사람과 복지정책을 만드는 사람뿐만 아니라 노년기 생활에 관심 있는 많은 사람에게 도움이 될 것으로 생각하여 번역하게 되었다.

이 책에는 심리학을 전공한 역자들에게 익숙하지 않은 경제학적 개념과 미국의 연금제도에 관한 내용이 등장하는데, 이러한 개념을 역자들이 이해할 수 있도록 도움을 주신 충북대학교 경제학과 류기철 교수께 감사드린다. 그리고 이 책이 번역 출판되도록 애써주신 박영사 노현 부장과 편집을 맡아준 전은정 선생께 감사드린다. 정확하게 번역하기 위해 노력하였으나, 잘못된 부분이 있을 수 있을 것이다. 이러한 부분은 역자의 한계로 이해해 주었으면 한다.

2017년 8월

CHAPTER 01

시작하는 글

1.
시작하는
글

현대를 살고 있는 우리는 아무런 조건 없이 놀랄 만한 선물을 받았다. 그 선물은 바로 30년이라는 연장된 수명이다. 그 선물 때문에 우리는 '이렇게 긴 생애를 어떻게 보낼 것인가?'라는 21세기의 독특한 질문에 답해야 한다.

나는 많은 사람에게 늘어난 수명을 인생의 어느 시기에 추가하고 싶은지 물어 보았다. 맹세컨대, 그 누구도 "노년기를 연장시키자."고 말하지 않았다. 그러나 얄궂게도 바로 이런 일이 일어나고 있다. 기대수명은 거의 두 배가 되었고 증가한 수명은 모두 인생의 마지막에 덧붙었다. 우리 대부분은 일찍 죽지 않게 된 것을 기뻐하는 대신 점점 세 자리 수로 늘어나는 수명을 걱정스러워 한다.

노년 그 자체가 새로운 현상이다. 물론 늙었다고 여길 만큼 충분히 오래 산 사람이 모든 시대에 소수 있기는 했지만, 그런 사람은 평균이 아니라 예외였다. 대부분의 인류 역사상 기대수명은 20년이 못 되었는데, 이는 가까스로 종의 생존을 확보하는 정도였다. 시간이 가면서 평균은 천천히 상승하여 19세기에는 30대 중반에 이르렀다. 그리고는 눈 깜짝할 사이에 진화의 끝자락에서 평균수명이 극적으로 증가했다. 20세기 말에는 기대수명이 77세였으며 현재는 78세가 되었다.

대단한 것은 78세가 단지 평균이라는 점이다. 현재 많은 사람이 80세, 90세, 그 이상을 지나쳐 가고 있다. 현재 미국에서 100세인은 7만 명을 넘는데, 이는 불과 10년 전과 비교하면 4배가 되는 수치다. 미국 인구통계에 따르면 그 수치가 2050년에는 조심스럽게 예측해도 100만 명을 넘어설 듯하다. 연금계획을 관리하는 민감한 사람은 100세에 이르는 사람이 훨씬 많아질 가능성을 고려하고 있다[1]. 한 저명한 인구통계학자는 2000년 이후로 선진국에 태어난 아기는 대부분 1세기 동안 생존할 것이라고 제언했다[2].

현재 초등학생인 아동은 노인이 많은 사회에서 자라날 것이다. 운이 없지 않다면 대부분의 아동은 넷 또는 다섯 세대가 동시대에 생존해 있는 가정에서 양육될 것이다. 전형적인 인구통계 그림에서 보던 인구 피라미드, 즉 거대한 출생 기저선이 노년기까지 살아남는 사람을 나타내는 작은 봉우리로 줄어드는 형태는 과거에나 볼 수 있는 것이 될 것이다.

그렇게 급격하게 변화한 사회에서 파생되는 문제가 점차 분명해지기 시작하고 있다. 교육, 노동, 자금시장 등 모든 것이 변할 것이다. 어느 연령에서나 삶의 질을 개선시킬 변화를 이룰 기회는 많다. 그러면 왜 대부분의 사람이 고령에 이르러 새롭게 누리게 된 수명을 곤란해 하는 것일까?

 긴 생애는 갑자기 나타났기 때문에 우리에게는 언제 교육 받고 결혼하고 일하며 은퇴할지를 말해 주는 새로운 사회적 기준이 없다. 현재의 기준은 지금보다 절반 정도의 수명에서 도출된 것이므로 그대로 적용하는 것이 적합하지 않다. 따라서 노년기 동안 어떻게 살아 갈 것인지 아직 모른다면 사교모임에 나가 즐겁게 지내라. 사실, 인간은 미래를 계획하는 것이 아니라 현재를 살도록 되어 있다. 진화적 생존은 자원을 비축하고 우리가 결코 즐길 수 없는 모호하고 먼 미래를 계획하는 능력이 아니라 현재 당면한 문제를 다루는 솜씨에 달려 있다. 오히려 생물학은 우리에게 먹고 마시고 유쾌하게 살라고 그리고 미래에는 우리가 죽는다고 말한다. 말하자면 자연은 401(k)*를 혐오한다.

 미래를 생각하기 위해 현재를 중시하는 우리의 생물학적 경향을 극복하려고 해도 제대로 되지 않는다는 것을 우리는 종종 발견하게 된다. 우리의 인생 계획은 대개 시작을 위한 것이지 끝을 위한 것이 아니다. 아이를 키우기 위한 모든 계획을 생각해 보자. 부모는 뱃속의 아기를 조정하기 위해서 아기가 뱃속에서 경험하는 모든 것을 관리하며(산전 비타민 복용과 모차르트 태교 음악 듣기를 생각해 보라), 18년 후가 되면 아이의 적절한 대학 선택을 위해 관리한다. 자기 힘으로 살아야 하는 나이가 되면 진로를 선택하고 어울리는 배우자를 찾아 가정을 이루는 것에 대해 공상하고 멘토나 친구들과 이야

---

* 역주: 401(k)는 미국의 퇴직연금을 뜻하는 것으로, 근로자 퇴직소득보장법의 401조 k항에 규정되어 있기 때문에 붙여진 이름이다.

기하는 데 엄청난 시간을 쏟아 붓는다.

우리는 대부분 은퇴에 대해 모호하게 생각하고 있어서 은퇴기념으로 황금시계를 받은 20년 후에 자신이 무엇을 할 것인지를 상상하는 경우는 거의 없다. 그런 상상을 하기보다 우리는 65세 이후의 생을 운명과 유전이 결정한 모든 결과의 잔여물로 보는 경향이 있다. 노년기가 상실과 쇠퇴, 죽음을 암시하므로 어떤 사람은 노후 계획에 대한 전망이 매우 불쾌하여서 이에 대해 생각하는 것 자체를 하지 않으려 한다. 어느 날 거울 속 자신의 모습을 보고 한 노인이 자신을 보고 있는 것을 깨닫게 되는 것처럼 우리는 종종 노화가 예고 없이 슬그머니 다가온 것처럼 이야기한다.

우리만 그런 것이 아니다. 1930년대와 1960년대에 각각 시작된 사회보장연금과 노인의료보험은 몇 년간 연금을 저축한 후에 사망하는 사람을 위해 고안되었다. 이러한 제도는 80대까지 사는 사람에 대해서는 준비가 되어 있지 않다. 우리 사회가 그렇듯이 우리도 행복하고 건강한 100세가 어떤 것인지에 대한 개념이 없다. 그 누구도 우리에게 40년이나 지속되는 은퇴에 대해 말해 주지 않았다. 인간의 웰빙은 문화에 깊이 의존하고 있는데, 여분의 삶이 갑자기 추가되었기 때문에 우리 문화가 따라가지 못하고 있는 것이다.

항상 문화 개척자였던 베이비부머가 현재 이 문제의 시작 시점에 있다. 최초의 부머는 2011년에 65세가 되었고, 그 바로 뒤에 7천 9백만 명의 부머가 제3기 인생으로 들어갈 준비를 하고 있다. 65세가 넘는 미국인은 20년 후에는 10명 중 1명이 아니라 4명 중 1명이 될 것이다. 2030년까지는 15세 미만 인구보다 65세 이상의 미국인이 더 많아질 전망이다.

지금까지는 우리가 이런 인구통계학적인 큰 변화의 결과를 상상하며 두려워했고, 은퇴의 거대한 파도가 국가의 과도한 사회프로그램에 미칠 영향 때문에 초조해했다. 우리는 점차 그 수가 늘어나고 있는 신체적 문제와 인지적 손상이 있는 노인을 지원한다면 우리가 알고 있는 모든 것을 위협할 것으로 생각한다.

매스컴은 늙어 간다는 것에 대한 우리의 집단 불안을 보여준다. 나는 이를 '비참한 신화'라 부르고 싶다. 우리는 연령이 우리에게서 외모, 건강, 일, 친구, 금전, 사랑을 빼앗아 간다고 믿고 노인을 성미가 까다롭고 의지가 약하고 정신 나간 사람으로 본다. 기준 미달의 요양원에 수용된, 좀비 같은 노인에 관한 무서운 이야기도 듣는다. 우리가 성공적 노화에 대한 이야기를 들을 때 성공적 노화는 거의 항상 젊음을 유지하는 법, 노년을 피하는 법에 관한 그럴 듯한 이야기로 포장된다. 노인을 옹호하는 사람조차도 동정과 지지를 계속 확보하기 위해 가능하면 가장 비참한 말로 노인의 상황을 묘사하곤 한다. 노인이 잘 지내고 있다고 말하는 것을 거의 금기시한다. 노인에 대해 관심이 없고 잘 알지 못하여 노인의 삶이 정말 끔찍하다고 생각하는 것이다.

그러나 사실은 대부분의 노인이 인생의 전성기라고 보는 20대보다 더 행복하다는 연구 결과가 반복해서 나타나고 있다. 65세 이상의 노인은 모든 성인 중에 가장 안정적이고 낙천적인 사고방식을 지니고 있다. 대부분의 노인은 비교적 행복하다. 그들은 활동적이며 요양원에서 지내는 것이 아니라 자력으로 매우 성공적으로 살고 있다.

우리도 알다시피 장수와 관련된 문제가 있다는 것은 분명하다. 미국에서 노화에 대해 지나치게 낭만적으로 묘사하는 것은 지나치게 부정적인 것만큼 해롭다. 수많은 노인과 그 가족의 삶의 질을 떨어뜨리는 연령 관련 질병, 사회보장연금, 노인의료보험은 실제적인 재정적 문제에 직면하고 있다.

기대수명이 점점 증가하고 있어서 과학과 기술이 수많은 실제적인 노화 문제를 해결해야 할 시점에 있다. 수명이 많이 늘어났을 뿐만 아니라 늘어난 기간 동안 신체적으로 튼튼하고 정신이 또렷하고 기능이 양호하여 독립적일 수 있고 자금도 안정적이라면 어떻게 될 것인가? 그때는 더 이상 노년기에 대한 이야기가 아니라 긴 일생에 관한 이야기를 하게 될 것이다.

이야기는 우리가 쓰는 것이다. 생애 단계는 사회적으로 구성한 것이며 절대적인 현실은 아니다. 우리에게는 아주 새로운 방식으로 생애 단계를 다시 생각할 기회가 있다. 긴 수명은 무엇을 위한 것인가? 늘어난 수명은 어디로 가야 하는가? 이런 흔한 질문에 노인은 "아무도 나에게 늘어난 수명이 인생의 끝부분에 온다고 말하지 않았어."라며 탄식한다. 글쎄, 그럴 필요는 없다. 그 기간은 어디에든 끼워 넣을 수 있는 것이다.

이는 단지 유전이나 행운에만 달려 있지는 않을 것이다. 나이가 많아지면서 사람의 운명은 교육, 지적인 직업, 사회관계, 계획 등의 영향을 매우 많이 받게 되는데, 이들은 우리가 미래를 계획할 때 통제할 수 있다. 우리는 우리의 환경이 조성하는 바로 그런 사람이 된다. 그것이 나이 든다는 것이 무엇인지에 대해 내가 배운 첫 번째 교훈인데, 나는 21살에 그것을 알게 되었다.

그 당시 나는 싱글맘이었다. 17세에 결혼했고 남편과 나는 아들이 태어난 후 몇 달간 별거했다. 어느 날 밤 나는 친구의 폭스바겐

밴을 타고 음악회에 갔었는데, 집으로 오는 길에 어떤 음주 운전자가 우리 차를 도로 밖으로 밀어내어 차가 둑으로 굴러 떨어졌다. 나는 뼈가 20군데 부러지는 부상을 당했다. 폐는 구멍이 났고 대퇴는 심각한 상황이었다. 내출혈이 상당히 많았고 머리가 부풀어서 한동안 앞을 보지도 못했다. 몇 주 동안 생사를 알 수 없는 지경이었다.

나는 정형외과 병동에서 한쪽 다리는 끈으로 묶어 공중에 매달고 등을 침대에 대고 누운 채 4개월을 지냈다. 병원 간호사는 나에게 일거리를 주었다. 병실을 함께 쓰는 할머니 세 분이 우울한 병원 분위기 속에 계속 지내고 있어서 삶의 방향을 잃거나 과대 망상적으로 되지 않도록 그들에게 말을 해야 하는 일이었다.

여러 측면에서 우리 네 사람은 모두 늙었고, 내가 그들보다 더 나을 것도 없었다. 우리는 모든 것에 상처 받았으며 세상에서 고립되었다. 세 명의 룸메이트와 나는 우리를 위해 모든 것, 그러니까 우리가 먹기 전에 식판을 가져와서 식기 뚜껑을 벗기는 일 같은 것을 해 주는 간호사가 있다는 것에 익숙해졌다. 그런데 하루는 간호사가 식판을 가져다주고는 다른 환자를 도우러 급하게 가버렸다. 나는 배가 고파 점심을 먹고 싶었지만 간호사가 뚜껑을 열어 주지 않아 점점 화가 났던 것을 기억한다. 그때 나는 깨달았다. 다치기 전에는 내가 뚜껑을 열 수 있었다는 것을. 나는 그때 얻은 사회적 세계의 중요성에 대한 통찰을 결코 잊지 못할 것이다. 스물한 살 시절 몇 개월 동안 내가 수동적이고 의존적으로 되어 버렸으니… 만약 수동적이고 의존적인 상태가 된 사람에게 우리 사회가 당신에게는 아무런 기여도 기대하지 않고, 다른 사람이 당신을 돌볼 것이고, 당신은 가만히 앉아서 주는 걸 받아야 한다고 말한다면 그 사람은 어떻게 될까?

이것이 내가 심리학을 시작하고 노화에 관심을 갖게 된 발단이었다. 직업이 교수인 나의 아버지는 내가 누워 지내는 동안에 무척 지겨워하는 것을 알고 대학에서 심리학을 청강하여 나를 위해 강의를 녹음해 주었다. 내 상태가 좋아졌을 때 처음에는 휠체어에 앉아, 그 다음은 지팡이를 사용하면서, 마치 나이를 거꾸로 먹는 것처럼 로체스터대학에 계속 다녔다. 나의 신체적 모습은 21세 때보다 57세인 지금이 더 좋다.

병원에서의 경험 덕분에 나는 노화의 문제를 노화 그 자체와 구별할 수 있게 되었다. 만약 우리가 젊은데 손상이 있다면 문제가 해결되기를 기대한다. 그런데 늙고 손상이 있으면 그 문제를 받아들이기를 기대한다. 오른쪽 다리에 계속 통증이 있어서 의사에게 호소하러 간 94세 할아버지에 관한 농담이 있다. 의사는 "어르신, 무엇을 기대하세요? 다리를 94년 동안이나 사용하셨어요."라고 말했다. 노인이 답했다. "예, 선생님. 그렇지만 왼쪽 다리도 94년 되었는데 괜찮잖아요." 침대에 붙어 있으면서 내 나이의 4배인 사람처럼 취급당할 때 나는 노화에 대해, 생물학적 세계와 사회적 세계는 우리가 해야 하는 일을 얼마나 많이 말해 주고 있는지에 대해 생각하기 시작했다. 내 말을 오해하지는 말기 바란다. 노화는 생물학적 과정이지만 우리가 노화하고 있는 환경은 그 과정을 조종하는 데 결정적인 역할을 한다.

현재 나는 스탠포드대학교 심리학 교수이며 스탠포드 장수센터(Stanford Center on Longevity) 책임자인데, 센터의 목표는 증가한 수명인 30년의 이득을 아동기부터 노년기까지 모든 사람의 삶의 질을 개선하는 데 이용하는 것이다. 나는 수많은 노인을, 일부는 연구 참여자로, 일부는 치료 고객으로서, 또 친구나 친척으로 알게 되는

특권을 가졌다. 이런 관계 덕분에 나는 노인이 변덕스러운 괴짜라든
가, 친절하고 현명한 사람이라든가, 그 내용이 무엇이든 간에 노인
에 대한 고정관념에 사로잡히지 않게 되었다. 이상적인 것이든 부정
적인 것이든 노인에 대한 여러 고정관념을 단순하게 받아들이지 않
는다. 나는 노화에 수반되는 신체적 나약함뿐만 아니라 알츠하이머
병의 비극을 반복해서 목격했다. 그러나 나이가 들어서도 결코 약하
거나 굼뜨지 않는 친구도 많다.

댄서이자 교사이며, 융(Jung)의 전통적인 훈련을 받은 음악 치료
사 그레이스 로웰(Grace Lowell) 같은 친구는 노년기의 목적이 무엇
인지를 계속 자문하도록 만들었다. 98세에 사망한 그레이스는 자기
자신을, 경험하게 되리라고 기대하지 않았던 인생단계를 탐험하려고
노력하는 개척자로 생각했다. 그녀는 은퇴한 후에 가르치는 일을 다
시 시작하여 미국에서 최초로 2세 유아 대상의 발레 교실을 열었다.
90대에 무용 학교를 이끌면서 그녀는 많은 나이 덕분에 더 좋은 선
생이 되었다고 주장했다. 신체적으로 약해서 어린 제자를 쫓아갈 수
없다 보니 학생의 입장이 되어 학생을 이해하고 잘 가르치는 방법을
찾게 되었다고 한다. 이 댄서의 경우, 정말 재미있는 발달단계는 융
의 주장처럼 젊음의 신체특성이 지나간 후에 우리 신체를 초월하고
보다 실질적인 인생을 대면한 후에 일어났다.

나는 훌륭한 지도자인 고령의 대학 동료를 일상에서 많이 본다.
종종 전형적인 미국 영웅으로 묘사되는, 사회 개혁가이며 공무원인
존 가드너(John Gardner)는 77세라는 나이에 고문교수로 스탠포드로
돌아와서 2002년 사망할 때까지 재직했다. 시빅 벤처스(Civic
Ventures)의 설립자이자 CEO인 나의 좋은 친구 마크 프리드만(Marc

Freedman)은 가드너가 린든 존슨(Lyndon Johnson)의 위대한 사회 구상을 구체적으로 계획하는 일에서부터 노인의료보험을 만들어 내고 공영방송협회를 설립하는 일까지 위대한 업적을 이룬 것은 은퇴 연령이 된 후였다는 점을 지적한다. 나는 어느 날 오후에 가드너와 나누었던 대화를 기억한다. 그의 어머니가 100세일 때 늙는다는 것이 걱정스러운 일이라는 것을 알았다는 말을 했다고 했다. 그가 어머니를 안심시키려고 어머니는 특별히 건강하신 분이니 문제없을 것이라고 하자 그녀는 "오, 내가 걱정하는 건 내가 아니라 너희 형제야."라고 말했다고 했다.

그러나 나는 노화의 다른 면도 보았다. 건강관리와 교육을 받지 못한 사람이나 경력을 증진시킬 방법이 부족한 사람의 경우에 노화는 매우 뚜렷하게 다른 과정이다. 나는 캘리포니아 버클리에 있는 60세 이후 건강센터(Over 60s Health Center)와 20년 이상 관계를 맺고 있다. 그레이 팬더스(Gray Panthers)*가 설립한 이 센터는 가난한 노인을 위한 공동체 기반의 병원이다. 평생을 건강관리 개혁을 위해 투쟁했던 활동가 릴리안 라비노위츠(Lillian Rabinowitz)를 내가 만나게 된 것은 이 센터와의 인연을 통해서였다. 릴리안은 노인이 아무런 대책 없이 고통 받는 것을 결코 외면하지 않았다. 나는 그를 만나 사회과학자가 인생의 노년기에 대해 언급하고 있는 문제를 논의했던 그 날을 잊을 수가 없다. 우리의 대화는 노년기에 평화로운 삶을 사는 것에 대한 글을 썼던 에릭 에릭슨(Erik Erikson)의 연구로 흘러갔

---

* 역주: 그레이 팬더스는 연령주의에 저항하는 대표적인 단체로, 흑인과격단체인 블랙 팬더스에 빗대어 생긴 그레이 팬더스라는 별명을 공식 명칭으로 사용한다.

다. 릴리안은 "이건 실없는 소리라고 생각하지 않으세요? 늙으면 인생이 힘든 거예요."라고 말했다. 우리는 그때 이후로 친구가 되었다. 릴리안은 노화가 본질적인 문제가 아니라는 데에는 동의하지만, 문제가 있다는 점을 내가 결코 잊지 않고 기억하도록 해 준다.

장수는 복잡한 주제이고 나는 그 주제를 과하게 단순화시킬 뜻이 없다. 나는 규칙을 세우거나 다이어트를 하도록 재촉하지는 않을 것이므로 노화의 신체적 영향을 막기 위해 비타민을 복용하거나 뇌 운동을 하라는 등의 대중적인 과학적 충고를 얻으려고 매년 개정판을 구입할 필요는 없을 것이다. 그 대신, 이 책은 노화란 무엇이고 21세기에는 노년이 어떠할지를 현실적으로 이해할 수 있도록 돕는 도구가 될 것이다. 부머세대가 역사상 가장 큰 인구통계학적 모험을 시작하면서 우리 문화가 어떻게 적용할 수 있는지 그리고 인류역사상 처음으로 이전의 그 어떤 세대보다 더 길어질 생애를 젊은 세대가 어떻게 계획할 수 있는지를 이 책에서 설명할 것이다.

단지 노인뿐만 아니라 모든 세대가 새로운 수명의 영향을 받을 것이다. 사실, 수명은 노인만큼 현대의 젊은이에게도 문제가 된다[3]. 젊은 사람에게 길어진 삶은 득이 되기도 하고 짐이 되기도 할 것이다. 노인 세대의 문제점과 이점이 모두 나타나는 데에는 10년이 걸린다. 개인적 및 사회적 이유로 젊은 세대는 고령화하는 사회에 대해 사려 깊게 생각해야 한다. 달리 말하면 20대도 60대만큼, 아마도 그 이상으로 노화에 대해 생각해야 한다는 것이다.

그러나 부머는 갈 길을 잘 인도해야 할 책임이 있다. 우리가 도전을 만들어 낸 것은 아니지만 시작을 우리가 해야 할 필요가 있다. 우리는 적어도 고령화되는 사회가 지금까지 아동에게 일어났던 일

중에 가장 좋은 일이라는 것을 확신시켜 주기 위해 우리가 할 수 있는 모든 행동변화를 시작해야 할 것이다. 그렇게 하려면 60년대와 70년대부터 이 세상이 도덕적 이상에 따라 돌아가고 있지 않으므로 우리가 이를 바꾸어서 더 나은 삶으로 만들겠다고 외치면서 시위하였던 당시의 창의성을 다시 점화시켜야 하며 고정관념에서 벗어나야만 한다. 나는 부머의 한 사람으로서 우리 세대가 할 일을 결코 다음 세대에게 미루지 않았다고 믿는다. 우리는 우리 세대가 사회혁명을 시작하겠다고 선언했었다. 그리고 우리는 흩어져서 가족을 부양하고 경력을 쌓기 시작했다.

과거에 우리는 서른을 넘은 사람은 누구도 신뢰하지 않을 것이라고 말했었다. 마침내 우리에게 사회를 개혁할 기회가 왔을 때 우리 자신이 절대 믿지 않겠다고 말했던 바로 그 노인이 될 것이라는 사실을 알지 못했다. 우리는 우리 아이들 세대가 우리 세대보다 나빠질 수도 있는 첫 세대이지만, 그 과정을 근본적으로 바꿀 수 있는 시간은 아직 있다. 우리의 도전은 노년을 지낼 만한 것으로 만드는 것이다. 즉, 예상치 않게 길어진 삶이 우리 자신이나 우리 후대에게도 짐이 아니라 공헌하는 삶이 될 수 있도록 만드는 일을 함께 하는 것이다. 우리는 지적인 자극이 되고 사회에 보답하고 생산적이고 재미있는 노년을 만들 수 있다. 우리가 미래 세대에게 줄 수 있는 가장 훌륭한 선물은 "여기 당신이 원하는, 잘 늙어가는 방법이 있어요."라고 말하는 것이다. 그보다 훨씬 더 좋은 것은 우리가 건강하게 오래 살도록 준비하는 사회에서 살아 갈 첫 세대가 현재 보육원 아동이라는 것을 확신할 수 있게 되는 것이다.

나는 후대가 건강하게 오래 살도록 준비하는 일을 우리가 할 수 있다고 진심으로 믿는다. 우리는 현명해졌고 마음을 헤아릴 수 있게 되었다. 이 일을 베이비부머의 마지막 반란으로 생각하자.

CHAPTER 02

장수에 관한 믿지 못할 통념

2.
장수에 관한
믿지 못할 통념

만약 우리 삶이 기간만 늘어나는 것이 아니라 질적으로도 좋아지기 원한다면 미래를 좀더 명석하게 보기 위해 우리는 먼저 노화에 관한 많은 통념을 제거해야 할 것이다. 사실, 지금이 노화에 대해 우리가 잘못 알고 있는 것을 생각해 볼 수 있는 좋은 기회다.

더 오래 산다는 것은 늙어간다는 뜻이고, 노화과정 전반에는 호소력 없는 고정관념과 실망스러운 통념이 가득 차 있다. 아마도 그 이유는 우리가 노화에 몰두하여 주도면밀하게 살펴보지 않았기 때문일 것이다. 미국 사회는 연령 분리적이어서[1] 우리가 알고 있는 노인은 대개 조부모나 친척 어른 정도인데, 그들은 가까운 가족이라는 관계 때문에 종종 그들의 성격과 삶의 특성은 주목받지 못하고 비전형적인 노인표본이 된다. 우리는 종종 그들 자체가 아니라 그들이 맡은 역할만을 평가하게 된다.

결국, 우리 자신이 노인이 될 때까지 가족 중의 노인을 복합적으로 명석하게 이해하는 사람이 얼마나 될까? 나는 어릴 때 나이가 많은 친척에게 질문을 별로 하지 않았다. 그들을 사랑했지만 한 분, 한 분, 개인적으로 알려고 노력하지는 않았다. 가족의 초점은 보통 젊은이에게 맞춰지므로 그들이 개인적인 이야기를 젊은 세대에게 구체적으로 많이 드러내지 않을 수 있다. 나는 우리 숙모 마벨이 90대가 될 때까지 온전히 독신으로 살아 왔다고 생각했다. 사실은, 숙모가 젊었을 때 힘든 결혼생활을 짧게 했었다. 내가 중년이 되도록 숙모의 언니가 호텔 방에서 죽은 채 발견되었다는 사실을 몰랐고 지금도 여전히 그 죽음에 관련된 주변 상황을 모르고 있다. 나는 우리 할아버지가 네브래스카 작은 도시에 살았고 모든 사람이 기구나 라디오를 수리해야 할 때마다 찾는 사람이었다는 것을 몰랐다. 분명히 할아버지는 전기에 대한 직감이 있었다. 아마도 이는 그의 아들인 나의 아버지가 자라서 전자기 분야를 공부하게 된 것과 관련이 없을지도 모르지만, 내가 나이가 들 때까지 이런 관련성을 전혀 생각하지 못했다.

개인적으로 모르면 제대로 알기 어렵기 때문에 우리는 모든 노인을 같다고 생각할 수 있다. 나는 바로 이것이 노화에 관한 고정관념, 그 고정관념이 휴가 때 사랑하는 노인 가족과 함께 보낸 행복한 시간을 기반으로 만들어졌든 아니면 매우 성마르거나 아픈 노인과의 부정적인 상호작용으로 생겼든 간에 그 고정관념이 1차원적으로 극단적인 것이 되는 이유가 아닐까 생각한다. 설상가상으로 우리가 노인이 되면 어떤 모습일지 상상할 때 한정된 가족 경험에서 추정하는 경향이 있고 그것이 항상 예쁜 그림은 아니다. 즉 당신의 특별한 숙모 베티가 쿠키를 잘 구웠는지 아니면 치매였는지에 달려 있다. 내가 노화에 대해 몇 번이고 이야기해도 청중은 자기 할머니에게 해당되는 내용이면 특정 결과를 믿고 자기 할머니가 전혀 그렇지 않으면 믿지 않는다고 한다.

우리 중에 노년기 삶의 영역, 범위, 복잡성을 보는 사람은 드물다. 우리가 어디로 가고 있는지 아는 것이 힘들고 어디까지 어떻게 갈 수 있는지 고려하는 것도 어렵기 때문에 우리가 모른다는 이유로 노년의 삶은 불확실하다. 진실을 말하자면 노인의 인생행로에는 두 갈래 길만 있는 것이 아니다. 그러니까 덕망 높은 할머니와 심술궂은 불평꾼 사이에는 가려진 것이 상당히 많다는 것이다. 그들의 삶은 또한 온화하지 않다. 사실은, 성격과 인생경험이 가장 다양한 연령집단이 노인집단이다. 우리 아버지가 즐겨 하는 말은 영아들은 차별화될 기회가 거의 없기 때문에 모든 아기는 똑같다는 것이다. 그러나 십년이면 인생행로는 바뀌어서 사람은 각자 더 개인적으로 된다. 즉, 완전히 똑같은 경험을 하는 사람은 없으니 다른 사람과 같아지지 않는다. 결국, 사람이 나이가 들어가면서 생활연령이 그 사람에 대해 말해 주는 것은 점점 적어진다. 따라서 고령화 사회를 이야기할 때 노인 집단을 최소의 공통분모로 줄여 논의를 시작하는 것은 이해가 안 되는 일이다.

노인에 관한 잘못된 통념은 행복하고 건강하게 오래 살고 싶은 개인에게 또 모든 사람이 건강하고 행복하게 오래 사는 삶을 구현하려는 사회에게 실제적인 문제로서, 단지 의구심을 불러일으키는 것에 그치지 않고 변화의 방해물이 된다. 통념은 비록 옳지 않다 하더라도 걱정하는 마음을 일으켜서 지혜를 흐리게 하고 희망을 무디게 만들어 버린다. 사회적 스트레스와 불필요한 세대 간 분열을 만들어 내며 우리가 하나의 종으로서 또 하나의 사회로서 벗어나야 하고 비껴가야 할, 시대에 뒤떨어지는 기대를 조장한다. 오랫동안 통념은 우리가 꿈꾸는 미래를 무섭게 그려 왔지만, 미래 계획을 두려워하지 말자.

그럼, 이제 최악의 통념 다섯 가지를 없애 보자.

- 노인은 슬프고 외롭다는 불행 통념
- 우리의 유전자가 우리의 모든 운명을 예언한다는 DNA 운명 통념
- 노동인구에서 빨리 떠나야 한다는 열심히 일하고 은퇴는 더 열심히 하기 통념
- 노인은 세계 자원을 고갈시킨다는 기근 통념
- 노년기를 어떻게 지내는지는 전적으로 개인의 문제이지 사회의 역할이 아니라는 홀로 늙기 통념

통념 1: 노인은 비참하다

통념 중에 가장 큰 부분을 차지하는 것은 노인이 불가피하게 불행하고 외롭고 우울하다는 것이다. 만약 인생에서 가장 행복한 때는 과거라고 생각하여 시간의 흐름을 두려워하고 있다면 용기를 내자. 나는 지난 30년 동안 노화심리학을 연구하며 보냈고, 내 연구 결과는 일생 중에 정서적으로 가장 좋은 때가 노년기인 것으로 일관되게 나타났다[2].

치매 관련 질병은 예외로 하고, 분명히 유기체의 근본인 정신건강
은 일반적으로 나이가 들면서 향상된다(3). 노인은 젊은이에 비해 우
울, 불안, 물질남용으로 인한 고통이 덜하다. 일상생활에서 노인은
우리가 전형적으로 가장 행복하다고 생각하는 이삼십 대보다 부정
적인 정서를 덜 경험하고 긍정적인 정서는 많이 경험한다. 더구나
노인은 젊은이보다 부정적인 정서 관리를 더 잘한다. 부정적인 감정
이 일어날 때 노인은 젊었을 때처럼 그 기분을 오랫동안 끌고 가지
않는다. 많은 사람이, 사회과학자조차도 이런 결과에 놀란다. 노인
은 행복이 젊음의 질적 요인인 건강, 아름다움, 힘에서 나온다는 암
시적인 합의에 이의를 제기한다. 건강이나 힘도, 아름다움도 나이가
들면서 자연스럽게 감퇴하는데 노인은 왜 만족하는가?

이런 현상에 대해 노화의 역설이라는 이름이 붙여졌지만 나는 역
설이라기보다 논리라고 주장한다. 그 이유는 우리가 흔히 인생의 관
점이라 부르는 것, 좀 더 기술적인 용어로 나와 내 동료가 처음으로
소개한 **사회정서적 선택**(socioemotional selectivity)에서 찾을 수 있
다. 제4장에서 이 개념에 관한 이론을 더 깊이 논의하겠지만, 이 아
이디어의 핵심은 인간에게는 일종의 **수명 시계**를 거슬러 시간의 흐
름을 측정하는 독특한 능력이 있어 현 시점에서 자기 인생의 남은
시간을 계산하면서 현재를 살아간다는 것이다. 우리가 젊을 때 시간
은 한없이 많아 보이고, 지식 획득에 초점을 맞추며, 새로운 경험을
찾고, 많은 사람과 친구관계나 동료관계를 맺는다. 나이가 들어감에
따라 우리는 시계태엽이 다 풀려 가는 것을 느끼고 남아 있는 시간
을 즐기는 것으로 관심을 옮겨 경험의 양보다는 깊이를 중시하고,
목표를 축소시키고, 사랑하는 소수의 사람에게 집중하며 친밀감에

초점을 맞춘다.

이렇게 관점이 변하면 시간, 주의, 걱정, 분노 등의 가치를 평가하는 방법이 새롭게 바뀐다. 많은 사람의 경우, 인생의 부정적인 일은 지나가게 두고 긍정적인 것에 초점을 맞추는 경향이 더 커진다. 나의 어머니는 지난 주 나에게 보낸 전자우편에서 이런 관점을 다음과 같은 한 문장으로 보여 주었다. "여전히 겨울 날씨가 끔찍하지만 보름달이 아름답지 않니?"

대부분의 노인에게 단순한 즐거움의 중요성이 커진다. 불쾌한 인간관계 상황은 걱정할 가치가 없는 것 같다. 좋은 시간이 소중하고, 힘든 시간은 지나갈 것이라는 인식이 더 커진다. 사람은 시간이 제한적일 때 더 용서하는 경향이 있다. 정서 경험까지도 연령에 따라 변하게 되어 감정은 더욱 풍부해지고 복잡해진다.

해가 갈수록 사회 관계망은 실제로 줄어들지만 이것이 외로움의 지표는 아니다. 사람이 이전에 많은 시간과 노력을 들인 동료와 표면적인 지인을 사회 명부에서 제거하고 가장 가치 있는 친구들이 남도록 정리하는 연결망 축소는 대개 이로운 변화인 것 같다. 노인은 젊은이보다 사회관계에 더 만족한다고, 특히 자녀와 젊은 친척과의 관계를 소중히 여긴다고 보고한다.

결혼생활도 막내 자녀가 둥지를 떠나는 그 즈음을 시작으로 더욱 깊어진다. 사실 많은 부부는 자녀가 집을 떠날 때 신혼 수준의 만족 상태에 이른다. 장기간 지속된 결혼에 관한 연구 중에 내가 좋아하는 결과는 불행하게 결혼한 부부조차도 여러 해를 함께 보내고 나면 행복해진다는 것이다. 실제로 결혼만족에 해가 되는 시점이 비교적 결혼 초기, 특히 자녀가 유아나 청소년인 때이다.

젊은 부부와 중년 부부가 양육을 즐기지 않거나 자녀를 사랑하지 않는다는 것은 아니다. 그들도 자녀를 사랑한다. 그보다는 아이들이 엄마와 아빠 간에 긴장을 만드는 경향이 있다[4]. 젊은 부모는 함께 즐기는 활동시간이 갑자기 줄어들고 아이를 돌보는 방법에서 자주 갈등을 빚는다. 부모가 인류 평등주의자가 되려고 노력하는 가정에서조차 노동의 성별 구분이 많아진다. 아버지는 엄마와 아이 간에 거의 즉각적으로 형성되는 친밀한 유대에서 외떨어지는 느낌을 받을 수 있고, 새로운 가족을 부양하기 위해 집 밖에서 점점 더 열심히 일해야 하는 압박감을 느낀다. 집에 있는 엄마는 종종 부담을 느끼고 세상 밖에 남겨진 기분이 든다.

자녀가 자라서 집을 떠나면 부부는 재결합한다. 내가 가르치는 스탠포드 학생이 가끔 자기가 집을 떠난 지금, 부모님이 어떻게 지내고 계실지 걱정된다고 할 때 나는 애써 웃음을 참는다. 부모가 자기 없이 잘 지내는지 걱정하는 학생이 사랑스럽지만, 나는 **빈 둥지 증후군**이 틀에 박힌 것은 아니라고 온화한 표현으로 안심시킨다. 나는 여기에서 덜 온화하게 말하련다. 부모는 자녀와 따로 살 때 아주 행복하다고⋯

게다가 부부는 수십 년 동안이나 정서적 지지를 주고받았고 상대가 예측 가능하다는 것 그 자체가 편안하다. 노부부는 두 사람 간의 차이점 중 가장 골칫거리를 해결했거나, 주변에서 발생하는 일의 처리방법을 배웠기 때문에 논쟁을 덜 한다고 말한다. 항상 돌봐야 하는 책임감 없이 자녀 주변에 머물면서 여러 가지 즐거움을 주는 조부모 역할은 만족감을 얻는 또 하나의 원천이다.

만약 어느 연령집단이 실제로 가장 덜 행복한지 궁금하다면 그

답은 20대다. 젊은 혈기와 기회가 넘쳐흘러도 가장 우울하고 어떤 다른 연령집단보다 압박감을 느낀다. 이렇게 되는 이유는 부분적으로 20대가 서 있는 생애 주기에 대한 그들 자신의 관점에서 비롯된다. 젊은 성인은 자기 앞에 펼쳐진 많은 시간을 두고 어떤 사람이 될 것인지부터 무엇을 할 것인지까지 미래에 대해 끊임없이 결정해야 한다. 설상가상으로 그들은 다른 사람이 자신과 자신의 선택을 어떻게 생각하는지에 매우 예민하다.

선택의 폭이 넓다는 것이 선물처럼 생각될 수 있지만, 일반적으로 더 긴장되고 압도당한다. 사람은 미래가 어수선해 보일 때 기분이 언짢고, 선택을 하거나 목표를 세우고 일을 시작하면 안심이 된다. "내가 이 결혼을 과연 할 수 있을까?"는 여러 가지 점에서 "나는 언제쯤 완벽한 배우자를 찾을 수 있을까?"보다 더 납득이 되는 질문이다. 노인에겐 20대에게는 없는 확신이 있다. 그들은 인생의 주요한 선택을 이미 했고 다른 사람이 나를 어떻게 생각하는지 덜 걱정한다. 그것은 노인이 냉담하다는 뜻이 아니라 누구의 의견이 중요한지에 대해 선택적이라는 것이다. 노인은 자기가 만나는 모든 사람이 나를 어떻게 생각하는지에 대해 초조해하기보다 자기를 존중할 소수의 사람만을 선택한다.

이는 노년기가 그저 온정과 갈채를 받는 시기라는 말이 아니다. 노년기에는 고난과 절망이 있다. 단지 사람이 노년에 이르면 인생의 쓴맛보다 단맛에 마음을 더 맞춘다는 것이다.

통념 2. DNA는 운명이다.

많은 사람은 노화를 러시아 룰렛과 같다고 믿는다. 결국에는 자신이 운에 따라 화를 면하거나 화를 입을 것이므로 운에 맡기고 음주, 흡연하고 캔에 들어 있는 냉동식품을 먹으면서 위험하게 살 수 있다. 이론적으로는 모든 사람에게 고통 없는 즉사가 보장된다면 그렇게 사는 것이 끔찍한 방식은 아니다. 순간순간을 건강하게 산다면 결과가 좋겠지만, 편하게 살면 빨리 죽는가? 그렇다면 사회보장문제는 확실히 해결될 것이다.

그러나 실제로는 오랫동안 괴로움에 시달리는, 죽음보다 못한 운명이 있다. 현재에도 경험하고 있듯이 미국인 수명에 관한 한 가지 역설은, 의료과학이 죽음에 임박한 사람을 구할 만큼 강력하지만, 죽음으로 몰고 간 나쁜 생활습관의 효과를 없애는 데에는 무력하다는 것이다. 죽음의 문 가까이에 갔다가 죽음을 면하더라도 좀처럼 완전히 건강한 상태로 돌아오지 않는다. 나는 종종 사람이 위험한 건강습관 때문에 죽지는 않고 매우 오랫동안 고통 받을 수 있다는 생각을 한다면 어떨지 궁금하다. 예를 들어 우리 숙모 마벨은 폐기종이 있다. 나는 숙모의 흡연 사실을 몰랐기 때문에 깜짝 놀랐는데, 숙모가 92세에 흡연 사실을 말했을 때 나는 "얼마 동안 흡연하셨어요?"라고 물었다. 숙모는 "금연한 지 하루 됐어."라고 했다. 그러나 30년 이상 일찍 금연했더라도 숙모는 숨 쉴 때마다 여전히 흡연한 벌을 받고 있었을 것이다.

사람은 죽음을 괴로운 종말로 보기 때문에 위험한 행동의 결과로 생각하는 경향이 있다. 그러나 삶의 질 관점에서 핵심요인은 우리가 죽는 시점, 다시 말해 우리가 저 세상에 접하는 시점이 아니라, 비유하자면 비행기가 공항 주변을 돌다 마지막 접근까지 걸리는 시간이다. 이를 고려한다면 잘못된 섭식과 오래 앉아 있는 생활양식으로 인한 극단적인 비만의 가장 해로운 영향은 심장마비로 갑자기 죽는 것이 아니라 수십 년 동안 겪는 피로, 호흡 곤란, 당뇨나 관절염 같은 질환에 의한 장애다. 음주운전 같은 위험한 행동은 치명적일 수 있지만, 마비나 만성 통증을 일으킬 수도 있다. 그런 것이 80대나 90대까지 괴롭힐 수 있다는 것을 깨닫게 되면 건강하지 못한 습관의 작은 영향까지도 이해된다. 흡연자가 반세기 동안 기침하는 것을 상상해 보면 알 수 있다.

그러나 수명을 늘이는 습관을 들이려고 노력한다는 것이 매우 불확실한 보상을 위해 많은 일을 하는 것처럼 보일 수 있다. 결국, 수명 연장에 관심 있는 사람은 지켜야 할, 모순적인 면도 있는 행동수칙 목록을 보고 충격을 받는다. 우리는 오메가-3 지방을 제외하고는 지방을 피하라는 말을 들었다. 적포도주는 마셔도 되는 것으로 되어 있지만 많이 마시지는 않아야 한다. 한때 비타민 D는 알약으로 복용하도록 했지만 지금은 아닐지도 모른다. 채택해야 할 좋은 습관이 끝없이 많아 보이는데, 목록의 상부에는 요가나 명상을 해 보라, 뇌 운동을 하라, 통곡물로 바꾸라, 항산화 성분이 풍부한 음식을 먹으라고 한다. 이는 모두 좋은 생각이고 이런 척도가 현재의 웰빙에 얼마나 영향을 미치는지에 대해서는 의심 없이 주저하지 않고 말할 수 있다. 그러나 그런 것이 우리 수명을 연장시켜 준다는 것을 어떻게 아는가?

글쎄, 지나치게 생각하지 말자. 연구 결과에 따르면 몇 가지 안 되는 요인이 수명에 큰 차이를 낳고 그 요인은 모두 매우 상식적인 것이다. 하버드대학교 졸업생과 보스턴 시에서 태어난 사람을 대상으로 일생 동안의 건강을 1930년대 이후로 계속 추적해 온 하버드대학 연구에 의하면, 수명은 일곱 가지 생활양식 중에 어떤 것을 선택하는가에 따라 정해지는데, 50세까지 길들여진 생활양식은 70세이후의 웰빙을 아주 잘 예측해 준다. 건강한 생활양식은 흡연하지 않고 알코올 남용을 하지 않으며 규칙적으로 운동하고 체중을 관리하고 안정적인 결혼생활을 하고 교육을 받고 살면서 문제가 있을 때잘 대처하는 것이다. 그러나 연구 책임자인 조지 베일런트(George Vaillant)는 만약 50세를 넘겨 건강한 생활양식을 따라가려고 노력한다 해도 때는 늦지 않다고 말했다. 그는 "연구 참가자 중에는 엘리자베스 테일러와는 다르게 50세까지 이혼 후에 또 한 번의 이혼으로 결혼 경력이 좋지 못했지만 노년기에 다시 결혼하여 그 후로 행복하게 산 사람이 몇 명 있었어요."라고 웃으며 말했다. 또한 그는 비만에 관해서는 날씬해지기에 너무 늦다는 것은 없으며, 50세 이후에 금주한다면 되돌릴 수 없는 간 질환이나 뇌 손상을 피하는 한 "5년 후에는 새로운 삶을 사는 것만큼 좋아요."라고 했다.

비록 하버드 연구에서 개인의 통제 밖에 있는 일부 요인, 예컨대 출생 시 개인이 속해 있는 사회계층 같은 것은 노년기에 도달했을 때 그 개인의 상태에 영향을 많이 미치는 것으로 밝혀졌지만, 재미있게도 이런 효과조차도 70세 후에는, 즉 건강 습관이 수명에 끼치는 영향력이 더 결정적인 시점에는 없어진다. 게다가 또 다른 최근 연구에서는 70세 후에 단지 네 가지 요인[5], 즉 운동, 금연, 적절한 알코올 소비 그리고 과일, 채소, 올리브 오일 같은 건강한 지방 중심의 지중해식 식단은 10년 넘게 어떤 이유로든 사망률을 무려 60퍼센트까지 줄여주는 것으로 나타났다.

사망 시기를 포함하여 건강은 운명적으로 DNA에 의해 결정된다고 믿고 있지만, 통제할 수 없는 요인의 효과는 게놈과 상관없이 사라진다. 소수의 일부 특성에 대해서는 유전적 특성이 전체를 설명해주는 것이 사실이다. 예를 들어 유전은 눈 색깔과 성별을 결정한다. 헌팅턴병 같은 일부 질병은 완전히 유전에 의해 결정된다. 그리고 가족력이 심장병, 당뇨, 특정 형태의 암처럼 수명을 줄일 수 있는 심각한 신체 문제에 대한 위험을 암시한다는 것도 사실이다.

그러나 질병 소인이 건강을 예언할 수 있는 전부는 아니다. 쌍생아 연구에서 생일이 같고 부모가 같은 두 사람이라도, DNA가 완벽하게 똑같은 일란성 쌍생아의 경우조차도 건강과 노화 과정은 다를 수 있다. 런던 킹스칼리지에서 수행한 최근 연구에서 쌍생아 중 한 명은 규칙적으로 운동하고 다른 한 명은 하지 않았을 때 그들의 신체는 세포 노화 수준에서 현저히 달랐다[6]. 이러한 차이는 신뢰할 만한 노화 지표로 여겨지는 **텔로미어**, 즉 각 세포 염색체의 말단에 있는 보호 캡의 길이를 비교하여 측정했다[7]. 텔로미어는 시간이 가면서 닳아 없어져서 세포가 암 같은 질병을 초래할 수 있는 유전적 손상에 더 취약하게 된다. 그러나 운동을 규칙적으로 했던 쌍생아는 앉아 있는 시간이 많았던 쌍생아보다 텔로미어가 더 길었고, 어떤 경우에는 그 차이가 9년 정도의 노화에 해당되었다.

질병의 위험은 어떠한가? 유전과 관련된 질환으로 치매 중 가장 흔한 형태인 알츠하이머병을 예로 들어 보자. 노르웨이 쌍생아 등록소에서는 수십 년간 쌍생아에 관해 꼼꼼하게 기록하고 있는데, 연구자는 그 기록을 보고 유전적 구조가 동일한 사람을 짝지어 건강 상태를 밀착 추적할 수 있다. 추적한 사례에 의하면 쌍생아 중 한 명이 알츠하이머병에 걸리면, 나머지 한 명도 알츠하이머병에 걸리는 경우가 79퍼센트로, 발병에서 유전의 역할이 큰 것으로 나타났다[8]. 이런 결과 때문에 가계 중 누군가 알츠하이머병이 있으면 나도 자동적으로 같은 병에 걸릴 운명이라고 걱정할지 모른다. 그러나 DNA를 완벽하게 함께 나눈 일란성 쌍생아는 다른 가족보다 훨씬 밀접한 유전적 관계가 있다는 것을 기억하자. 우리는 각 부모에게서 DNA의 절반씩만 받고, 조부모에게서는 1/4을 나누어 받는다. 쌍생아는 통상 그들 DNA의 약 절반을 공유하고, 사촌은 1/8을 공유한다. 그러면 동일한 유전자를 가지고 있다 해도 그런 경우의 21퍼센트는 두 번째 쌍생아가 알츠하이머병에 걸리지 않는다는 것을 기억하자. 이는 환경이라는 또 다른 요인이 작용하고 있기 때문이다.

유전이 진공 상태에서 나타나는 것은 아니다. 유전이 나타나는 것은 신체 환경에 단서가 있을 때인데, 신체 환경이란 개인의 물리적 환경뿐만 아니라 섭식, 스트레스, 화학적 노출, 행동도 포함될 수 있다. 동일한 DNA를 가지고 있다 해도 두 사람의 신체 경험이 일생 동안 똑같지 않아서 낡고 닳는 정도는 다르다. 이유 없는 유전 변성, 바이러스나 독소에의 노출, 염증을 일으키는 외상은 가족 중 한 사람에게는 단지 질병의 잠복된 가능성으로만 남아 있지만 다른 한 사람에게는 질병을 초래하는 결과를 낳을 수 있다.

환경은 유전이 나타나는 것을 행동적으로 수정할 수 있다. 대표적인 예는 페닐케톤뇨증이다. PKU로 알려져 있는 페닐케톤뇨증은 신

체의 페닐알라닌 활용능력을 방해하는 유전적 장애인데, 페닐알라닌
은 우유, 달걀, 여러 종류의 육류와 같은 단백질이 풍부한 음식에서
자연적으로 발생하지만, 인공 감미료와 다이어트 소다에서도 흔히
발견되는 아미노산이다. 잘못하면 PKU는 발작과 심한 정신 지체를
일으킬 수 있는데, 특별한 식단으로 증상을 줄일 수 있다. 현재에는
출생 전에 PKU 발생을 가려내는 일을 병원에서 하고 있으므로 발
현되는 경우를 피할 수 있다.

　또 다른 예로 유전적 관련이 강한 제2형 당뇨에서 볼 수 있는 모
순을 생각해 보자. 만약 부모 두 사람에게 모두 제2형의 당뇨가 있
다면 자녀가 물려받을 가능성은 약 50 : 50이고, 부모 중 한 사람만
있다면 가능성은 1/7~1/13이 된다. 그러나 미국당뇨협회에 따르면
제2형 당뇨의 유전적 위험은 세계 곳곳의 누구에게나 있지만, 질병
자체는 서양의 생활양식, 즉 운동은 하지 않고 지방을 너무 많이 섭
취하는 데에다 섬유질 섭취는 불충분한 생활양식을 따르는 곳에서
번성한다[9]. 질병이 당뇨병 전단계의 상태까지 진행된 경우라도 작
은 행동변화가 이전의 신체 상태로 돌아가게 할 수 있다는 사실에서
환경의 힘은 유전의 발현을 능가한다는 것을 알 수 있다. 당뇨병 전
단계에 해당하는 사람을 대상으로 한 연구에서 매일 30분간 운동하
고 체중의 5~10퍼센트를 감량한 사람은 그렇지 않은 사람보다 실
제로 당뇨병에 58퍼센트 덜 걸렸다.

　유전은 환경에 반응하고 여러 가지 환경적 통제가 가능하기 때문
에 이는 만성 질환에 걸릴 위험이 큰 사람에게도 좋은 소식이다. 일
부 환경적 통제는 매우 상식적이다. 우리는 알코올중독에 대해 유전
적으로 강해질 수 있다. 이를테면 부모가 알코올중독이고 조부모도

알코올중독이었다 해도 본인이 술을 한 방울도 마시지 않는다면 중독자가 되지는 않을 것이다. 그러나 흥미롭게도 오늘날 유전학에서 분명하지 않았던 행동과 건강 간의 관계가 분명해지고 있다. 사람이 얼마나 잘 늙어 가고 있는지를 결정하는 데 질적인 보호 역할을 하는 지성, 체력, 탄력성은 모두 유전의 영향을 받지만 행동과 물리적·사회적 환경의 영향을 크게 받는다. 똑똑한 부모에게서 태어난 것은 훌륭한 유전적 이점이 된다. 말하자면, 교육 수준이 높으면 훨씬 이롭다.

지난 10년 동안 일어난 비범한 발전 중의 하나는 만약 어떤 사람이 특정 질병에 해당하는 유전자를 가지고 있다면 그 사람에게 유전적 구조에 관한 정보를 제공해 주는 사업이 출현했다는 사실이다. 그러나 이러한 서비스를 이용하는 사람은 자신의 유전 정보를 운명으로 받아들이지 않도록 경계해야 한다. 유전적 선별 검사는 기껏해야 특정 장애에 걸릴 경향성을 말해 줄 뿐이지, 절대적으로 장애가 있을 것을 입증하는 것은 아니다. 유전이 우리에게 특정 카드를 주지만 우리는 그 카드로 어떻게 놀지 선택할 수 있다. 어떤 사람은 자기가 심장병에 걸릴 위험이 있다는 것을 알고는 포기하는 심정으로 햄버거를 사러 갈 것이고, 또 어떤 사람은 절식하며 두부를 먹을 것이다.

마지막으로 언급할 것이 있다. 인간은 나이 자체를 통제하는 단일 유전자 혹은 언제 죽을지 계획하는 단일 유전자를 가지고 있지 않다. 같은 나이에 모든 가족에게 활성화 될 DNA가 작동하지 않도록 하는 버튼은 없다. 실제로 하버드 생애건강 연구에서 참가자의 부모와 조부모의 사망일을 추적하였는데, 물려받은 질병 때문에 가족이

60세 이전에 사망한 극단적인 경우를 제외하고, 조상의 수명은 개인 수명을 예측해 주는 아주 중요한 요인이 아닌 것으로 나타났다.

그럼에도 불구하고 우리는 부모나 조부모가 사망한 이유와 동일한 이유로 같은 나이에 자신이 죽을 것이라고 거의 미신처럼 터무니없이 믿는 경향이 있다. 만약 친척이 요절했다면 그런 예상은 굉장한 스트레스가 될 수 있고 패배주의자적인 태도를 유발할 수 있다. 그렇지 않고 만약 가족이 아주 고령까지 살았다면 경제학자가 말하는 도덕적 해이가 일어나 면역에 문제가 생길 수 있다. 편하게 살면 빨리 죽는다는 격언이 있는데, 두 가지 경우 모두 편한 것을 추구하는 행동을 하게 되고, 만약 그런 행동으로 즉시 죽지 않는다면 죽을 때까지 오랫동안 고통스러운 노년기를 보내게 될 것이다. 숙명론은 우리에게 아무런 호의도 베풀지 않을 것이다. 인간은 운명을 믿으려 하지만, 자신이 스스로 만든 것을 믿는 것이 더 현명하다.

통념 3: 열심히 일하고 은퇴는 더 열심히 하라

여기 진정한 역설이 하나 있다. 미국인과 유럽인은 예전보다 더 오래 살고 건강상태가 더 좋은데 1960, 70, 80년대에 은퇴했던 사람보다 더 일찍 은퇴한다. 늘어난 수명은 곧 여가시간의 증가로 이어졌다. 반사적으로 이 이야기는 아주 멋지게 들린다. 20세기는 노동을 절약하는 설비의 시대이며 적게 일하고 많이 얻는 시대가 아니던가? 우리 모두 가능하면 일찍 일을 그만두고 해안으로 놀러 가도 되지 않을까?

아니다! 사실, 경제적으로 좋지 않을 40년간의 은퇴 생활을 하려는 수백만 명의 경제 전망이 나쁠 뿐만 아니라 이런 긴 은퇴가 누군가에게 좋을 것으로 믿을 이유가 없다(10). 긴 은퇴는 퇴직자에게도 좋지 않고 거대한 연금 수령자를 지원해야 하는 소수의 젊은 노동자에게는 확실히 좋지 않다.

은퇴 연령에 관한 논의는 대부분 즉각적으로 사회보장연금, 자격 부여, 계약 유지 필요성에 관한 논쟁이 된다. 프랑스에서는 은퇴 연령을 60세에서 62세로 올리는 문제로 폭동이 일어났다. 어떤 사람은 노동자가 수십 년 동안 조직에 입금했다면 은퇴 후에 가능한 빨리 연금을 받도록 허용해야 한다고 주장한다. 또 어떤 사람은 만약 수많은 사람이 이렇게 한다면 조직은 파산할 것이고 미래 세대를 위한 재정 지원을 전멸시킬 것이라고 말한다. 여기에는 두 가지 진실이 있다. 첫째는 사회보장은 실패할 것이고, 둘째는 우리가 더 오래 일해야 한다는 것이다. 제5장에서 사회보험 프로그램에 대해 논의하겠지만 지금은 대부분의 경제학자가 사회보장에 관해 결론지은 것을 받아들이자. 조직은 노동이 필요하지만 약간의 변화를 준다면 가까운 미래까지 확실히 조직이 유지될 수 있다. 변화가 다소 크지만 극복할 수 있는 경우라면 장기적으로 볼 때 조직이 번영할 수도 있다. 은퇴 논의를 사회보장에 너무 초점을 맞추다 보면 문제는 대화가 예산에 관한 것으로 재빨리 넘어가 버린다는 것이다. 그보다 나는 인생에 초점을 맞추고 싶다.

미국노동자의 생애 주기를 생각해 보자. 우리는 일찍 교육을 받고 배우자를 찾는 시기쯤에 노동인구에 진입한다. 가정을 꾸리고 경력의 절정기에 이르는 한편, 자녀를 양육하고 동시에 나이 많은 친척을 부양하는 일이 종종 있다. 이러한 중년기 동안 우리는 매우 오랜 시간 일하고, 한 번에 두 가지, 때로는 세 가지 직업을 갖기도 한다. 그러다 65세가 되면 은퇴한다. 그러니까 부단히 일을 하다가 하루아침에 완전히 쉬는 쪽으로 바뀌는 것이다. 미국의 은퇴모델에 의하면 우리는 매일 골프를 한다거나 꿈꾸던 집을 짓고 세계를 여행하는 영웅적인 은퇴 모험을 시작하게 된다.

과거에는 65세에 일을 완전히 그만두고 은퇴 이후 10년 정도 은퇴시스템에서 연금을 받는 것이 이치에 닿았다. 그러나 지금은 사람이 일반적으로 80대, 90대, 그 이상까지 살기 때문에 20년 또는 30년을 골프 하는 데 보낸다는 뜻이 된다. 골프장 사용료는 큰 금액이다. 특히 미래의 은퇴자를 지원해 줄 재정 자원이 적은 경우를 생각하면 골프 비용은 참으로 크다. 회사 연금은 401(k)와 개인퇴직계좌(Individual Retirement Account, IRA)로 돌려졌고, 이 둘은 노동자가 자발적으로 등록해서 자신의 돈을 투자하는 방식이다. 그러나 10명의 미국 노동자 중 6명만 은퇴를 대비해 저축하고 있고[11] 그들의 절반 이상은 저축 금액이 2만 5천 불 미만이다[12]. 부족량을 메우기 위해 현재의 일부 은퇴자는 다시 일터로 돌아가고 있고, 일부는 적은 돈으로 생활을 꾸려 가려고 애쓰고 있다.

이런 생애 주기 모델이 어떻게 작동하고 있는가? 상황은 형편없다. 노인은 은퇴할 여유가 없을 뿐만 아니라 더 젊은 노동자도 수십년의 은퇴기간을 대비해 충분히 저축하려고 지치도록 일한다. 이는 가족을 부양하고 늙어가는 친척을 돌보고 직업적으로 성공하려고 노력할 때 중년기에 발생하는 다양한 스트레스 중에 으뜸이다. 사람이 어떻게 몇 십 년 동안 일하지 않고 자녀의 대학 등록금을 저축하고 융자금과 신용카드 빚을 갚아나갈 수 있는가? 우리 자신이 그렇게 하지 못한다고 보기 때문에 스트레스는 늘어난다. 젊은 부모는 노동인구 중에서 가장 스트레스가 많은 연령집단이다. 그들은 종종 자기 직업에서 요구하는 것을 해내려고 가족의 요구를 차선으로 미루어야 한다고 느낀다. 가장 큰 아이러니는 대부분의 미국인이 이전보다 더 오래 살게 되었지만 일상생활에서 시간이 부족하다고 느낀다는 것이다.

그중에 가장 나쁜 것은 우리가 결국에는 느긋하게 즐길 기회가 있을 것이라 생각하고 그 결승선까지 우리 모두 질주하고 있다는 점이다. 그러나 우리는 인생의 가장 중요한 부분을 놓치며 살게 된다. 가족과 경력을 동시에 추구하기 때문에 중년에는 너무 할 일이 많아서 부모는 가끔 자녀의 첫 걸음, 첫 단어, 학교 공연 등 특별한 이정표를 놓친다. 일반적인 견해와는 반대로 성인자녀는 부모가 도움이 필요할 때 진심으로 도우려고 한다[13]. 성인자녀는 부모를 대단히 보살피는 것이다. 부모를 위해 지출하고 부모를 찾아보려고 한다. 그러나 시간을 쪼개어 모든 요구를 들어 주어야 하는 일이 너무 많은 것이다.

이 그림에는 매우 잘못된 것이 있다. 인생에서 은퇴 후의 시간만이 유일하게 연장된 단계인 것이다. 문제는 우리가 아니라, 짧은 생애에 맞춰 만들어진 모델이 문제다. 성인 초기에는 일만 하고 후기엔 휴식만 있다는 것은 이해가 안 된다. 우리가 은퇴 연령에 이르는 때에 사회보장 상태가 어떨 것인지는 상관없이 향후 40년 동안 자활하기 위해 40년간 충분히 돈을 벌어야 한다는 것은 엄청난 요구다. 사회보장은 저축 프로그램이 아니고 우리가 완전히 파산하지 않도록 하기 위해 만든 사회보장 프로그램이라는 것을 명심하자. 만약 우리가 은퇴 후에도 이전처럼 잘 살기를 기대한다면 정부나 고용주가 우리를 위해 그렇게 해주기를 기대하지 말고 많은 돈을 저축해야 할 것인데, 전형적인 미국 은퇴 저축액 2만 5천 불로는 어림없을 것이다.

다행히 우리에게는 노동시간을 조정하고 재정 계획을 새로 세울 수 있는 계산 능력이 있다. 내 생각에 대부분의 미국인에게 장기간의 노년기 자활을 위한 충분한 저축은 전혀 달성할 수 없는 것처럼 보이고, 우리를 압도하여 전체를 포기하게 된다는 것이 문제다. 우리가 혼자가 아니라는, 즉 나라 전체가 빚을 지고 있다는 말을 들으면 마법에 걸린 것 같은 생각을 계속하게 된다. 만약 아무도 저축하지 않는다면 돈을 따로 남겨 놓는 대신에 행운을 바라게 된다. 어떤 사람은 아마도 부모에게서 유산을 상속받을 것이라고 막연히 생각하기도 하는데, 부모가 주는 행운이 어떤 것인지 전혀 모르는 경우가 종종 있다. 전형적으로 미국에서 유산은 단지 몇 천 달러에 불과하기 때문에(14) 대체로 그 생각은 아주 현명하지 않다. 또 어떤 사람은 복권에 당첨되기를 희망한다. 만약 예금을 늘릴 시간이 더 있고 대비해야 할 은퇴기간이 더 짧다면 이길 수 있는 경주이므로 사람들이 더 저축할 것으로 나는 예상한다. 이것이 우리가 더 오래 일해야 하는 한 가지 이유다.

우리에게는 일을 덜 하면서 인생 전반에 만족감은 더하도록 노동생활을 다시 설계할 기회가 있다. 만약 우리가 노년기에 몇 년 더 일하도록 계획한다면 중년기에 긴장을 줄일 수 있다. 은퇴 연령을 올리는 것만으로는 충분치 않다. 만약 그것이 유일한 변화라면 격렬한 일을 하는 사람이나 일이 아닌 것에서 즐거움을 찾기 위해 여러 해를 기다린 사람은 곤혹스러울 것이다. 그러나 대부분의 미국인은 자기 직업을 즐기고 있으며, 건강하다면 70세, 75세, 그 이상까지 계속 일하는 것을 꺼리지 않는다는 것을 알아야 한다. 65세~74세에 해당하는 노인 중 88퍼센트가 일을 할 만큼 건강하다. 85세를 초과한 사람의 60퍼센트, 즉 대다수는 일을 하지 못할 건강상의 문제가 없다. 게다가 노인 노동자는 자기 직업에 가장 만족한다고 보고한다.

우리에게는 선택할 수 있는 대안이 필요하고, 그 대안에는 시간제 일, 자원하는 일 또는 전적으로 새로운 제2의 직업 선택이 포함될 수 있다. 우리는 단계적 은퇴, 유연성 있는 노동 스케줄, 직업 재훈련, 재택근무 같은 유인이 필요하다. 직업주기는 더 길지만 적당히 조절함으로써 일생 동안 여가시간이 더 많고, 젊을 때 자녀와 더 많은 시간을 보내고, 나이가 들어가면서 지역사회를 위해 더 종사할 수 있고, 노동기간 동안 축적한 기술을 사회에 되돌려줄 수 있다.

이런 것이 확실히 우리 조부모의 은퇴와는 다르게 보일 수 있다. 그러나 우리의 노년이 우리 부모나 조부모의 노년과는 다를 것이라는 점을 인지해야 한다. 사실상 우리의 노년기는 이전에 우리가 보았던 어떤 미국사회와도 다를 것이다. 나는 우리가 그 차이를 감수하자고 제안한다. 은퇴는 개입 가능한 문제다. 기존의 개념 일부가 케케묵었다면 우리가 개혁하지 않을 이유가 없다. 약간의 창의성으로 우리는 현재보다 좀 더 만족스럽고 갈등이 덜한 노동 생활을 만들어 낼 수 있는 것이다. 기존의 것을 그대로 고수하거나 변두리만 조금 손대는 것보다는 새롭게 디자인하자. 이번에는 시대에 맞게 해보자.

통념 4: 노인은 우리 자원을 고갈시킨다

기근의 두려움은 노화가 우리 자원, 즉 건강 관리비부터 직업까지, 심지어 지구상의 물리적 공간까지 자원의 모든 할당에 어떤 영향을 미치는지에 관한 온갖 논쟁에 두루 나타난다. 기근 통념은 다음과 같다. 만약 사람이 20년 혹은 30년을 더 살게 되면 모두에게 골고루 돌아갈 만큼 충분한 것이 아무것도 없게 된다. 노인은 사회에 기여하는 대신 모든 사람에게 필요한 자원을 없애 치울 것이다. 노인이 계속 존재한다는 것은 지구의 과잉인구를 유발하고 자연 환경의 고갈을 가속화시킬 것이다. 열린 공간, 공기와 물, 음식이 부족해질 것이다. 이 통념은 그럴 만한 이유 없이 세대 간 경쟁을 만들어 내기 때문에 틀림없이 가장 위험하다.

과잉인구부터 이야기해 보자. 인구 성장이 억제되지 않으면 지구가 유지될 수 없다는 것은 사실이다. 1798년으로 돌아가 보면 그때 영국의 정치 경제학자 토마스 말더스(Thomas Malthus)는 "인구의 힘은 인간을 위해 생존수단을 생산하는 지구의 힘보다 무한히 더 크다."라고 경고했다. 물론 그의 말이 옳다. 20세기 동안 세계 인구는 약 16억에서 60억 명 이상으로 증가했다. 결핍을 면하는 유일한 길은 과학기술의 진보로 생산을 증가시키는 것이었다. 그러나 과학기술은 불가피하게 지구로 하여금 생산의 대가를 치르게 하므로[15] 우리를 구하려고 영원히 과학 기술에 의존할 수는 없다.

그러나 장수가 인구를 키우는 것이 아니다. 오히려 세계에서 가장 장수하는 사람들이 있는 지역은 인구가 이미 안정되었으며 10년 뒤에는 감소할 것으로 예상된다. 1955년에서 2005년까지 반세기 동안 산업화된 세계에서 출산율은 한 여성당 2.8명에서 1.6명으로 감소했는데, 현재 인구를 대체하려면 2.1명 이하면 된다. 세계 평균은 같은 시기에 여성당 5명에서 2.7명으로 떨어졌다. 2030년까지 모든 국가의 절반 이상이 대체율 이하로 출산율이 하락할 전망이다.

왜 이런 일이 일어날까? 그 이유는 기대수명을 높이는 요인, 즉 교육, 수입, 건강관리, 위생, 영양 등이 출산율을 감소시키는 요인도 되기 때문이다. 삶의 질이 높아진 덕분에 영아 사망률이 낮아지자 부모는 자녀를 잃을 두려움이 없어지고 당연히 가족의 크기를 제한한다. 세계적으로 농업 사회에서 도시의 산업화된 사회로 변하면서 아동의 노동을 필요로 하는 일이 감소하는 것 등이 가족계획의 변화를 촉진했다. 그래서 증가한 수명이 노인인구를 급속히 증가시켜 실제로 세계 노인인구는 2050년이 되면 3배가 될 것으로 예상되고, 그때는 15억 명이 65세를 초과할 것이다. 이는 산업화된 세계에서 출산율의 감소와 동시에 일어나는 현상이다. 이들 국가에서 나타나는 결과는 증가하는 인구가 아니라 고령화하는 인구다.

우리는 기대수명이 낮은 세계 지역에는 상대적으로 주의를 별로 기울이지 않았는데, 이런 곳에서는 출산율이 높다. 아프리카 대륙의 인구는 45년 후에 2배가 될 것으로 예상된다. 사실, 21세기에 지구상의 모든 인구성장은 실질적으로 아프리카, 일부 아시아, 중동에서 일어나고 있다[16]. 이런 지역에서 말더스의 예언은 실현될 가능성이 있다. 식품 생산력을 높이기 위해 안전한 음용수와 정교한 농업 기술을 보장하는 기간 시설이 부족한 지역에서 늘어난 인구는 이 지역에 사는 사람에게 가장 직접적으로 심각한 위협이 될 뿐만 아니라 세계 안정성에 미치는 영향도 심각하다. 사람은 기본 욕구가 충족되지 않으면 조기에 사망한다. 정치적 시련이 조기 사망을 더욱 부추긴다. 더구나 아프리카에서 그럴 것이라 예상했듯이 인구 고령화는 지역적으로 매우 빠르게 일어나고, 국가가 경제적으로 준비되지 않을 때 젊은 사람은 일자리를 찾을 수 없으니 잇따라 시민은 불안해진다.

정보에 밝은 일부 인구통계학자와 행정에 관여하는 과학자는 지구촌 주변의 차별적 고령화의 파급효과를 알기 시작했지만, 지역 인구의 미래는 연결되어 있다. 최종 결론을 말하자면, 인구 성장은 이슈지만 할아버지가 오래 사는 것이 문제는 아니다. 진정한 이슈는 수명 연장이라는 선물이 지구 주변에 불균형적으로 분배된다는 것이다. 젊은층 인구가 늘어나고 있는 세계 일부 지역에서는 아동이 늙어 갈 기회가 결코 없을지도 모른다.

세계 전반의 고령화는 사실 좋은 일이다. 이상적인 세계 인구는 출생한 모든 사람이 오래 건강하게 사는 비교적 작은 인구다. 그러나 기근설을 제안한 사람들은 산업화된 국가에서 은퇴자의 수가 점점 젊은 노동자 수를 앞지르면서 인구 고령화가 불가피하게 세대 간 다툼을 일으킬 것이라고 믿는다. 이탈리아, 독일, 일본, 러시아를 포함한 많은 선진국에서 노동 인구는 인구 고령화에 따라 현재 감소하고 있는 것이 사실이다. (한편, 미국에서는 노동 인구가 이민 덕분에 사실상 증가하고 있다.) 세계 여러 지역에서 노인은 젊은 노동자가 국민 연금 계획에 입금하는 것보다 더 빠르게 자금을 연금으로 인출할 것이다.

이러한 변화는 종종 경쟁으로 묘사된다. 우리가 부족하다고 생각하는 자원, 즉 사회보장연금, 건강관리 접근은 세대 간에 펼쳐지는 제로섬 게임의 상품이다. 그러니까 한 집단이 필요한 것을 얻으려면 다른 집단은 아무것도 얻지 않아야 한다는 것이다. 어느 날 나는 출근길에 운전을 하면서 라디오에서 흘러나오는 건강관리급식에 관한 토론을 들었다. 한 쪽은, 우리가 노인문제를 젊은이의 문제처럼 공격적으로 다루어야 한다면서 그 이유는 그렇게 하지 않으면 불공평하기 때문이라고 했다. 다른 한 쪽은 우리가 곧 죽을 사람을 돌보는 데 비용을 많이 들일 만큼 여유가 없다고 했다. 여러분은 종교나 성별에 관해서 이와 같은 공적인 토론을 상상할 수 있는가? 그러나 연령에 관해서는 우리가 이처럼 자유롭게 토론한다. 그 이슈는 마치 근본적으로 토론 아래 두 가지 선택 안이 있는 것처럼 구성되는데, 하나는 노인을 하나의 범주로 취급하고 전 인생이 보상받을 가치가 있다는 것이고, 다른 하나는 전 사회가 빈털터리가 되게 두는 것이다.

어떤 사람은 재정 자원과 베이비부머의 투표 영향력이 젊은이를 위해 기획한 교육 및 기타 서비스를 위협할 것이라 믿는다. 풍자작가 크리스토퍼 버클리(Christopher Buckley)는 2007년에 『붐즈데이 (Boomsday)』라는 소설에서 노인들이 로비를 통해 의회가 자신들에게 더 많은 이익을 주도록 계속 설득하기 때문에 분노한 젊은이들이 은퇴자 공동체와 골프 코스를 대규모로 공격하는 것을 상상하고 있다. 버클리는 베이비부머를 "12명의 군주를 제외하고 인류 역사상 가장 자기 마음대로이며 가장 자기중심적인 인구 집단"이라고 이름 붙였다.

나는 붐즈데이를 읽는 내내 웃었고 내 친구에게 주려고 한 권을 구입했다. 참 히스테리컬하다. 하지만 그것이 풍자다. 미국에서는 세대 간 싸움에 대한 증거가 없다. 만약 우리가 세대 간 싸움을 하려 한다면 시작할 수도 있겠지만, 대학생을 대상으로 한 조사에 의하면 대학생은 정부가 노인, 결국 자기 할아버지 할머니인 노인을 위해 뭔가를 더 해 주어야 하고 덜 해선 안 된다고 생각한다[17]. 그리고 사람은 늙어가면서 갑자기 자기중심적으로 되는 것이 아니다. 오히려 늙으면 젊은 가족 구성원과 지구에 대한 관심이 깊어진다. 우리에게는 마치 사람이 젊은이로 태어나거나 늙은이로 태어나기라도 하는 것처럼 세대를 분리하는 선을 긋는 문화에서 긴 생애를 사려 깊게 다루는 문화로 바꾸어야 한다는 시각이 필요하다. 그 변화는 우리 모두를 위해 삶의 질을 개선하고 개인 내 연속성을 강화하고 세대 간 연결을 밝게 비추어 줄 변화다.

　기묘하게도 기근 통념은 최악의 정반대 시나리오 두 가지에 기반을 두고 있다. 물론 그 첫째는 모든 사람이 사용하는 자원을 비생산적인 노인이 소비하면서 공간을 차지할 거라는 것이다. 반대의 시나리오는 노인층이 오히려 너무 생산적일 수 있다는 것이다. 이 시나리오에서 수명연장으로 긴 삶을 사는 사람은 은퇴하지 않고 젊은 노동자가 앞서 갈 수 없는 직업 환경에서 많은 자리를 차지한다. 나는 이런 걱정스러운 일이 전개될 것이라고 믿지 않는다. 만약 베이비부머가 늦게 은퇴한다면 이는 개인연금을 저축할 시간을 줄 뿐만 아니라 사회보장 체계상의 스트레스를 덜어 줄 것이다. 이는 사회 전체의 복지도 끌어올릴 것이다. 하버드의 경제학자 데이비드 와이즈(David Wise)는 만약 부머 세대 구성원이 5년 더 일한다면 미국의 국내 생산은 2030년까지 실제로 7퍼센트 또는 8퍼센트 활성화될 수 있다고 말한다[18]. 전 세계를 두루 살펴보면 노인이 일하는 나라에서는 젊은이의 비고용 비율이 낮다[19].

우리는 노동인구에 속하는 노인이 필요하다. 미국은 실제로 부머 세대의 은퇴로 많은 분야에서 기술직의 노동 결핍에 직면할 것이다. 미국 노동통계청은 현재 부머가 향후 10년에 걸쳐 은퇴하면서 3,340만 개의 일자리를 두고 떠날 것으로 추정하고 있다. (이와 대조적으로 종합적인 경제 성장은 이보다 훨씬 적은 1,740만 개 직종을 만들어 내는 것으로 예측된다.) 가장 영향을 받는 분야로는 교육, 관리, 도서관직, 경영직이 포함될 것이다. 비영리적인 분야에서는 위기 수준이라 할 만큼 지도자가 부족할 것으로 예상하고 있다. 게다가 노화하는 부머 세대의 요구에 따라 건강관리 및 사회 지원에서 400만 개의 새로운 직업이 생길 것으로 기대된다.

노동인구의 고령화는 실로 거대한 인구통계학적 변화일 것이고 그 변화가 경제에 어떤 영향을 미칠지는 정확하게 예측하기 어려운데, 이는 의심할 바 없이 결핍과 기근의 두려움을 키우고 있다. 명확한 답이 없는 상황에서 확신할 수 있는 것이 한 가지 있다. 우리는 노인에게 다음과 같은 혼란스러운 최종 메시지를 보내는 일을 멈출 수 있다. 우리는 당신을 돌볼 여유가 없지만 당신이 직업을 갖도록 내버려 둘 여유도 없으니 당신 스스로 돌보시오. 우리는 일하지 않는 늙고 병든 사람을 걱정해야 하고, 일하는 늙고 건강한 사람을 칭찬해 주어야 한다.

통념 5: 우리는 혼자 늙는다

훗날 우리가 혼자 늙어 가는 것처럼 느낄 때가 분명 있다 하더라도 혼자 늙어가는 것은 아니다. 시간은 가장 예쁘고 가장 강하고 가장 성공적인 것뿐만 아니라 우리가 가진 최상의 것들을 삼켜 버린다. 그리곤 아름다운 젊은 모델을 부러워하며 바라보고, 그녀도 나처럼 늙어 가고 있음을 안다.

어떤 사람은 우리가 노화 과정을 속일 수 있다고 생각한다. 우리는 속임수를 개발해 낸다. 젊게 보이기 위해 특별한 뭔가를 먹고 바르고 의상에 신경 쓰고 시술도 한다. 내가 한때 자주 출입했던 미용실의 헤어 스타일리스트는 간절하게 자기가 젊었을 때처럼 보이고 싶으면 젊은이처럼 치장하고 포즈를 취해 보지만 거울 속에는 이젠 친숙해진 현재의 근엄한 모습이 사라지지 않고 있다고 내게 말했다.

그러니 가능하면 있는 그대로 두자. 노화를 중단시키거나 되돌리는 크림, 음식, 운동 처방법 같은 것은 아무것도 없다. 2002년에 51명의 출중한 과학자가 뱀 오일의 사기 판매에 반대하는 고결한 노력으로 『사이언티픽 아메리칸(Scientific American)』이라는 월간 과학잡지에 수필을 발표하여 적법한 항노화 약이나 상품이 전 세계 어디에도 없다고 기술했다. 일리노이대학의 생리인구통계학자인 내 친구 제이 올쉔스키(Jay Olshansky)는 "장수 판매는 수천 년 동안 있어 왔어요. 사실 나는 그게 두 번째로 오래된 직업이라 생각합니다. 그 사람들은 자기가 가지고 있지도 않고 측정하거나 통제할 수도 없는 물품을 팔려고 노력하고 있지요. 여러분 주변에 항노화 의료행위를 하는 의사가 있으면 지갑을 조심하세요."라고 한다.

내가 친구들과 이 화제로 이야기를 나눌 때 나는 믿을 만한 정보를 인용할 수 있어서 기쁘지만, 그들에게는 도움이 되지 않는다. 친구들은 "해초는 어때?"라고 묻는다. 희망은 끝이 없다.

그래서 우리는 이성적으로는 노화가 삶의 정상적인 일부라는 것을 알고, 우리 앞의 수백만의 사람이 인생길을 걸어 왔고 아무도 노화를 피할 수 없다는 것을 알고 있지만, 어리석은 잠재의식에서는 만약 우리가 충분히 노력하고 상상력을 발휘한다면 시간을 속일 수 있는 최초의 인물일 수 있기 때문에 주름 방지 크림에 돈을 소비한다.

그만하자.

노화는 불가피하다. '내가 늙다니!', 이건 아니다. 우리는 노인으로서 인생의 약 30년을 보내게 될 것이다. 노화를 다루자. 죽음이 유일한 대안이다. 만약 우리가 영원한 젊음이라는 환상을 거둔다면 다음에 올 것에 대해 진지하게 계획을 세울 수 있다. 우리는 내가 되고 싶은 노인의 유형에 대해 골똘히 생각해 볼 수 있다. 근사하고 세련된 노인인가? 느긋하고 초연하며 진지한 노인인가? 부드러운 중재인이 될 것인가 혹은 신랄하게 말하는 노인이 될 것인가? 젊은 사람이 자기 경력을 개발하도록 도와주거나 아니면 유명해지는 방법을 90세에 몸소 그 예가 되어 보여줄 것인가? 손자손녀에게 최상의 할아버지, 할머니가 될 것인가? 70세 이상의 여성에게 유행될 의상을 개발하는 디자이너가 될 것인가? 환경 관리인이 될 것인가 아니면 이웃을 보호할 것인가? 우리가 긴 생애를 재개념화할 수 있는 방법은 아주 많고 제3장에서 이에 관해 좀 더 이야기할 것이다.

앞으로 20~30년 후에 65세가 되는 사람은 인류 역사상 이전 세대에는 없던 이점, 즉 수적인 힘을 갖게 될 것이다. 이는 기회가 많다는 것이기도 하면서 책임이 크다는 것이기도 하다. 우리는 가능하면 잘 늙어갈 의무가 있고, 분명히 우리는 혼자 늙어 가는 것이 아니기 때문에 우리 중 많은 사람은 최대수명에 도달할 수 있다는 것을 확신해야 한다.

좀 솔직하게 말해 보겠다. 21세기 초에 우리는 두 가지 유형의 노년이 나타나는 것을 보기 시작할 것이다. 하나는 건강하고 유복한 사람의 노년이고, 또 하나는 가난하고 무능한 사람의 노년이다. 교육 받고 재정적으로 안전한 사람은 아주 건강한 상태로 노화가 진행 중이며, 여행하고 독서하고 국제적인 무용단과 손자손녀의 발레 공연을 관람하면서 은퇴기를 전적으로 즐길 수 있는 자산을 가지고 있다. 사회적 이점을 많이 가지고 있지 않고 교육을 별로 받지 않은 사람은 더 아프고 불구가 되고 하루하루를 힘들게 지내는 경향이 많다. 그들은 기본적인 생활을 위해 가족의 원조에 의지해야 할 가능성이 더 높으며, 그 가족도 스스로 가진 자원이 별로 없는 경우가 많다.

가난하다는 것이 삶의 질을 낮추기만 하는 것이 아니라 궁극적인 대가를 불러온다. 즉 사람의 수명을 몇 년 앗아간다. 항상 그래 왔듯이 부유한 사람이 덜 부유한 사람을 결국 이롭게 하는 경우를 만들 수 있다. 그러나 **낙수**(trickle-down)*모델이 부유층의 죄책감을 너무 경감시켜서는 안 된다. 가장 유복한 미국인과 최소 수준의 미

---

* 역주: 낙수(trickle-down)는 정부의 투자 증대로 대기업과 부유층에게 혜택을 주면 궁극적으로 중소기업과 저소득층에도 그 혜택이 고루 돌아가 전체적인 경기가 활성화된다는 것으로, 그 효과를 낙수효과라 한다.

국인 간 기대수명의 차이는 지난 20년 동안 거의 두 배가 되었는데, 1980년대 초기에는 2.8년이었고 세기가 바뀐 후에는 4.5년이 되었다[20]. 극단적인 통계치를 비교해 보면 미국에서 유복한 백인 여성은 가난한 흑인 남성보다 현재 평균 14년 더 오래 산다. 정말 위험한 것은 집단적으로 장수를 누릴 수 있게 된 이득이 다시 부유한 지역에만 되돌아갈 수 있다는 점이다.

진정으로 진보한 사회의 생명력은 교육을 잘 받고 건강하고 동기 부여된 인구에서 비롯된다. 특정 집단이 아니라 모든 집단 구성원이 그러할 때 사회는 번영한다. 우리는 총체적인 생활기준을 계속 개선해 나아가서 모든 사람이 건강하게 장수하는 삶을 공평하게 누리는 세계를 건설해야 한다.

CHAPTER 03

노화란 무엇인가?

3.
노화란
무엇인가?

우리가 하나의 사회로서 어떻게 장수 시대에 진입하게 되었는지에 대한 이야기는 노인에 대한 논의를 하지 않고는 시작할 수 없다. 그 논의는 아기에 관한 이야기로 시작한다.

100세 시대로 가는 첫 단계는, 첫 단계로 생각할 만큼 자명해 보이지 않을 수 있지만, 태어나서 첫 한 해를 살아남는 것이었다. 대부분의 인류역사에서 기대수명이나 평균수명은 아동기 사망 때문에 짧았다. 역사적으로 전근대의 평균수명은 약 20년인데, 이는 영아사망률 및 출산 중 여성의 사망 위험이 모두 높았던 것을 반영한다.

기대수명이 천여 년간 조금씩 증가했지만 아동기 사망은 20세기 초에도 흔한 일이었다. 1900년에 미국에서 태어난 아기 8명 중 1명이 1세가 되기 전에 사망했으며, 약 25퍼센트는 5세가 되기 전에 세상을 떠났다. 부모는 아기를 어린 천사로 보았고, 하느님이 아기를 보냈지만 반드시 현세에 머물러야 하는 것은 아니라고 여겼다.

그 이후, 한 세기 내에 영아 사망률은 미국에서 90퍼센트까지 감소했다. 산모 사망률도 99퍼센트까지 떨어졌다[1].* 가장 어린 사회 구성원의 생명을 구한 것이 전체적인 수명에 얼마나 극적인 차이를 만들었는지! 1900년과 2000년 사이에 평균 기대수명은 28년이 증가하였다. 28년 중의 약 10년은 5세 미만 아동의 생명을 구한 덕분이고, 그 10년 중 7년은 세기 중반에 이미 얻었다. 분명히 사회의 모든 구성원이 연령이나 건강에 상관없이 마법처럼 28년을 더 얻었다는 것을 뜻하지는 않는다. 더 많은 아동이 성장할 때까지 생존함에 따라 사회 전체가 장수하게 되었다는 뜻이다[2]. 1960년까지 영아의 70퍼센트가 65년을 살 것으로 기대할 수 있었다. 선진국의 영아 사망률은 더 이상 낮출 수 없을 정도로 매우 낮다. 무슨 일이 일어난 것일까?

모든 영예를 영아 사망률을 줄인 의학적 진보나 종의 내구력을 향상시킨 진화의 성공에 돌리려는 유혹에 압도되지 말자. 약물을 만들어 내는 것만으로 훨씬 복잡한 이야기를 단순하게 평가할 수는 없고, 생물학적 진화는 한 세기 내에 나타난 30년에 가까운 기대수명 증가와 아무 상관이 없다. 진화는 그런 방식으로 작용하지 않는다. 그러나 문화는 그러하다.

기대수명은 사람이 사는 방식을 바꾸기 때문에 변한다. 문화는 진화보다 더 빨리 진행된다. 의료, 기술, 사회 풍습은 모진 시련을 겪

---

* 역주: 사망률(mortality)은 사망한 사람의 비율이 아니라 살아남은 사람의 비율을 말한다.

으며 서서히 진전되며, 이 모든 것은 우리가 어떻게 사느냐 뿐만 아니라 어떻게 오래 사느냐를 구체화시킨다. 우리가 장수하는 종이 될 수 있었던 것은 인간 문화가 장수에 도움이 되는 것으로 알려진 모든 요소보다 더 중시되는 거대한 집단적 사회변화를 거쳤기 때문이다. 그리고 그런 사회변화는 우리가 얼마나 오래 사는지가 아니라 어디에 사는지로 시작되었다.

대부분의 인간 진화 역사를 통해 보면 사람은 작은 집단이나 촌락을 이루고 살았다. 작은 집단에서는 전염병이 퍼져 집단의 면역성을 사멸시킬 수 있다. 약 5천 년 전에 농업을 위해 사냥과 채집을 단념하면서 사람들은 큰 집단으로, 결국에는 읍이나 시에서 살기 시작했다. 도시 생활에서는 사람이 모이고 서로 얽혀 살게 되므로 인구 밀도가 극적으로 증가했다. 도시 생활에는 이점이 있었다. 도시 생활은 거주자가 기아와 폭풍우에 노출되지 않도록 보호했다. 지적인 생활도 가능했다. 발견을 공유할 수 있고 글로 남겨진 기록은 한 세대에서 다른 세대로 전달될 수 있어서 지식이 여러 세대로 확장되며 축적되는 결과를 낳았다. 혁신이 시작되었고 과학이 탄생하였다.

그러나 내림세도 있었다[3]. 근접성, 즉 가까이 모여 살기 때문에 천연두 같은 질병이 전 지역을 감염시켰다. 그 지역의 동물은 감염성 유기체의 저장 및 변성을 위한 병원체 보유자 역할을 했다. 여러 사람이 함께 사용하는 수로는 많은 사람을 전염시키는 장티푸스와 콜레라로 오염되었다. 오수 처리가 체계적으로 되지 않아서 사람이 만들어 내는 쓰레기는 토양과 음용수로 흘러들었다. 농업은 안정적인 식품 공급을 도왔지만, 식품은 덜 다양했고[4] 쌀과 감자 같은 고탄수화물 농작물에 더 의존했으며 수렵채집인이었던 조상이 먹었던 견과류, 베리, 단백질 등의 자양분이 더 많고 균형 잡힌 음식은 덜 섭취하게 되었다.

영양실조 인구는 특히 전염병에 민감하여 초기사회는 별다른 방어 수단 없이 전염병에 직면했다. 1348년의 선페스트(혹은 흑사병)는 5년 사이에 유럽인구의 거의 1/3을 없애 버렸다. 그 후 200년 동안 작은 규모의 페스트 전염이 세계의 몇몇 지역에 나타나 많은 사망자를 내었다. 사람들은 이러한 불행이 발생하는 이유를 이해하지 못하고 그들이 받은 천벌의 의미를 이해하기 위해 노력했다. 처음에는 많은 사람이 전염병을 신의 경멸의 증거로 보았음에도 불구하고 때때로 서로를 비난했고 전염병을 독이 든 우물이나 소수민족이 일으킨 문제 탓으로 돌리고 이미 발생한 상상할 수 없는 손실을 더욱 공포스러워 했다.

비교적 현대에도 질병은 밀집된 인구 사이에서 쉽게 퍼졌다. 1800년대 후반에 폐렴과 독감은 사망의 주요 원인이었다. 1918년 독감은 마치 감염된 사람들의 군대가 지구 주변을 항해하듯 세균의 치명적인 힘이 세계 1차 대전의 혼란과 결합되었다. 감염된 병사들이 싸우기 위해 유럽으로 출발하면서 바이러스가 미국의 군대 기지에서 세계적으로 퍼진 것으로 생각되었다. 마침내 독감 때문에 세계적으로 5천만 명 이상이 사망했는데, 그 수는 1차 대전 사망자보다 더 많았다. 그 때문에 한동안 미국의 평균 기대수명은 12년까지 떨어졌다.

그러나 전염병과 유행병에 긍정적인 면이 있다면, 그것은 공동체 건강을 보호하는, 일종의 집단 변화에 대한 자극이 된다는 것이다. 기대수명이 가장 빠르게, 가장 크게 증가한 것은 세균이 첫 장소에서 퍼지는 것을 방지하는 기본적인 개선, 즉 쓰레기 처리를 잘 하고 음식을 청결히 하며 물을 공급하는 것 등의 덕분이었다. 20세기 중반까지 미국 가구가 얼마나 오염에서 자신을 방어하지 않았는지 생각해 보면 알 수 있다. 전기는 거의 모든 가구의 일부분이 되어서 음식을 냉장고에 저장할 수 있고 난방도 가능해졌다. 쓰레기를 모으고 깨끗한 수돗물이 공급되었다. 저온살균법이 음식으로 인한 질병의 주요 통로를 제거했고 음식과 의약품은 식약청의 승인 도장이 찍혀 나왔다.

공중 보건이 개선됨에 따라 더 많은 아기가 영아기에 살아남았을 뿐만 아니라 아동기가 전반적으로 더 건강해졌다. 한 세기 전에는 5세 이전에 사망한 모든 유아의 1/4 외에도 수십만 명의 사람이 소아마비와 성홍열 같은 전염병에 감염되어 일생의 장애를 얻기도 하고, 그 이후 질병에 대한 민감도가 증가하기도 했다. 유아에게 특별히 필요한 영양에 대해 알려진 바가 별로 없었으며 많은 경우에 영양 결핍은 접촉전염병이 된다고 생각했다. 만성 영양실조가 흔했는데, 1920년대 초기에 대서양 연안 도시에 살고 있던 유아의 3/4은 구루병, 즉 비타민 D와 칼슘 부족으로 인해 뼈가 약해지는 병으로 고통 받았다[5]. 그래서 미국과 유럽에서는 음식의 영양 강화 프로그램이 영양 결핍으로 오는 주요 질병, 즉 구루병, 갑상선종, 니코틴산 결핍증후군을 포함하는 질병을 거의 제거하였다. 1940년과 1960년 사이에 홍역, 풍진, 파상풍, 디프테리아에 대한 면역이 생기게 하는 백신이 개발되었다. 아마 가장 주목할 만한 것은 격리와 예방접종 프로그램의 지속적인 시행으로 천연두가 세계에서 거의 사라졌다는 점이다.

　사실, 우리가 아동기를 사회의 가장 취약한 구성원이 가장 강하게 보호받으며 걱정 없이 성장하고 놀고 교육받는 시기라고 개념화한 것은 매우 최근의 문화에서 나타났다. 아동 노동법이 시행되기 이전에 10세 미만의 많은 아동이 공장과 탄광에서 일하고 있었다. 공식 교육은 운이 좋은 사람을 위한 것이었다. 우리가 오늘날 당연하게 생각하는 양육 관념, 즉 아동과 친밀한 정서적 유대를 확립하고 아동에게 안전감을 주는 것은 널리 인식되지 않았다. 그러나 지난 세기에 기대수명이 두 배가 되는 것을 목격했듯이, 양육 관념과 아동의 삶을 개선하려는 지속적이고 일치된 관심은 함께 작용했다. 아동기는 개성이 임시로 나타나는 시기에서 인간의 잠재력을 지닌 축복할 시기로 바뀌었다. 사실, 현재는 우리 문화가 초기 아동기의 중요성을 충분히 깨닫게 되어서 인생의 첫 몇 해 동안의 타고난 취약성은 우리의 집단의식 배경으로 사라졌다.

　이제 우리는 자라나는 유아를 인생 초기의 자연스러운 과정으로 보지만, 이는 건강한 아동기를 문화적으로 지지하는 것이 우리 삶에 깊이 확립되었기 때문에 당연해 보이는 것이다. 우리가 식료품점에서 사는 식품은 비타민과 미네랄로 영양가를 높였고, 우유는 자라나는 아이를 위해 주로 저온 살균되었다. 건강한 아기는 소아과의사를 찾아가 성장 시기에 맞추어 예방 접종을 하는 것이 정례화되어서 어린 아이를 덮치는 질병의 위험이 줄어들었다. 시각, 청각 같은 감각 기능에 문제가 있으면 아주 초기에 개입해야 한다는 것을 충분히 잘 이해하고 있다. 최근에는 유전적 선별 검사와 초음파 진단을 통해 아이가 태어나기도 전에 자궁 내에서 발생할 수 있는 일부 장애를 수술로 처치한다! 아동의 학습법에 대한 심리학 연구 덕분에 교사는 어린 학생의 마음을 움직이는 법을 잘 알고 있으며, 발달과학에서 발견한 아동 발달 정보를 스폭(Spock) 박사가 육아교실에서 제공한 덕택에 부모는 아동 양육법을 더 많이 알게 되었다.

만약 그러한 기대수명의 이득이 문화의 힘의 결과라고 확신하기 어렵다면, 오늘날 수명증가가 전 세계에 걸쳐 유사하게 나타나는 것은 아니라는 슬픈 사실에서 그 증거를 찾을 수 있다. 선진국과 개발도상국 간 기대수명의 차이는 놀랍다. 일본의 기대수명은 현재 남성은 79세, 여성은 86세다. 5세 이전에 일본 아동이 사망하는 비율은 1퍼센트 미만이다. 시에라리온 공화국의 기대수명은 남성이 39세, 여성은 42세며, 5세 이전의 아동 사망률은 거의 26퍼센트다. 어떤 나라에서는, 특히 사하라 이남 아프리카에서 기대수명은 하락하고 있다. 건강관리 부족, 물과 음식을 정화하는 기간산업의 미개발, 임신 및 출산 중 높은 합병증 비율, 만연한 HIV/AIDS(면역결핍바이러스/후천성면역결핍증), 기타 치명적인 감염성 질병으로 영아 및 산모 사망률은 높게, 기대수명은 낮게 유지된다. 진정한 비극은 예전에 기대수명을 향상시키는 방법을 몰랐던 과거 역사와는 다르게, 현재는 그런 정보가 존재한다는 것이다. 놓치는 것은 지식이 아니라 비용이고 정치적 의지인 것이다.

아직 이러한 변화가 완료되지 못하고 지구촌 곳곳에서 여전히 천천히 진행되고 있기는 해도 더 많은 사람이 성인기까지 살아남을 수 있도록 한 긍정적 변화를 거대한 사회 개혁으로 생각해 보라. 현재 서구화된 세계에서 우리는 성인기를 더 길고 건강하게 만드는 두 번째 개혁 중에 있다고 나는 믿는다. 그러나 이번에는 세균이 무엇인지 그리고 음용수를 안전하게 관리하는 법을 이해해야 하는 대신,

과학이 이전에는 보기 어려웠던 고령이라는 미스터리에 직면해야
한다.

노년을 새롭게 기술하는 것이 이상하게 들린다는 것을 나는 안다.
무엇보다 역사적으로 모든 시대에 원로 지도자가 있었다. 아마 여러
분의 가계도에는 90세 노인이 한두 명 있을 것이다. 그러나 처음으
로 노년은 더 이상 예외가 아닌 관례가 될 것이다. 지구상에서 65세
를 넘은 사람의 비율은 2050년에는 2배 이상이 될 것으로 예상된
다. 초고령이나 85세 이상은 가장 빠르게 성장하는 인구집단이다.
그러나 사람의 신체가 1세기가 되어 가면서 어떻게 변하는지에 대
한 정보가 현재까지는 비교적 드물기 때문에 우리 신체가 노년에 어
떻게 반응하는지에 대한 통찰이 불충분하다. 노화의 어떤 측면이 순
수하게 생물학적이고 어떤 면이 질병이나 트라우마의 영향 때문인
가? 시간의 흐름을 피할 수 없는 특징은 어떤 변화이며 이차적 생
활양식이나 문화적으로 학습한 습관의 산물은 어떤 것인가?

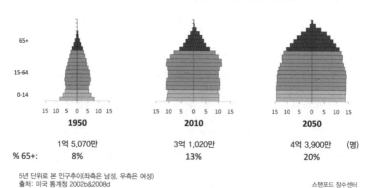

고령화에 의한 인구변화: 피라미드에서 큐브형태로

	1950	2010	2050
	1억 5,070만	3억 1,020만	4억 3,900만 (명)
% 65+:	8%	13%	20%

5년 단위로 본 인구추이(좌측은 남성, 우측은 여성)
출처: 미국 통계청 2002b&2008d

스탠포드 장수센터

결국, 노화란 무엇인가? 생일이나 은퇴 같은 이정표는 느리고 완만한 변화를 감추어 버린다. 그런 이정표는 노화를 일련의 단계처럼 느끼게 한다. 마치 우리가 매우 오랫동안 젊은이였다가 어느 날 일어나 보니 중년이 되어 수십 년 동안 중년으로 남는 것 같다. 그 후에 우리는 거울을 들여다보고 늙었다는 것을 깨닫는다. 물론, 어느 것도 진실을 비껴갈 수 없다. 노화는 우리가 태어난 날에 시작하여 죽는 날까지 계속된다.

기본적으로 노화는 신체 전반의 세포에서 일어나는 생물학적 과정이다. 많은 과학자는 노화가 일생을 거치면서 세포가 정상적으로 닳고 찢어짐으로써 손상이 축적되어 생긴 산물이라고 믿는다. 일부 손상은 세포 분열 동안 일어나는데, 매 세포 분열 시 무엇인가 잘못될 가능성이 있다. DNA 일부가 쪼개질 수 있는데, 즉 세포막이 손상받을 수 있다. 이 손상의 일부는 우리가 호흡하는 공기를 처리하는 것과 같은 정상적인 신진대사 기능을 하는 동안 산출되는 한 개의 전자를 분실한 불안정한 전자인 유리기에 의해 일어난다. 분실한 전자를 대체하기 위해 유리기는 가까운 세포에서 전자를 훔친다. 이는 세포의 DNA를 손상시킬 수 있고, 세포 역기능을 일으켜 변종을 유발할 가능성도 있는데, 이것이 눈덩이처럼 커져서 암으로 될 수 있다. 설상가상으로 도둑맞은 전자는 새로운 유리기를 생산함으로써 연쇄반응을 일으킬 수 있고, 이웃에서 다른 전자를 급습하는 데 노력을 쏟는다. 우리 신체는 항산화제라 불리는 항유리기를 자연적으로 생산해 내는데, 이로써 여분의 전자를 기부하거나 연쇄반응을 가라앉혀 이탈한 분자를 중립화시킬 수 있다. 우리 신체는 매우 많은 항산화제를 스스로 만들 수 있고, 이것이 항산화제, 즉 비타민 A,

C, E 함유량이 많은 음식과 식품 보조제가 최근에 유행하는 이유다. 그러나 알약으로 항산화제를 복용하는 것의 효과는 여전히 연구자들이 논의 중이다.

오래 살수록 세포 손상은 더 축적된다. 그리고 여기 묘한 측면이 있다. 노년기까지 살아남는 것은 새로운 현상이기 때문에 우리가 장기간의 세포 손상에 저항하도록 도와줄 진화적인 이유는 결코 많지 않을 것이고, 결국 세포 손상은 연령 관련 질병 그 자체로 나타날 수 있다. (다른 한편으로는 세포가 재생될 때까지 우리가 살아남도록 도와줄 진화론적 시간과 이유가 많기도 하다.) 만약 우리 몸이 자동차라면 우리는 보증 기간이 끝난 후에도 오랫동안 차를 운전하고 있다고 말할 수 있다. 이전에 어떤 다른 세대도 이렇게 오래 운행하지는 않았고, 80년, 90년을 사용한 엔진을 어떻게 강화해야 하는지에 대해 알려진 바가 없다. 어느 정도는 우리가 진화의 도를 넘어선 것이다.

사실, 수명이 훨씬 짧았던 때 발달한 일부 세포 보호 메커니즘이 긴 생애에서는 부정적인 영향이 있는 것으로 판명되었다. 예컨대, 보수하지 못할 손상을 입었다는 것을 아는 세포는 노쇠해질 수 있다. 즉 세포가 죽지는 않지만 분열을 멈춘다. 그것은 DNA 변이가 암으로 진행되는 것을 방해하는 메커니즘이다. 우리가 젊은 때라면 이것은 대단한 교환이다. 이는 우리가 아동기 암에 걸릴 위험을 감소시키고, 우리의 아이를 가질 만큼 오래 살 수 있도록 돕는다. 그러나 여기에는 비용이 따른다. 그런 노쇠한 세포는 인생의 남은 시간 동안 단백질을 그 세포 주변에 분비함으로써 그 영역을 약하게 만들어 결국 시간이 가면서 암에 걸리기 쉽게 만든다. 단백질을 분비하는 세포는 우리가 젊을 때는 별 문제가 아니지만, 나이가 들고 그 세포가 더 발달하면서 암의 위험이 증가한다.

그러나 진단할 수 있는 질병이 없어도 세포 손상의 축적은 정상적인 노화의 일부분이다. 신체 작용은 점진적이고 느려서 대체로 변화에 덜 반응적이다. 아주 중요한 기관에 일어나는 변화도 있지만, 변화가 기관계 내에서도 일어나고 여러 기관계에 걸쳐서 일어나기도 하므로 신체는 내적 균형이나 항상성, 즉 환경의 변화나 스트레스에 즉시 적응할 수 있는 과정을 유지하기가 더 어렵다. 이러한 변화는 20대나 30대에 시작되어 성인기 내내 계속된다.

시간이 가면서 우리는 거울에서 이런 변화를 좀 볼 수 있고, 뼈에서 느낄 수도 있다. 폐활량, 심장 박동수, 신경세포가 정보를 처리하는 속도는 꽤 꾸준히 감퇴한다. 피부, 혈관, 근육은 탄력을 잃는데, 이는 주름과 처짐의 원인이 된다. 해가 갈수록 뼈는 더 부서지기 쉽고 척추는 내려앉는다. 대부분 80대까지 키가 2~3인치 줄어든다. 신장 기능은 효과적이지 못해서 체내 독소 제거에 시간이 더 오래 걸린다. 점점 신체가 맥박, 혈압, 산소 소비량, 혈당을 조절하기가 힘들어지고, 폐활량은 30대 중반부터 매년 2~3퍼센트씩 떨어진다.

방이 어두울 때 눈이 적응하는 데 걸리는 시간이든, 깜짝 놀란 후에 심장 박동률이 정상으로 돌아오는 시간이든, 주변의 온도 차이를 알아차리는 시간이든지 간에 신체가 늙어감에 따라 환경 변화에 더 천천히 반응한다. 노인은 너무 뜨겁다는 것을 알아차리고 이에 맞춰 조정을 잘 하지 못하는 것 같다. 2003년에 폭염으로 유럽에서 만 4천여 명이 사망했는데, 이들 중 대부분이 노인이었다[6]. 신체가 부상, 질병, 극한 상황에 노출됨으로써 생기는 손상을 치료하는 데 노인은 시간이 더 오래 걸린다. 작은 예로 근육 조직의 전반적인 손실로 인해 근육이 일상적으로 닳고 찢어지면 더욱 더디게 치료된다. 그리고 불행하게도 나이가 많아지면서 이러한 종류의 손상은 피하기가 어렵다. 근육량이 줄어든 결과로 힘이 감소하고 낙상 위험이 커진다. 또 골밀도가 감소하여 낙상으로 뼈가 부러질 가능성이 높아진다.

이런 사실은 서글프게 들리지만, 20대 이후로 계속되는 길고 꾸준한 과정의 일부라는 것을 기억하자. 최후에 속도를 더 내지는 않는다. 40세에서 50세까지의 감퇴가 80세에서 90세까지의 감퇴와 거의 동일하다. 정상적인 노화로 인한 변화에 갑작스러운 감퇴는 없다. 10년 단위의 변화는 극적이지는 않지만 주목할 만하다. 30세도 자기가 20대일 때처럼 밤새워 일할 수 없다고 말할 것이다. 좋은 소식은 낙상이나 질병 같은 생물학적 또는 환경적 스트레스원이 없을 때 노화에 따른 변화가 기능을 크게 제한하지는 않는다는 것이다. 건강한 60, 70, 80세는 쇠약하다고 느끼지 않는다. 정신적으로 또 신체적으로 활동적인 사람에게 노화에 따른 변화는 무해하고 일상 기능을 침해하지 않는다. 젊은이와의 차이는 시스템이 압박을 받으면 질병이나 정서적 긴장, 극단적인 환경 조건에 의해 노인은 젊은이만큼 재빨리 원상태로 돌아오지 않는다는 것이다.

나는 사람들이 '늙다'를 '아프다'와 동일하게 생각할 때 난처한 만큼 거기에는 어느 정도 진실이 있다고 본다, 특히 나이가 많아질수록 더욱 그렇다. 건강하지 못한 것과 고령은 강하게 연결되어 있어서 일부 과학자는 우리가 정상적 노화와 병리적 노화를 구분해야 한다고 말한다. 나는 독일 베를린에 있는 막스플랑크 인간발달연구소(Max Planck Institute for Human Development) 전 소장인 폴 발테스(Paul Baltes)와 대화한 적이 있다. 내가 노화 문제의 상당수는 사실상 질병의 문제라고 말하자 그는 "그렇지만 질병에서 자유로운 90세 노인은 없어요."라고 했다. 그가 본질적으로 옳다. 노화는 두 가지 이유로 만성질환의 위험이 증가하는 것과 관련이 있다. 첫째, 문제가 진행되는 데 시간이 걸린다. 예컨대, 시간이 가면서 모든 사람에게 일어나는 골량의 상실로 결국 우리가 골다공증이라 부르는 상태가 되거나 점차 혈압이 높아져서 결국 고혈압이 될 수 있다. 둘째, 정상적 노화와 관련된 기능 감퇴는 심장병이나 암 같은 질병에 걸릴 가능성을 증가시킨다. 오래 살수록 뭔가가 잘못될 가능성이 더 커지는 것이다.

그러나 어떤 조건이 순수하게 병리적이고 어떤 것이 노화의 산물인지 말하는 것은 어려울 수 있다. 예컨대, 당뇨는 젊은이보다 노인에게 흔하지만 대부분의 노인이 당뇨병을 앓는 것은 아니고 젊은이에게도 당뇨병은 있다. 더구나 당뇨는 치료할 수 있다. 또 다른 구분은 더 미묘하다. 관절염은 노인에게 흔한 질병이지만 정상적으로 닳고 찢어지는 것도 연골을 감소시킨다. 혈관 유연성의 상실은 정상적 노화로 여겨지지만 동맥경화증, 즉 동맥벽에 지방 퇴적물이 형성되는 것은 노인에게만 영향을 주는 질병이 아니다. 신장 기능은 정상적 노화로 손상받지만 노인은 또한 감염 때문에 신장이 제 기능을 더욱 제대로 하지 못하게 된다.

정상적인 것과 병리적인 것으로 간주하는 것 간의 모호함은 노화하는 신체뿐만 아니라 노화하는 정신을 고려할 때도 똑같이 나타난다. 우리가 충분히 오래 산다면 치매는 불가피한가? 혹은 치매는 나

이 들면서 사실상 모든 사람에게 나타나는 변화의 극단적인 형태인
가? 교과서의 답은 치매가 정상적 노화의 일부가 아니라는, 즉 질병
이라는 것이다. 그러나 그렇다 하더라도 우리가 나이 들면서 건강한
사람에게도 일부 부정적인 인지 변화가 일어난다는 것은 명백하고,
이는 기억, 주의, 언어에 경미한 손상이라는 결과로 나타난다. 흔히
이 모든 것을 설명해 주는 이야기의 실마리는 노화에 따르는 느림과
그 파급 효과다. 예를 들어 새로운 정보를 학습하는 데 시간이 더
오래 걸린다. 관련 정보에 집중하고 비관련 정보를 무시하기가 더
어려워진다. 기억에서 원하는 단어를 정확하게 인출하는 것은 더 골
치 아프다. 이는 특히 이름의 경우에 확연하고, 특별히 파티에서 당
혹스럽다. 그래서 50명이 넘는 사회적 모임에서 이름표는 의무적이
다. 느림에 관련된 가장 유명한 감퇴는 기억력 저하다. 이렇듯 노인
이 느리다 보니 노인이 질문하면 그들이 알고 싶어 하는 정보를 제
대로 모두 알려주기보다 "얼마나 빨리 알아야 합니까?"라고 물어
답할 내용을 조절한다는 농담이 있다.

  그러나 모든 유형의 기억이 감퇴하는 것은 아니다. 절차기억, 즉
자전거 타기나 컴퓨터 키보드 타이핑 같은, 무엇인가를 하는 방법에
관한 기억은 노화의 영향을 거의 혹은 전혀 받지 않는다. 우리가 페
달을 밟는 방법을 기억해 내기 위해 애쓰지는 않는다. 대체로 이러
한 과제는 깊이 배어들어서, 심리학자의 말로는 자동적이어서 의식
적인 노력 없이 수행할 수 있다.

  가장 눈에 뜨이게 감퇴하는 기억이 작업기억인데, 작업기억은 당
신이 무엇인가를 하고 있는 동안 마음속의 여러 정보를 유지하는 능
력을 말한다. 우리는 문제해결뿐만 아니라 새로운 정보를 처리하고

저장하기 위해 이런 유형의 기억이 필요하다. 2에 2를 더하기 위해 우리는 두 수를 동시에 기억해야 한다. 작업기억의 변화는 불가피한 것으로 보이는데[7], 정보 처리에 관련된 다른 많은 요인과 함께 작업기억의 저하는 인종, 성별, 교육적 배경, 부에 상관없이 나타난다. 장수하는 사람도 이를 완전히 피하지 못한다. 실은, 감퇴가 성인기에 일찍부터 시작된다. 신체 노화처럼 정신의 노화는 느리지만 꾸준히 진행되는 것이다.

그러나 신체적 변화와 함께 정상적인 생물학적 노화가 진행되는 동안 정신 기능의 감퇴가 그다지 크지 않다. 정신기능 속도는 저하되지만, 학습과 문제해결을 막지는 못한다. 우리 대부분에게 이들 변화는 주관적으로 달갑지 않지만, 일상생활에서 그 기능이 파괴적이지는 않다. 더구나 변화의 행로가 전적으로 내리막은 아니다. 일부 능력은 연령증가에 따라 감퇴하지 않고, 일부는 심지어 향상된다. 노년으로 가면서 세상의 지식을 더 얻게 되어 어휘와 문화적 총명함은 증가하는 경향이 있다[8]. 50세를 넘은 사람은 젊은이보다 세계적인 사건과 정치에 관한 정보를 더 많이 안다[9]. 버지니아대학교 인지심리학자인 팀 솔트하우스(Tim Salthouse)는 축적된 지식이 작업기억의 감퇴에도 불구하고 우리가 살아 있는 동안 계속 제 기능을 잘 하는 이유를 설명해 주는 핵심이라고 믿는다. 노인은 이해가 느릴 수 있지만, 많은 경우에 유사한 상황, 경험, 주제에 관한 지식 덕분에 젊은이보다 기량이 우수하다. 솔트하우스의 고전적 연구에서 크로스워드 퍼즐 전문가는 연령이 올라가면서 능력이 향상되었다[10]. 노인이 단어를 찾는 데에는 시간이 더 걸릴 수 있지만, 단어를 더 많이 알고 있는 것이다.

마지막으로 정상적 노화와 병리 간의 경계선을 흐리게 하는 X요인이 하나 더 있다. 그것은 바로 비활동성, 즉 신체 활동을 하지 않는 것이다. 아이러니하게도 20세기의 사회적 진보는 장수에 방해가 되는 과거의 장애물을 무너뜨리고 새로운 장애물을 세웠다. 사회적 진보는 자양분이 없는 음식이나 전염병 같이 건강한 수명에 가장 위협적인 것을 완화시켰고, 일생을 농장이나 공장에서 일하고 기계화 이전에 가사노동을 함으로써 신체에 가해진 막대한 물리적 압박을 감소시켰다. 20세기에 우리는 지속적인 식품 공급을 가능하게 했을 뿐만 아니라 지방과 당분이 많아서 칼로리가 너무 높은 식품도 만들어 냈다. 우리 중 많은 사람에게 힘들게 일한 하루는 8시간 책상에 앉아 있고 운전하느라 자동차 운전대 뒤에 한두 시간 더 앉아 있는 것을 뜻한다. 예전에는 빨래하고 카펫을 터는 것 같은 신체의 산소를 소비하는 가사까지도 세탁기와 진공청소기 같은 설비를 사용하여 신체 활동을 덜 하도록 바뀌었다.

그러면 우리는 노동을 절약한 변화에서 이득을 보았는가? 틀림없이 득이 있었다. 그러나 우리 신체는 많은 나이를 다룰 수 있을 만큼 진화적으로 프로그램화 되어 있지 않다. 우리 신체는 다음에 있을 배고픔에 대비하여 지방을 저장하려 하기 때문에 먹을 수 있는 것은 모두 또 먹을 수 있을 때에는 언제든지 먹으려고 하며 음식이 기름질수록 좋아한다. 우리 신체는 에너지를 보존하는 것이 현명하다고 생각하기 때문에 매번 쉬운 방식을 택하려고 한다. 그 결과, 우리가 부족해서 겪는 문제로 더 이상 위협받지 않게 되자, 너무 넘쳐서 겪는 문제로 위협받아 뚱뚱하고 약하고 오랜 시간 앉아 있게 되었다. 1800년대 말에 어떻게 폐렴과 독감이 사망 원인이었는지를 기억하라. 오늘날 미국에서 상위 세 가지 사망 원인은 심장병, 암, 뇌졸중이고 이들은 비만 및 비활동성과 관련된다.

신체가 어떻게 나이 들어가는지는 운동에 따라 차이가 크다. 운동을 한 쌍생아는 운동하지 않은 다른 쌍생아보다 9년 더 늦게 노화가 진행되었다는 연구를 기억하자. 사실, 신체 활동의 효과는 긍정적이고 신뢰할 만해서 일부 노인병학자는 연령 효과를 비활동성 효과로 더 잘 설명할 수 있지 않을까 하는 의문을 품는다. 아프리카 초원에서 우리 조상이 그랬듯이 하루에 10마일이나 20마일을 걸으면서 살 때 정상적인 노화의 모습이 어떠할 것인지는 사실 우리가 모른다. 우리는 신체적으로 더 튼튼하겠지만 젊은이보다 여전히 더 느릴 것이고 결국 닳을 것이다.

우리는 초고령이면 어떤 모습일지 거의 본 적이 없어서 어떤 행동과 조건이 초고령을 가능하게 하는지 정말 모른다. 나는 이 점이 우리가 100세인에게 매력을 느끼는 이유라고 생각한다. 100세를 넘은 사람은 어김없이 장수 비결에 대한 질문을 받지만, 지금까지 그들은 이 공통의 주제를 선명하게 밝히지 못하고 있다. 어떤 사람은 깨끗한 생활 덕분이라는 반면, 다른 사람은 일상적으로 마시는 독한 술 덕분이라 한다. 나는 전문가들이 100세인 중에 흡연자가 없지만, 이것마저도 전적으로 진실은 아니라고 말하는 것을 들었다. 노인병학자이며 미국노년학회 전 회장이었던 진 코헨(Gene Cohen) 교수는 100세에 사망한 코미디언 조지 번즈(George Burns)에게 생전에 주치의가 그의 흡연에 대해 어떻게 생각했는지를 물었다. 번즈는 "내 의사는 죽었어요."라고 답했다. (내 생각에는 변함이 없다. 흡연하지 마라. 노년기 질병에 유전적으로 견디는 사람은 매우 드물고, 번즈는 드물게 운이 좋은 사람일 수 있다.) 물론, 내가 100세인에게서 들은 최상의 반박은 게일 코트니 릿거스(Gail Courtney Rittgers)에게서 나왔다. 그는 U.S. News & World Report의 리포터인 조디 슈나이더(Jodi Schneider)에게 이렇게 말했다. "장수 비결, 그건 간단해요. 죽지 마세요.(11)"

100세인에 대해 우리가 알고 있는 것 중에 많은 부분은 비화에서 나왔거나 매우 작고 대표적이지 않은 표본에 기반을 두고 있다(12). 에콰도르 또는 소비에트 조지아에 사는 100세인의 마을에 관한 전설이 많은데, 이들은 대부분 전설에 불과한 것으로 판명되었다. 해가 가면서 많은 사람이 사실로 판명된 것보다 더 나이가 많다고 주장했다. 그리고 아마도 그들은 정말 그렇게 생각했을 것이다. 1900년 이전에는 출생 증명이 정식으로 또는 신뢰할 수 있게 기록되지 않았고, 사회보장번호를 부여하는 것과 같은 인구등록은 존재하지 않았다. 실수가 명백하게 있었다. 예컨대 일본의 시게치요 이즈미(Shigechiyo Izumi)는 세계기록 기네스북에 최고령으로 이름이 올라있었지만, 그 이후에 단지 105세인 것으로 밝혀졌다. 본질적으로 신뢰할 만한 역사적 기록이 없어서 대규모의 100세인 연구는 실질적으로 불가능했고, 대표적인 표본연구를 완전하게 할 수 없었다.

뉴잉글랜드 100세인 연구 책임자 토마스 펄스(Thomas Perls)와 그의 동료들에 의하면 장수는 선택적 생존과 관련된다. 임상적인 지식에서는 100세인이라는 하나의 집단이 80세들보다 훨씬 더 건강하고 인지적으로 더 완전하다고 오랫동안 여겨졌다. 펄스는 80대를 넘기는 사람이 심장 상태와 알츠하이머병 같이 노년기에 쇠약해지고 죽음으로 몰고 가는 질병에 유전적으로 내성이 있는지 궁금했다(13).

메사추세츠 종합병원의 브래들리 하이만(Bradley Hyman) 연구소와
공동으로 수행한 한 연구에서 그의 팀은 90세에서 103세까지 건강
한 사람을 대상으로 알츠하이머병 민감성에 대한 유전적 지표를 연
구했는데, 지표 보유율이 매우 낮은 것이 발견되었다. 다른 연구에
서는 사람이 나이가 많아지면서 그 지표가 점점 증가하는 것으로 나
타났다.

  만약 펄스와 그 동료들이 옳다면 연령이 매우 높아지는 사람은
오래 살 뿐만 아니라 건강하게 몇 년을 더 보낼 수 있다. 극도로 나
이가 많은 사람은 죽을 때 비교적 젊은 사람보다 더 빨리 약해지는
경향이 있다. 기록이 불완전하기는 하지만, 100세인이 독감이나 폐
렴으로 인한 사망이 가장 잦다는 것은 널리 알려져 있다. 정말로 일
부 장수 연구자는 고령사회에 사는 우리는 연어 모델(salmon mode)
이라 불리는 것을 달성할 수 있기를 희망하는데, 이 모델에서는 죽
음의 문에서 무기한 머무르기보다는 양호한 건강상태에서 무덤으로
즉각 이동한다. 만약 100세인이 인생의 대부분을 건강하게 지낸 다
음 빨리 죽는 경향이 있다면, 건강관리 계획자에게 좋은 소식이다.
즉 빠른 죽음은 고통 없는 죽음이다. 사실, 100세인이 연하의 노인
보다 정말 더 튼튼하다면, 그건 많은 사람이 생각하는 것처럼 100세
에 필요한 건강관리는 반드시 65세에 필요한 관리가 선형적으로 확
대되어야 하는 것이 아니라는 뜻이다. 초고령 노인이 젊은이보다 훨
씬 더 쇠약해질 것이라는 추측에 기반을 둔 건강관리 비용의 평가는
부풀려진 것으로 판명될 수 있다.

세계 최장수 여인 칼망(CALMENT) ••

장수 분야의 챔피언은 지금까지 가장 오래 산 사람이라는 타이틀을 가지고 있는 프랑스 여성인 잔느 루이즈 칼망(Jeanne Louise Calment)이다. 칼망은 122세였던 1997년에 사망했다. 그녀는 114세에 영화 「빈센트와 나」에 출연해 가장 나이 많은 여배우가 되었다. 그녀가 마지막 12년 동안 휠체어를 사용하며 양로원에서 살 때 독립적으로 생활했다. 그녀는 예리한 재치가 있는 것으로 알려져 있는데, 120세일 때 어느 기자가 어떤 미래를 상상하느냐고 질문하자 "매우 짧은 미래."라고 답했다.

그녀가 사망에 이를 때에는 앞을 볼 수 없었고 귀도 거의 먼 상태였다. 그러나 정신적으로는 분명히 완전했다. 신경심리학자 카렌 리치(Karen Ritchie)는 그녀가 118세일 때 인지기능을 평가했는데, 진행성 신경학적 질병의 증거가 없다고 결론 내렸다. 그녀의 검사 수행 결과는 교육 받은 80세 혹은 90세 노인의 수행 수준과 유사했다[14].

그녀는 90세라는 고령에 소유권을 협상한 일이 있었는데, 이는 그녀의 정신적 영민함을 말해 주는 것으로 내가 좋아하는 이야기다. 그녀는 아를르라는 프랑스 도시에 집을 한 채 소유하고 있었고, 앙드레 프랑수아 라프레(André-François Raffray)라는 47세 변호사가 그 집을 사고 싶어 했다. 그는 칼망에게 그녀가 죽을 때 그 집을 자기에게 넘겨준다면 그녀가 살아 있는 동안 매달 400달러를 주겠다고 제안했다[15]. 그녀는 제안을 받아들여 문건을 작성했다. 변호사는 30년 넘게 칼망에게 집 가치의 3배가 넘는 돈을 지불했다. 결국, 그는 그녀가 생을 마감하기 2년 전, 그의 나이 77세에 사망했다. 그녀는 120번째 생일에 그에게 "우린 모두 형편없는 거래를 하지."라고 말한 것으로 전해진다.

우리는 사람이 100년 넘게 살 수 있다는 것을 알고 있다. 만약 우리가 최적의 조건을 만들어낸다면, 사람은 얼마나 오래 살 수 있을까? 우리가 이전에 그랬던 것처럼 21세기에 또 다른 28년을 얻을 수 있을까? 글쎄, 우리는 특별한 대성공의 기회가 두 번 오기를 기대해서는 안 된다. 20세기에 수명이 늘어난 것은 사회가 막을 수 있는, 때 이른 죽음의 원인을 공략했기 때문이었다. 본질적으로 우리는 낮은 위치에 달려 있는 과일을 딴 셈이다. 이미 그런 기본적인 개선으로 이득을 본 노인 인구를 죽음으로 몰고 가는 질병을 제거하는 것은 엄청나게 어려울 것이다. 제이 올쉔스키가 "당신은 젊은이를 두 번 구할 수는 없어요."라고 썼듯이.

그래도 향상되는 것은 있을 것이다. 과학자는 일반적으로 노년기의 일차적 질병에 대한 치료법을 발견하면 평균 기대수명이 15년까지 증가할 수 있다는 것에 동의한다[16]. 최적의 조건 아래 기대수명은 아마 어디에선가는 빠르게 접근하고 있는 나이, 90세에 근접할 것이다[17]. 그러나 문화가 미래에 장수를 지원할 수 있듯이 문화가 반대 방향으로 작용할 수도 있다. 일부 연구자는 비만 유행병이 기대수명을 감소시킬 수 있다고 믿는다[18].

이는 대부분의 사람이 90세까지 살 것이라는 뜻은 아니다. 기대수명은 인구평균이지 개인의 운과 미국의 운을 예언하는 것이 아니다. 미국 인구조사국에서는 2050년에는 100세인이 100만 명이 될 것으로 예상하고 있다. 그러나 인생의 종말을 무한정 뒤로 밀어낼 수는 없다. 사람은 여전히 나이 들어 갈 것이고 계속 죽을 것이다. 만약 노화를 늦추는 방법을 발견하기만 하면 그 자체는 20세기에 목격된 기대수명의 극적인 증가에 버금가는 것이 될 수 있겠다. 달리 말하면 우리는 젊음의 샘을 찾아야 할 것이다.

분명하게 이야기하자. 우리가 노화를 늦춘 것은 아니다. 유전자 치료, 줄기세포 연구, 클로닝* 같은 분야에서 계속 밝혀진 결과에도 불구하고 지금까지 이들 치료는 노화 질병을 다루고 죽음의 지연을 돕는 정도로만 바랄 수 있다. 진지한 연구자들이 단식에서부터 장기 교체까지 모든 방법을 사용하여 부지런히 노화과정을 느리게 하거나 막는 방법을 찾고 있다 하더라도 실제로 시계를 되돌릴 수 있는 개입은 없다. 지금까지 인간수명에 이미 짜여 있는 한계를 밀어낼 수 있는 것은 없다는 사실을 우리는 알고 있다.

이는 **최대수명 가능성**이라 불리는 것으로, 모든 환경의 영향이 최적이고 사망에 이르는 사고를 피한다면, 달리 말하면 사망 증명서상의 유일한 기록이 '늙어 죽었다'일 경우에 인간이 얼마나 오래 살 수 있는지를 말한다. 최대수명 가능성은 정밀한 수학적 양보다 모호한 개념이지만, 수로 표시하고 싶다면 그건 잔느 루이즈 칼망이 세운 기록인 122세 정도 될 것으로 보인다.

최대수명이 어떤 지점에 고정이 될 것인지, 만약 고정된다면 그 지점이 어디일지, 즉 몇 세일 것인지는 아무도 모른다. 그러나 그것은 매우 유명한 내기의 주제다. 2001년 1월에 올쉔스키와 동물학자 스티븐 오스타드(Steven Austad)는 각각 신용펀드에 150불을 투자했는데, 그 투자금은 그들의 내기가 끝나는 2150년에 5억 불의 가치가 있을 것으로 예상된다. 만약 그 해에 유명한 두 연구자가 이 세상에 없다면 게임머니는 그들의 후손에게 지불될 것이다. 그 게임은

---

* 역주: 클로닝(cloning)은 동식물의 개체에서 수정을 거치지 않고 무성생식에 의하여 부모와 유전적으로 똑같은 개체를 만드는 일을 일컫는다.

2150년에 장수의 세계기록이 몇 세로 나올 것인지를 예언하는 것이다[19]. 올쉔스키는 그의 돈을 130세에 걸었다. 오스타드는 클로닝 기술과 줄기세포 연구에서 나온 희망으로 본다면 우리 중에 누군가가 150세가 될 것이라고 장담했다.

매우 긴 기간에 대한 예언은 언제나 아주 불확실하다. 연장되는 수명에 관해 현재 논의되는 모든 것은 매우 추리적이다. 20세기 동안 발생한 변화를 예언하는 것이 1900년에는 얼마나 어려웠을지 잠시 생각해 보자. 그러나 100년 전에 우리는 적어도 때 이른 죽음의 원인에 관한 단서를 가지고 있었다. 단지 해결책이 없었던 것이다. 오늘날, 우리는 왜 사람이 늙는지, 수명 한계가 있는지, 그 한계가 수정될 수 있는지 확실히 모르고 있다. 우리 목적상 우리는 최대수명이 지금과 유사할 것이고 기대수명이 한계에 접근할 것으로 가정해야 한다. 우리는 젊음의 샘을 찾아내지 않고 노년의 땅에 가게 될 것으로 보인다.

나는 생을 완전하게 마감하기 위해 불사의 환상을 버려야 한다고 생각한다. 언젠가는 죽는다는 사실을 깨닫고 수용하는 것은 우리를 자유롭게 하고 뜻 깊은 일이다. 죽음을 받아들임으로써 우리는 우리 에너지를 과학소설의 영역에 있는 것이 아닌, 달성할 수 있는 것으로 방향을 바꾸고 우리가 가진 시간을 최대한 활용하는 일에 착수할 수 있는 것이다.

CHAPTER 04

긴 생애 구상하기

4.
긴 생애
구상하기

식탁에서 하는 대화든, 법인 중역실이나 의회에서 나누는 대화든 간에 오늘날 노화에 관한 대화는 인생에서 여분의 몇 십 년을 가장 잘 보내는 방법이라는 광범위한 문제보다는 완전한 은퇴는 67세에서 69세 사이에 해야 하는지와 같은 작은 문제에 초점이 맞춰져 있다. 우리가 점점 늘어난 수명에 적응하고 있는 것은 사실이다. 20세기 말에 미국인이 주요 생활사건을 경험하는 나이는 서서히 상승했다. 1970년대 이후로 상승하는 데 걸린 평균시간은 1년 정도였다[1]. 초혼의 평균연령 및 미국여성이 첫 아이를 갖는 나이는 둘 다 약 4년까지 상승했다[2]. 일부 하위집단에서 결혼연령은 훨씬 더 올랐다. 예컨대, 아프리카계 미국 여성은 결혼이 많이 지연되어 인구통계학자가 그들이 늦게 결혼하는지 아니면 결혼을 하지 않는지 결정할 수 없을 정도다[3].

그러나 사회는 우리에게 교육, 일과 가족, 은퇴라는 세 단계 중 어느 단계를 근본적으로 늦추거나 문제가 있으니 바꾸라고 권장하지 않는다. 생애를 고정된 세 단계로 분할하는 것이 확고하게 확립되어 있어서 사회학자는 생애 과정을 하나의 제도로 생각한다[4]. 우리는 새롭게 확장된 생애를 이해하기 위해 이러한 기존의 사회적 스크립트를 새롭게 다시 쓰지 않고, 세부사항을 만지작거려서 지금보다 훨씬 짧았던 생애 동안 우리 조상을 안내하기 위해 썼던 줄거리를 약간씩만 바꿔 왔다.

그러나 오늘날 우리가 2막이 끝나고 휴식을 막 시작하려 하는 그 시점에 우리 조상에게는 인생 마지막 막의 커튼이 내려졌었다. 우리는 모든 것을 예전과 똑같이 유지하면서 연극 내내 하나의 역할에만 순응하지 않을 것이고 대단원과 커튼콜 사이에 40분의 휴식시간이 추가될 텐데, 청중은 야유하며 팝콘을 던질 것이다! 반드시 연극의 전반적인 연출은 힘을 유지하되, 의미 있는 결말로 가기 위해 우리는 주요 줄거리의 의미가 작아지는 지점을 변화시키고, 연극을 하는 동안 더 많은 캐릭터를 연기해야 한다. 우리는 어떤 다른 것들이 전적으로 뒤틀어지는 것을 상상할 수 없기 때문에 시대에 뒤처지는 사회 스크립트를 지속해야 한다고 고집을 부려 지금껏 받은 가장 훌륭한 선물을 낭비하고 있는지도 모른다.

설사 시대에 뒤떨어지더라도 현상에 충실한 것이 뭐가 나쁘다는 것인지 이상하게 생각될 수 있다. 현재의 생애과정모델에는 두 가지 주요 결함이 있다. 첫째, 그 모델은 연령이 매우 세분화된 사회를 만들어 냈고 인생의 각 단계가 특정 과제와 엄격하게 연합되어 있다. 젊은이는 공부하고, 중년은 일하고, 노인은 쉬거나 자원봉사한

다. 우리는 일을 한 번에 하나씩, 순서대로 하는 것으로 가정하고
있다. 생애단계 간에는 아주 약간만 겹치는 부분이 있는데 그 결과,
다른 세대 구성원은 또 다른 사람과의 상호작용이 제한되어 있으며
이는 오해와 불쾌감을 키우게 되지만 어떤 연령의 누구라도 가정,
일, 공동체, 교육기회 간에 전체적인 균형을 찾는 것이 어렵다. 학
교로 돌아가고 싶은 40세나 계속 일하고 싶은 75세에게 우리 시스
템은 유연하지 못하다.

둘째, 이 생애 스크립트는 2막에 액션이 너무 많은 반면, 3막에는
액션이 절대적으로 부족하다. 인생의 중반에는 해야 할 일과 의무가
가득 있는데, 은행에 충분한 돈을 저축한 상태로 가능한 한 일찍 은
퇴할 수 있도록 모든 사람이 최대한 열심히 일한다. 인생의 이 단계
에 진입하는 젊은 성인은 배우자를 찾고 가정을 꾸리기 시작한 때라
도 전일제로 일하지 않으면 안 될뿐더러 실제로 직업적 성공을 달성
하는 데 자신을 던진다. 일과 가정 양쪽을 잘 하려고 노력하는 사람
은 종종 막대한 시간 압박을 받고 그 결과, 자녀와 병약한 부모를
돌보는 데 점점 조력자를 고용하는 일이 증가하게 된다. 시민 참여
또한 잘 할 수 없게 된다. 하버드 공공 정책 교수인 로버트 푸트남
(Robert Putnam)은 그의 저서 『나 홀로 볼링(Bowling Alone)』에서 공
동체 참여가 20세기 후반부에 급격히 감소했다고 기록했고 중년이
정책, 클럽, 교회집단, 기타 시민 조직에서 이탈하는 이유로 시간적
압박을 언급하였다. 이러한 시간 갈등은 정말 균형이 잘 잡힌 생애
스크립트에서 모든 것을 할 충분한 시간이 있다 해도, 사람이 또 다
른 역할을 수행하기 위해 다른 의미 있는 사회 역할을 희생해야 하
는 것처럼 느끼게 만든다.

빈틈없이 해야 할 일로 꽉 찬 중년의 이면은 즐길 여유가 없는 여가를 수십 년의 은퇴기간으로 미뤄야 한다는 것이다. 아직 아무도 연습해 본 적 없는 인생의 한 막을 무대 위에서 연기하려 하는 수백만의 노인이 어떤 일을 해야 할지 우리는 알지 못한다. 20년 혹은 30년간의 은퇴에 직면할 때 많은 사람은 하는 일 없이 빈둥거리는 자신을 발견할 수 있다. 특히 일 외에 사회적 생활을 많이 하지 않거나, 일상의 일과 외에는 의미 있는 관심사가 없거나, 배우자가 여전히 일하고 있어서 여유생활을 즐길 수 없다면 더욱 그러하다.

중년이 종종 시민생활을 할 수 없기 때문에 은퇴자를 자원자로 모집하는 움직임이 있다. 이는 멋진 생각이지만, 노인이 젊은이보다 실제로 자원봉사를 훨씬 많이 하지는 않는다. 게다가 노인이 모든 지역사회 서비스를 해야 한다는 생각은 다양한 자원자 단체를 고갈시킬 뿐만 아니라 연령차별에 해당된다. 아무 주부에게라도 물어보라. 봉사를 하는 것으로 낙인찍힌 집단이 무료로 수행한 일은 항상 평가 절하되어 왔다. 어쨌든 자원하는 것이 최근 일본에서 일어난 일처럼 바다를 떠도는 것보다 낫기는 하다. 일본은 급속한 고령화에 직면한 첫 국가 중 하나인데, 일본 재무상 마사주로 시오카와(Masajuro Shiokawa)가 노인을 필리핀의 요양원으로 쫓아버리자고 제안했다[5]. 그것이 제4막이고 현실이겠지만, 우리가 그렇게 결정하기 전에 좀 다른 결말을 고려해 볼 수 있다.

이젠 낡은 스크립트를 임시로 수정하는 일을 멈추고 긴 생애에 최적화된 새로운 스크립트를 쓸 때이다. 모든 길을 터놓자! 우리 목숨이 더 오래 지속될 터이니 확실히 노년은 길어질 것이다. 그러나 우리는 젊은 성인기와 중년기도 확장할 수 있다. 우리는 우리 자신에게 세 개의 막보다 더 많이, 넷 또는 다섯 개의 막을 주고, 4막, 5 막을 더 길고 더 만족스럽게 만들 수도 있다. 전 생애에 걸쳐 인지 기술, 심리적 특성 변화, 길어진 수명에 맞는 새로운 생애모델은 각 단계를 최대한 최상으로 동력화할 수 있기 때문에 우리는 일, 가족 및 시민생활 간의 균형을 더 잘 잡을 수 있다.

나는 스크립트 개조 방법으로 노동을 생애 전반으로 확산시켜야 한다고 제안한다. 우리는 젊을 때 가능한 일하고 저축을 많이 해 두 고, 늙어서 수년간 쉬면서 휴식을 보충할 수 있을 때 가능한 빨리 은퇴한다는 생각에 익숙해 있다. 그보다는 일하는 기간을 더 늘이지 만 그 기간을 덜 힘들게 만드는 것은 어떤가? 이는 젊은 성인이 고 용인으로 노동인구에 천천히 점차적으로 진입하는 고용 형태를 취 하고, 어린 자녀를 돌보고 교육을 마치고 적절한 일을 찾으려 노력 하는 동안에는 일을 적게 하도록 한다면 가능하다. 노인 근로자는 점점 천천히 은퇴할 것이다. 65번째 생일에 완전한 은퇴로 건너뛰는 대신 몇 년 더 머무르지만 노동시간이 적다면 노인 노동자는 전문가 로서의 이점을 충분히 발휘하게 될 것이다. 노동단계가 더 느리고 길어진다면 중년기 성인이 받는 시간 압박감을 완화시키고 모든 연 령의 사람이 시간을 보내는 방법에 대한 선택안이 다양해질 것이다.

경력 기간은 연장되지만 고용의 시작과 끝부분의 노동시간은 짧 아짐으로써 가족, 지역사회, 여가를 위한 시간이 우리 생활 전반에 걸쳐 더 많아질 것이다. 지역사회에 관여할 수 있는 시간이 더 많아 지면, 자원봉사는 곧 사람들이 일생 동안 할 수 있는 중요한 일이 될 것이고, 그러면 우리가 계속 바쁘게 지내는 오래된 관습을 따르 는 대신에 자원하는 일을 사회에 주는 선물로 더 좋게 인식하게 될 것이다. 경력 초반에 일하는 시간이 적을 때 돈은 덜 벌지만 전체적으로는 은퇴를 위해 저축하는 노동 햇수가 더 많아질 것이다. 직업에 대한 야망은 높을 수 있지만, 숨을 헐떡이는 속도로 산에 오를 이유는 없다. 여행을 즐기기 위해 삶의 속도를 바꿀 수 있는 것이다.

사실, 나는 사람이 인생의 절반인 50세에 자신의 두 번째 방향을 알아차리고 삶을 계획해야 한다고 생각한다. 삶을 50-50으로 나눈다고 생각해 보자. 인생의 첫 50년은 배우고, 다음 50년을 우리 지역사회에 되돌려 주는 데 쓸 수 있다. 우리는 그것을 문화를 위한 일종의 사회보장체계로 가정할 수 있지만, 반대로 작용할 수도 있다. 즉 우리는 인생 전반부를 사회보장체계로부터 지식을 회수하는 데 시간을 보내고 후반부를 되갚는 데 쓰는 것이다. 이는 50세 이후의 삶이 감퇴 단계라는 생각이 들어 있는 낡은 스크립트에서 벗어난 과격한 출발인데, 우리는 이미 우리 목표를 달성했고 게다가 좋든 나쁘든 이전 활동의 여력으로 인생의 나머지를 항해하는 것이다. 새로운 생애모델에서 50은 일이 정말 재미있는 때이고 진심으로 자신의 공동체, 일, 가족에 대해 사회적으로 깊이 기여할 수 있는 때일 것이다.

인생의 두 번째 절반이 개인의 성장이나 공공 업무의 시기가 될 수 없는 이유는 없다. 21세기는 인류역사상 전에는 결코 존재하지 않았던 거대한 인적 자원을 물려받았는데, 그 유능한 인적 자원이란 50세 이상으로, 비교적 건강하고 대개는 자녀 양육 책임에서 자유롭고 좋은 교육과 오랜 기간의 고용에서 얻은 가치 있는 기술과 지혜를 가지고 있는 나이 많고 경험 많은 사람이다. 내 친구 그레이스는 나에게 노년은 왜 있는 것인지 묻곤 했다. 한 가지 대답은 개인적으로 성취하고 이미 가족을 부양한 사람으로서 인구 분포 그래프의 정상에 해당하는 집단인 노년은 사회에 크게 기여할 수 있다는 것이다.

그러나 우리 문화와 제도는 이런 자원을 얻으려는 일을 시작하지 못했다. 그 이유가 부분적으로는 65세에 공적인 무대에서 물러나야 한다는 생각 때문이다. 우리가 노인층의 다양한 건강 요구사항과 직업 기술, 선호하는 레저를 수용하도록 노동을 새롭게 고칠 수 있다면 사람이 어떤 가치 있는 기여를 할 수 있을지 생각해 보자. 은퇴는 인생의 나머지가 아니라 절정일 수 있다.

어떻게 고치면 될까… 나는 별 의견이 없다.

나는 긴 생애를 어떻게 운행해 나가야 하는지에 대한 뚜렷한 지도가 있는 척하지는 않을 것이다. 나는 어느 누구도 분명한 지도를 가지고 있다고 생각하지 않는다. 마치 우리 종이 생물학적 진화를 넘어섰듯이 우리는 짧은 삶을 산 사람과 마찬가지로 우리 역사 동안 도출된 사회 규범 중 많은 것을 넘어섰다. 우리는 험준한 고비를 넘었고 여전히 새로 순응하고 있고 새로운 지대를 통과하려고 투쟁하고 있다.

사실, 나는 하나의 지도가 있을 것이라고 생각하지 않는다. 미래를 위한 진언은 유연해야 한다. 그래야 탄생에서 죽음까지 우리를 데려다 줄 새 길에 대한 대안 통로가 많아질 것이다. U턴이 있을 수도 있고, 휴식할 수 있는 경치 좋은 정류장이 있기도 할 것이고, 다 괜찮다. 만약 우리가 새 지도를 옳게 제대로 만들어 간다면 미래에는 지금 우리가 가지고 있는 것보다 더 많은 선택 안이 있을 것이다. 그래서 지금 여기에 제시하는 내용을 우리가 갈 수 있는 곳의 밑그림이라고 생각하기 바란다. 우리 자신의 변화에 대해 자유롭게 논의하고 설계하자. 그러나 잠깐 상상해 보자. 우리가 태어날 때 발생하는 첫 번째 일은 노년기 준비를 시작하는 것임을, 전일제 직업을 갖기 전에 미니 은퇴를 하고, 직업은 실제로 40세경에 시작되고, 80세에 우리가 세상을 다스리는 것을 상상해 보자.

1막: 인생이 시작되다

태어나는 모든 사람에게 은퇴 저축 계좌를 준다는 생각으로 이야기를 시작해 보자. 한때 영국인은 국내에서 태어난 모든 영아에게 어린이 펀드(Child Trust Fund)* 계좌를 선물했다(6). 아동이 18세가 되기만 하면 교육이나 사업 착수에 그 돈을 쓸 수 있다. 정부는 계좌에 첫 기부를 하지만, 그 계좌의 존재는 친척이나 친구로 하여금 아동의 미래 복지에 기여할 수 있는 선물을 주는 길을 터준다. 인생 초기에 계좌를 제공하는 것은 심리학자가 경로 요인(channel factor)이라 부르는 것으로, 사람이 어떻게 행동해야 하는지에 대한 의견을 나눔으로써 특정 방향으로 행동하게끔 통로를 열어주는 것을 지칭한다. 거의 하룻밤 사이에 영국에서는 계좌 제공 덕분에 대학을 준비하기 위해 저축하는 것이 사회 규범이 되었다. 그런데 미국정부는 529 플랜이라 부르는 세제 혜택 저축을 통해 대학 학자금 마련을

---

* 역주: 영국에서는 2002년 이후에 태어난 아이에게 어린이 펀드에 가입하도록 법적으로 의무화하여 아이가 심하게 아프거나 사망할 때를 제외하고는 만 18세 이전에 투자금을 찾을 수 없도록 하였다. 그러나 전반적인 경제난에 의한 예산 삭감으로 2011년에 본 프로그램을 중단하였다.

위한 저축을 격려하지만 보호자가 스스로 등록을 시작해야 하고 정부가 활기를 불어넣을 현금 기부를 하지 않는데, 바로 이 점이 미국인의 참여율이 15퍼센트 미만에 그치는 이유가 될 수 있다.

어린이 펀드는 훌륭한 생각이다. 그러나 계좌를 두 개로 만들어서 하나는 교육을 위한, 다른 하나는 은퇴를 위한 것으로 만들면 좋지 않을까? 아마 이는 세금 회계사만 즐거워할 일처럼 보일 것 같지만, 평생 동안 점진적으로 늘려 나가겠다는 약속의 상징으로 생각하자. 아주 젊은 사람도 장기 계획의 가치를 배우고, 그들 자신과 그들의 작은 은행계좌 둘 모두가 훨씬 커진 후에 다시 만난다는 믿음을 갖게 될 것이다. 그들의 은퇴저축이 불어나고 있다는 것을 알면 그들이 가족을 부양하는 동안 적게 일하고 돈을 덜 벌고 싶은 젊은 성인이 경험할 압박감을 줄여 줄 것이다. 또한 젊어서 은퇴 계획을 시작함으로써 성인기의 큰 비용, 즉 주택 융자금, 자녀의 대학 등록금, 자신의 학비 융자금을 다 갚을 때까지 종종 저축을 시작하지 못하고 기다리는 40대와 50대의 엄청난 짐을 어깨에서 벗게 해 줄 것이다. 대부분은 은퇴 직전에 은행에 돈이 거의 없다는 것을 발견하게 된다.

시간이 지나면서 인지적 기술이 발달되기 때문에 현대의 오래 사는 사람에게 더 적합한 새로운 전생애 모델은 사람이 절정에 있을 때 인지적 기술의 이점을 취해야 한다. 구 모델이 젊은이의 교육을 강조했다는 점은 훌륭하다. 아동은 정보를 빨리 흡수하고 새 기술을 습득하는 능력이 있고, 많은 에너지와 신체적 기민함도 있다. 아동이 경험과 정서적 성숙에서는 부족하지만 민첩하기 때문에 아동 발달에 교육은 결정적이다. 그러나 청년기가 되면, 즉 사춘기에서 성숙해지기까지 신속한 학습과 정서 발달이 이뤄지는 기간이 되면 구

모델은 개정될 수 있다. 오늘날 청년기는 일반적으로 10대에서 대학을 졸업하는 22세경까지를 지칭한다. 그러나 이는 청년기를 너무 짧게 보고 있다. 20대 중반에도 여전히 뇌 발달과 정서적 성숙이 진행되고 있으므로 청년기는 25세경까지 지속되는데, 이때가 학습능력이 절정에 이르고 신체적으로 가장 유연한 때다. 장수하는 사회를 살고 있는 우리가 해야 할 첫 단계 중 하나는 정말 글자 그대로 청년기를 확장하고 배울 시간을 더 줌으로써 우리 자신에게 젊은 시절을 몇 년 더 주는 것이다.

우리는 종종 청년기를 의존과 연합시키고 연장된 청년기를 게으르고 무책임하고 정서적으로 미성숙해도 된다는 면허를 받은 시기로 생각하기 때문에 어떤 사람은 청년기 확장을 심란하게 받아들일 수 있다. 또 어떤 이들은 청년기를 늘이면 게으른 미래 세대에게 부모 주변에서 빈둥거리며 원하는 것을 끝없이 받아내는 것 외에는 아무것도 하지 않아도 된다는 자유 재량권을 줄 것이라고 걱정할 수 있다. 나는 그 반대로 우리가 학습능력과 탐색능력이 가장 좋은 청년기 고유의 강점을 이용한다면 우리 사회가 더 생산적일 수 있다고 생각한다. 이는 젊은이가 노동인구로 진입할 것으로 기대되는 고용 형태에 전적으로 적합할 것이다. 50-50 분할모델에 의하면 인생의 첫 절반은 우리가 늙었을 때 지역사회 지도자가 될 수 있는 사람으로 자신을 개발하는 데 시간을 보내야 한다. 점점 세계화되는 사회에서 지도자는 어떤 자질을 갖춰야 할 것인가? 우리는 교육을 잘 받고 인생의 다방면에 능숙한 사람, 여러 나라의 말을 할 수 있고 수영, 요가, 골프처럼 나이가 들어도 계속할 수 있는 운동을 꾸준히 하는 사람을 원한다고 말하고 싶다. 청년은 대안 중에 적절한 하나

를 발견하고 지역사회 봉사를 오랫동안 하고 자신을 넓은 사회관계
망의 일부로 보는, 즉 자신이 사회의 일원임을 충분히 알 때까지 몇
가지 직업을 경험하며 노력해 볼 것이다. 그런 다재다능한 생활 기
술을 발달시키는 데 약 25년이 걸릴 수 있고, 그런 사람이 분명 게
으른 사람은 아닐 것이다.

그러나 오늘날 10대는 세상과 세상 속 자기의 위치를 탐색하도록
격려받는 것 대신 직업을 잘 골라잡고 적절한 대학에 들어가도록 강
한 압력을 받는다. 그들은 종종 17세 혹은 18세에 그 직업이 실제
로 어떤 것인지에 대한 정보가 많지 않은 채 직업의 길에 들어선다.
사업가가 되기로 결정한 학생은 판매 모임에 참석해 보지 못했고,
의사가 되기로 선택한 학생도 금요일 밤의 응급실 내부를 본 적이
없다. 직업 훈련을 경험할 기회는 몇 년 동안 특별프로그램에 참여
하지 않으면 없고, 실제로 훈련을 해 보고 나면 그때는 학생이 마음
을 바꿀 여지가 많지 않다. 이는 엄청난 스트레스가 될 수 있다. 젊
은이는 17세나 18세에 하게 되는 직업 선택의 결과가 그 이후의 삶
의 걷는 속도를 정할 것이라고 믿는다.

젊은 나이라도 그 속도는 피곤할 수 있다. 나는 최근에 스탠포드
대학교 1학년 학생들과 세미나 수업을 했다. 이들은 학업 능력이 뛰
어나다고 인정받는 학생이지만 스탠포드대학에 오려고 공부하던 긴
장 때문에 여전히 휘청거리고 있었다. 여기 이제 막 대학생활을 시
작한 사람들이 있는데, 그들은 이미 공부에 지쳐 있었다. 내 학생
중 한 명은 고등학생이 회사에서 수련을 하거나 해외에서 자원봉사
를 하는 동안 휴지기를 가질 수 있도록 고등학교 기간을 약간 늘려
야 한다고 제안했다. 나는 그 여학생이 좋은 결과를 얻을 것이라 생

각한다. 여행, 지역사회 봉사, 직무를 경험할 기회를 통합하는 유연한 교육을 한다면 10대에게 시험해 보지 않고 직업을 선택하도록 요구함으로써 유발되는 부담이 없어질 것이다. 그런 기회를 통해 문화적으로 잘 적응할 수 있는 미래의 시민을 만들고, 자원해서 일하는 것을 일생의 습관으로 키울 수 있다.

이러한 학습 경험은 여름 방학이나, 고등학교에서 대학교로 가는 그 중간기간이나, 대학 재학 중 휴학 시에 해 볼 수 있다. 수련과정이 통상 대학생을 위한 것이라면 고등학교 수준에서 자주 실시하는 것은 어떨까? 젊은이가 학교 프로그램이나 청년 교환제도, 자원자 단체, 아니면 시간제 일을 통해서라도 부모의 돈에 의지하지 않고 여행하도록 돕는 방법을 찾으면 되지 않을까? 이런 기회는 상류계층 가정의 10대라면 임금을 벌지 않고도 가능하겠지만, 그들뿐만 아니라 모든 학생에게 가능해야 한다. 사실, 저소득층 배경의 젊은이가 유급 노동을 선호해서 이러한 기회를 줄이려 하거나 참여를 중요하게 생각하지 않는 경우를 고려하여, 이런 프로그램은 학점, 수당, 장학금, 재외 기간 동안의 숙식 같은 재정적인 보상을 제공하거나 수련과정 후에 정규직으로 전환하는 기회를 주는 것과 결합시킬 수 있다.

나는 청년기가 약간 더 길게 지속되는 동안 교육도 지속되어야 한다고 생각한다. 사실, 교육은 평생 계속되어야 한다. 우리 부모가 일하던 때와는 대조적으로 국가 경제 상황으로 볼 때 더 이상 우리는 일생 동안 하나의 회사에, 심지어 한 분야에 고용되지 않는다. 시간 경과에 따르는 기술 변화 때문에 우리의 초기 학교교육이 시대에 뒤떨어지는 일이 자주 발생한다. 컴퓨터가 상자보다는 나은 정도로 시대에 뒤떨어지던 때에 10대와 20대의 학생에게 가르친 모든 실질적 기술과 정보가 50대의 경력에까지 유효하게 통용될 것이라고 생각한다면 이는 어리석다. 대학에는 모든 연령의 학생을 다시 되돌아오게 하는 회전문이 있어서 온라인 수업이나 고용주가 제공하는 세미나 같은 것도 가능하도록 만들어야 한다.

평생교육은 모든 사람에게 좋을 것이다. 고용주는 직원이 최신 정보를 다루는 훈련을 받음으로써 이득을 볼 것이고, 돌아온 학생은 자신의 직업적 성공과 관련되며 비교적 부담스럽지 않는 교육을 즐길 것이며, 젊은 학생은 수강 과목 내용에 대한 실제 경험이 있는 연상의 복학생에게서 배울 수 있을 것이다. 대학생활은 연령 분리가 덜 될 것이다. 교육은 더 이상 아동과 청년에게 아주 힘든 일회성 기회가 아니고, 매우 영리한 어린 학생도 교육을 고된 일로 경험하지 않을 것이다. 인생의 다른 실로 천을 짤 수 있는 것이다.

2막: 활동은 쌓인다

현재의 생활모델에서는 젊은 성인이 학교교육을 마친 후에 꿈꾸던 배우자를 찾아 가정을 꾸리기 시작하는 동안 정규직 일을 시작하기를 기대한다. 나는 30대 친구들이 그들의 부모가 자기 나이었을 때에는 든든한 직업이 있고 교외에 집이 있었으며 자녀가 둘 혹은 셋이 있는 책임감 있는 성인이었음을 지적하는 이야기를 자주 듣는다. 현재에는 많은 X세대가 학업을 마치지도 못했다. 어떤 사람은 결혼을 할 것인지, 아이를 낳을 것인지 여부도 아직 결정하지 못했다.

나는 그것도 좋다고 생각한다. 젊은 친구가 자기는 빈둥빈둥 노는 사람이라고 걱정하면 나는 그에게 더 이상 급하게 서두를 필요가 없음을 알아야 한다고 말한다. 청년기 후에 우리는 대략 25세에서 40세까지 확장된 젊은 성인기를 보내야 한다. 그 시기 동안 20대와 30대는 현재 그들이 하는 양보다 적게 일해야 한다. 그렇다, 일을 덜 해야 한다. 이 시기에는 시간제 일이 일반적인 표준이 되어야 한다. 자신의 기반을 지역사회와 가정에 두는 동안 목표는 노동세계에서 자신의 위치를 찾는 것이다. 그것은 전일제 고용주와 계약하기 전에 하나 이상의 직업을 시도해 보는 기회이고 그 일과 관련된 지역사회 서비스를 하면서 노동 경험의 내실을 기하는 기회가 될 것이다. 가정을 꾸리기로 선택하는 사람에게 전일제 일을 시작하기 전에 미니 은퇴를 할 수 있도록 해 줌으로써 젊은 부모는 어린 자녀와 보내는 시간이 더 많아질 것이다.

대부분의 젊은 부모가 가정과 사무실에서 해야 할 일 때문에 압박을 너무 많이 받아서 나는 수명 연장으로 추가된 시간의 이득을 볼 수 있는 생애 단계를 생각해 낼 수가 없다. 실제로 연구결과에 의하면 어린 아동의 생활에 헌신적이고 사랑하는 성인이 두 사람인 것이 한 사람일 때보다 좋다. (두 명의 엄마나 두 명의 아빠가 한 명씩의 엄마·아빠 또는 편모편부를 돕기 위해 개입하는 숙모나 삼촌만큼 아동에게 긍정적으로 작용하지 못한다는 공식적인 증거는 없다.)[7] 아동기의 첫 5년은 인지적, 사회적, 정서적 발달을 위해 중요하고, 아주 어린 아동이 엄마, 아빠와 함께 있는 것을 정말 좋아한다는 것은 의심의 여지가 없다. 부모의 성역할이 점점 희미해지면서 아빠도 한때는 엄마만의 의무였던 육아의 일손을 나누고 싶을 것이다.

자, 분명하게 보자. 나는 엄마와 아빠가 일을 그만두기를 주장하고 있는 것이 아니다. 젊은 성인과 그 자녀에게 휴식을 줄 필요가 있으니 두 부모가 시간제로 일할 수 있고, 부모가 짧은 휴가기간만이 아니라 초기 아동기에 자녀와 집에서 교대로 함께 지낼 수 있도록 시간제 일을 할 수 있다고 주장하는 것이다. 시간제 일은 고용주와 노동자가 어떤 방법으로든 노동의 유형을 맞추도록 조정할 수 있다. 예컨대 주당 노동시간을 줄이거나, 일일 교대시간을 짧게 하거나, 일정치 않은 스케줄에 맞출 수 있도록 근무시간을 자유 선택제로 한다거나 재택근무를 한다든지 또는 한 사람의 일을 두 사람이 하도록 작업 할당을 해도 되고, 초등학교 교사처럼 고용 시간을 알맞게 분리해서 전일제 일의 기간을 변경하는 등의 방법이 있다. 시간제 일은 모든 사람이 선호하거나 실용적이라고 생각하지 않기 때문에 강제적일 필요는 없지만, 사회적으로 수용할 수 있고 선택의 폭이 다양해야 한다.

자녀를 키우지 않기로 선택하는 사람을 포함하여 모든 사람은 직업생활의 초기 단계에 속도를 늦춤으로써 이득을 볼 수 있다. 전일제 노동을 꾸준하게 천천히 준비하는 것은 고용주와 고용인 둘 모두를 위해 자기 자신을 알아 가는 가치 있는 기간을 제공할 것이다. 고용인은 특정 분야에서 일하는 것이 또는 특정 회사에서 일하는 것이 어떠한지 배우는 동안 전문가가 되는 한편, 고용주는 전일제 고용을 결정할 때 정말 자세한 정보를 근거로 결정할 수 있게 된다. 젊은 사람은 더 높은 수준의 교육을 계속 받고 세계를 여행하고 사업이나 비영리 기업을 시작하고 특수한 기술을 훈련하고 개인의 발전을 더해주는 뭔가를 하기 위해 시간 사용이 유연한 시간제 일을 할 수 있다. 오늘날 우리는 일이 먼저이기 때문에 은퇴할 때까지 여행을 연기하고, 예술 및 문화 활동도 연기해야 하는 일이 종종 있다. 다양한 결과를 얻는 것이 제한적이라면 다양한 생애 단계 동안 우리가 동일한 일을 여러 번 경험하지 못할 이유는 없다. 30세일 때 여행하는 방식은 70세일 때와는 다를 것이라고 나는 확신한다. 게다가 평균수명의 증가로 매우 긴 생애를 살고 있는 이 시대에도 우리는 왜, 미래는 아무에게도 약속되지 않고 내일이 오지 않을 수 있다는 것을 알게 되는 인생의 마지막 시기까지 좋아하는 일을 연기해야 하는가?

젊은 성인의 시간제 노동은 지역 공동체에게도 이득이다. 푸트남 교수는 그의 저서 『나 홀로 볼링』에서 남성과 여성 모두 시간제로 일하는 것이 시민으로서 할 일을 위해 큰 이익이 될 것이라고 말한다. 젊은 성인기의 공동체 자원 봉사는 직업적인 흥미를 느끼는 영역과 결합되어 직업과 서비스로 하고 있는 두 가지 일이 상호 강화된다. 예를 들어 일주일에 며칠은 시외 초등학교에서 가르치지만 하루는 시내 학교에서 자원봉사하는 젊은 교사라든가, 매년 가난한 나라에 가서 일정 시간 동안 치아 교정을 해 주는 젊은 치과의사를 상상해 보자.

자원봉사 같은 시간제 일이 평판이 나쁘다는 것을 나도 알고 있다. 고용주는 종종 시간제 노동자에게서 원하는 것을 모두 얻을 수 없다고 느낀다. 우리에게는 전일제 노동이 더 가치가 있거나 명성이 있다고 보는 문화적 인식이 있다. 이런 시각은 부분적으로는 우리의 노동인구 기준 때문이고, 또 다른 부분적인 이유는 대개 임금에서 온다. 그리고 은퇴와 건강 측면에서 전일제 노동자에게 이득이 있는 것 또한 전일제 근무자의 노동이 더 가치 있다는 생각을 강화시킨다.

그러나 젊은 성인이 시간제 일을 하는 것이 문화적 기준으로 확립되면 이러한 오점을 완화시킬 수 있고, 젊은이의 시간제 기준에 적응하는 회사는 구체적인 이익을 얻을 수 있을 것이다. 예를 들어, 시간제 근로자를 두 배로 고용한다는 것은 복잡한 연구나 엔지니어링, 창의적인 도전을 시작하는 데 활용할 수 있는 인력이 두 배로 많다는 것을 의미한다. 많은 젊은 훈련생 중에서 전일제 고용 선택이 가능함으로써 고용주가 장기 노동인구를 유연하게 조정할 수 있다. 시간제 일을 제의하는 회사는 교육과 훈련을 잘 받은 젊은 부모(전통적으로 여성)의 재훈련을 더 성공적으로 할 수 있는데, 만약 그들이 자녀를 양육하기 위해 노동인구에서 영원히 떠난다면 그들의 전문기술을 잃어버리게 되는 것이다. 주간, 야간, 주말 등 다양한 시간제로 일하는 사람이 많다는 것은 24시간 내내 업무가 계속되는 21세기 사업에 적합할 것이다. 전체적으로 노동과 가족 간 갈등이 적은 사람으로 가득 찬 회사는 일하기에 더욱 조용하고 건전하고 건강한 장소가 될 수 있다.

어떤 사람은 이런 체계에서 직업 결정을 천천히 선택하는 부모가 독신이나 자녀가 없는 사람보다 일터에서 우세할 것이라는 것에 대해 반론을 주장할 수 있다. 그러나 가정에서 자녀와 있는 시간 동안 직업적인 성공을 빨리 이루려고 하는 짐이 역사적으로 아버지보다 엄마에게 더 무겁게 지워졌음에도 불구하고 개선되지 않고 항상 지속되어 왔다. 시간제 일이 사회적 표준이 되면 공평하지 못한 결점과 성 고정관념을 제거할 수 있다. 또 어떤 사람은 외벌이 가정이 수십 년 동안 표준이었다고 해도 두 사람의 시간제 월급을 합쳐서 한 사람의 전일제 월급과 동일한 수준에서 가족을 부양하는 것이 현대에는 더 어렵다고 반박할 수 있다. 무엇보다 생활비용이 더 상승하여 집은 더 커지고 가정마다 차를 더 소유하고 대학 등록금은 까마득히 높아지고 있다.

젊은 시간제 노동자가 돈을 덜 버는 것은 사실이지만 긴 경력이 복합적인 흥미를 유발하여 저축할 시간을 더 많이 준다. 마찬가지로 자녀 양육에 드는 상당한 비용은 부모가 집에 더 자주 있음으로써 감소되거나 제거될 수 있다. 어떤 가정은 현재 주간 보호나 유모에게 부부 중 한 사람의 임금 거의 전부를 지불한다. 우리는 이미 초기 아동기에 돈을 덜 들여서 살 수 있는, 수용 가능한 모델을 가지고 있다. 대학생과 의과대학생, 젊은 예술가, 자신의 사업을 시작한 사업가를 보자. 그들 대부분은 겨우 빈곤 수준은 벗어난 상태로 살지만, 그들이 미래에 투자하고 있다는 것을 이해하기 때문에 사회는 일시적인 스파르타식 생활양식을 이해하고 칭찬하기까지 한다. 자녀 양육이 미래의 또 다른 투자이지 않은가?

3막: 중심 단계에 들어가다

장수에 대한 새 모델에서 전일제 정규직 일은 약 40세에 시작될 것이다. 인생의 첫 40년이 길고 학습 경험을 축적하는 느린 과정이라면, 이후에 이어지는 수십 년은 인간이라는 자본 발달에 쏟은 엄청난 투자가 성과를 올리기 시작하는 때다. 약 40세까지 사람은 인생 경험과 노동 경험으로 잘 다듬어지고 지도자가 될 만한 정서적 안정감을 발달시키게 된다. 발달상 중년은 새로운 브랜드를 학습하는 것보다 거래를 실행하는 데 훨씬 더 적합하다.

중년기는 사람이 사회자원을 일차적으로 소비하는 것에서 제공하는 것으로 이동하는 때다. 즉 젊은 성인기에 자녀를 돌보고 일과 지역사회에 책임감을 더 갖기 시작하여 직장에서 종신 재직 권한을 얻고 멘토, 관리자, 사업 소유자가 되고 동료의 복지에 책임이 있는 사람으로 발달하는 변환기다. 이 시기는 또한 정서적 성숙이 절정인 때이기도 하다. 타인의 관점을 취할 수 있고, 인생의 불확실성을 인식하고, 뚜렷하게 흑백으로 나타나는 상황에서 회색을 더 잘 볼 수 있게 된다. 스위스 제네바대학교 전생애발달 심리학자인 기셀라 라부비 비에프(Gisela Labouvie-Vief)는 사람이 자신과 타인을 통찰하는 방식에서 인지와 정서가 가장 조화를 잘 이루는 때가 중년기라고 했다[8]. 우리는 마음과 머리로 동시에 생각하고, 정서는 우리가 더 좋은 결정을 내리도록 하는 사고를 형성한다. 물론 모든 사람이 이렇게 이상적인 중년의 그림을 달성하지는 못하지만, 대체로 중년은 일과 인생에서 전문가가 되는 특징이 있다.

그러나 인간 발달에는 피할 수 없는 선천적인 거래가 있다. 경험은 전문적 지식을 쌓을 수 있게 하지만 확실히 새로운 사고법을 제한한다. 이는 노년기에 발생하기 시작하는 것이 아니라 인생 초기에 시작된다. 예를 들어 하나의 언어를 획득하면 다른 언어를 배우기가 더 어렵다. 과학자는 그 이유를 이해하기 위해 이론을 사용하지만, 이론이 있다는 것은 반대 증거를 검열한다는 것을 의미할 수 있다. 그것은 심리학자 폴과 마그렛 발테스(Margret Baltes)가 **보상을 수반**

한 선택적 최적화(selective optimization with compensation)라고 부른 것으로(9), 발달이 항상 득과 실을 수반한다는 일반적 관찰에 기반을 두고 있다. 20세 남성은 10세 소년일 때보다 훨씬 유능하고, 30세까지 더 특별한 지식과 더 많은 기술을 획득할 것이다. 50세에는 직무상 권위가 더 많아지고 인생 경험을 더 많이 쌓게 될 것이다. 이는 10세 소년이 뭔가 잘 하지 못한다고 말하는 것이 아니다. 의심할 여지없이 10세 소년은 에너지와 신체적 민첩성이 더 크며, 성인보다 제2외국어를 더 빨리 획득할 수 있다. 50세 남성보다 더 많은 통로가 열려 있는 것이다. 그러나 소년에 비해 50세 남성은 자신이 선택한 길이라면 어떤 길이라 해도 더 큰 확신으로 걸어 나간다.

전통적인 생애모델은 이러한 전문지식을 다소 활용한다. 사무실 빌딩에 있는 사람이라면 누구나 중간 관리가 중년으로 꽉 차 있다는 것을 알 것이다. 그러나 내 생애모델의 핵심적인 차이는 전일제 일을 시작하는 것이 지연되기 때문에 우수한 노동 기간은 늦게 시작되고 늦게 끝나게 된다. 나의 50-50 분할 모델에서 50대 또는 60대는 은퇴할 때가 다 되어 간다기보다 여전히 경력의 한가운데에 있을 것이다.

많은 사람은 50세, 60세가 될 때까지 이미 충분히 일했다고 항의할 수도 있다. 그들은 수십 년 동안 사무실의 정치공작, 무의미한 모임, 심술궂은 사장, 인생을 좀먹는 긴 통근 거리 등에서 살아남은 것이다. 중년에게 쳇바퀴를 훨씬 더 오래 돌리게 하는 인생 계획을 누가 원하겠는가? 그러나 실질적으로 말하면, 장수는 사회보장연금을 받는 노인 인구가 많다는 것과 결합되어 있고 매우 부유한 사람이나 자발적으로 자유분방한 삶을 선택하는 사람을 제외한 모든 사람이 더 오래 일해야 한다는 것을 의미한다. 나는 긴 생애의 가장 성공적인 모델은 모든 사람이 빨리 일을 그만두게 하지 않는 것이라고 생각한다. 성공적 모델은 삶을 햄스터 우리처럼 느끼지 않도록 하는 모델일 것이다.

대부분의 사람은 실제로 자기의 직업을 즐기고 건강이 허락한다면 더 오래 일할 의지가 있을 것이다. 우리가 9시부터 5시까지 일하는 체제에서 기진맥진하는 것은 휴식하고 정책을 변화시키고 새로운 것을 배울 기회가 많지 않고 반복적으로 하는 일 때문인 경우가 많다. 학계 외에는 안식년이 있는 직업이 드물고, 모든 고용주가 노동자를 학교로 돌아가도록 격려하지는 않는다. 미국인은 쉴 기회 없이 매우 오랜 시간 일한다. 미국은 일본이나 서유럽보다 주 노동시간이 더 많고, 연 노동 주간이 더 많다. 경제 및 정책 연구센터에 따르면 미국은 세계 경제 선진국 중 유일하게 고용주가 노동자에게 유급 휴가나 유급 공휴일 수당을 제공하지 않아도 되는 국가다[10]. 미국 노동자의 1/4은 전혀 유급 휴가를 받지 못한다. 반대로 유럽연합의 노동자는 적어도 법이 명하는 20일의 유급 휴가를 얻는다. 그리고 만약, 그건 유럽이니까 가능하다는 생각이 든다면 다시 생각해보라. 중국에서도 노동자에게 유급 휴가를 주도록 되어 있다.

미국 노동자는 점점 휴가 시간을 양면적으로 생각하며, 업무에서 뒤처질 것을 걱정하거나 동료와 불리하게 비교당하기 때문에 종종 휴가를 얻지 않는 쪽을 선택한다. 휴가는 때로 자기 직업에 진지하지 않은 사람을 위해 있는 것으로 간주된다. 미국에서 유급 휴가를 얻는 평균적인 노동자는 보통 휴가를 14일 준다고 해도 11일만 사용한다[11]. 게다가 가끔의 긴 주말이나 가족 여행을 위해 감히 사무실을 나가는 일부 사람도 정말로 플러그를 뽑지는 않는다. 결국에는 휴대용 정보단말기와 컴퓨터를 사용한다.

만약 우리가 일을 그토록 좋아한다면 이것이 왜 문제가 되어야 하는가? 질병 통제 센터와 국립 직업 안전 및 건강 연구소는 일을 많이 하는 것이 우리 건강에 매우 문제가 된다고 주장한다[12]. 주당 40시간 이상의 매우 긴 노동 시간은 건강에 유해한 체중 증가, 당뇨, 심장 발작, 저조한 인지 수행과 관련된다. 심리학적으로 휴가는 노동자의 소진을 막고 직무 수행을 향상시킨다. 실제로 연구결과에 의하면 휴가에서 돌아온 고용인은 그들이 떠나기 전보다 잘 자고 반응 시간이 더 빠르며, 휴가 시간이 길어질수록 심장병의 위험이 낮아진다. 이는 고용인에게 좋고, 회사 건강 보험 계획에도 최종적으로 훨씬 좋은 결과를 가져온다.

휴식이 노년기에만 있는 것이 아니라 가족의 의미를 위해, 공동체 봉사를 위해 그리고 고용인이 쉬고 재충전하기 위해 휴식이 포함된 전일제 노동 단계를 만들 필요가 있다. 나는 지금 우리가 해변에서 게으름을 피울 수 있도록 고용주가 1년의 휴가를 주어야 한다고 말하고 있는 것이 아니다. 고용인에게 실제로 권장할 안식년, 축소된 노동 주간, 유연한 노동 시간, 긴 휴가 같은 것을 적용하면 고용으로 인한 두뇌 고갈이 덜 일어날 수 있다. 이러한 조정은 고용인이 사생활에 참여할 시간을 줌으로써 노동자를 존중하는 것이며, 고용인은 상쾌한 기분으로 다시 생산적인 사람으로 복귀함으로써 고용주에게 보답할 수 있다. 이는 미국 사업 문화에 실질적인 변화가 될 것이지만, 더 연장된 기대수명으로 인해 고용상태가 훨씬 길어진 맥락에서는 합리적이다. 한 때 단거리 경주였던 것이 이제는 마라톤이 될 것이다. 우리는 이에 따라 보조를 맞출 필요가 있다.

이상적으로 보면 휴식기간, 노동기간, 지역사회 봉사기간, 연속적인 교육기간이 얽혀서 서로를 지원할 수 있다. 안식년에 이탈리아를 방문하여 수업시간에 공부할 자료를 가지고 오는 역사 교사 혹은 여름을 이용하여 최신 회계 소프트웨어를 배우는 여성 사업가를 상상해 보자. 기술을 향상시키기기 위해 사무실을 나와 지역 대학에서 반나절을 보내거나 국가 개발의 일환으로 교량을 건설하는 일에 자신의 전문기술을 기부하는 공공 엔지니어를 상상하자. 아니면 자녀가 힘든 청소년기에 부모가 일에서 벗어나서 섭식장애, 약물중독 등 부가적으로 부모의 관여가 필요한 바로 그때에 10대 자녀를 지도하는 데 시간을 보내는 모습을 생각해 보자. 가장 중요한 것은 사람이 은퇴 이전에 일하는 동안 충분한 휴식을 취해서 인생을 즐길 기회를 가질 수 있고, 은퇴기라도 자동차 사고가 나거나 암 진단을 받게 되면 휴식은 없다고 느끼는 것이다.

성인 초기에 미니 은퇴가 있으면 초기 가정이 받는 스트레스가 완화되는 것처럼 직업적 성공을 추구하는 데 가족 부양이 주는 스트레스도 일부 제거될 것이다. 20대 혹은 30대에 가정을 꾸리기 시작한 노동자는 40세가 될 즈음에는 대부분의 주 노동시간 동안 자녀가 학교에 있을 만큼 나이가 충분히 들었을 것이고 자녀를 계속해서 감독할 필요가 덜할 것이다. 이때는 부모가 고위 관리자가 되려고 노력하는 것이 가족을 위한 시간에 직접적인 타격이 된다는 걱정 없이 자유롭게 시간과 에너지를 일에 더 쏟을 수 있다. 이는 큰 선물인데, 만약 노동자가 하나를 위해 다른 하나를 희생하지 않고 직업적 성공 및 자녀와 함께 하는 양질의 시간을 모두 성취할 수 있다고 느끼게 된다면 슈퍼맘 역할을 해야 하는 갈등과 오랫동안 투쟁해 온 여성에게는 특히 큰 선물이 될 것이다.

4막: 전환점

물론, 연장된 생애모델에서도 직업이 영원히 지속되지는 않을 것이다. 그렇다면 우리는 정확하게 언제 은퇴를 시작해야 하는가? 노년기를 새로운 현상으로 생각하는 것이 낯설듯이 은퇴의 개념은 여전히 새롭고 잘 정의되지 못하고 있다. 1935년에 사회보장연금의 도입은 우리 문화를 크게 바꾸었다. 그것은 인생의 새로운 단계를 만들었고 많은 사람에게 65라는 마법의 수를 만들어 주었다. 오늘날 우리는 은퇴를 일생 동안의 힘든 노동에 대한 보상으로 혹은 개인의 '황금기'로서 압도적으로 긍정적인 용어로 생각한다. 그러나 항상 그렇지는 않았다. 은퇴를 여가시간으로 만든다는 생각은 건강이 나쁘고 약한 노인이 할 수 있는 것이 휴식뿐인 시기에서 유래한 것이다.

오늘날 은퇴는 건강, 재산, 일에 대해 어떻게 느끼는지에 따라 다양한 사람에게 매우 다른 의미일 수 있다. 어떤 이에게 은퇴는 영원한 휴가다. 또 어떤 사람에게는 경쟁적인 사무실의 스트레스, 그들이 결코 좋아하지 않는 직무의 지루함, 신체의 소진, 육체노동의 비애에서 벗어나는 환영받는 휴식이다. 매우 가난한 사람은 사회보장연금의 안정성, 노인의료보험, 노인을 원조하는 정부 프로그램을 기대할 수 있고, 안정된 수입과 안전한 주택, 건강관리를 제공받을 텐데, 아마 이런 상황은 그들의 일생에서 처음 경험하는 일일 것이다.

이와 반대로 일부 노동이 불충분했던 사람은 개인 저축이 너무 적어서 또 사회보장이 적절히 보충해 주지 못하기 때문에 은퇴할 수 없다고 생각한다.

그래서 은퇴를 없애거나 전면적으로 연령 제한을 높이자는 이런 제안은 일이 너무 지겹거나 일에 넌더리가 난 사람에게는 끔찍한 학대일 것이다. 그들이 전통적인 나이에 노동인구를 떠난다면 사회보장연금은 이러한 인구 세분화를 지지할 만큼 견고하다. 그러나 일할 마음이 있고 일할 수 있는 경우라면 일반적으로 전일제 은퇴를 연기할 필요가 있다. 많은 경우에 80세쯤에 은퇴를 단계적으로 실행할 수 있을 것이다.

그렇다, 나는 80세라고 했다. 그리고 단계적인 도입이라 했다.

사회보장연금이 설계되었을 때 그 의도는 인생의 가장 마지막 시기에 사람들에게 최소한의 안전과 안락을 제공하려는 것이었다. 목적이 택지개발업자가 셔플보드 선수를 휴양 도시인 선 시티에 거주하도록 돕는 것이 아니었다. 모든 사람이 정부 자금으로 수십 년의 휴가를 보내도록 되어 있는 것이 아니었다. 오늘날에는 65세가 되는 사람이 대체로 그 이후에 18년을 더 생존할 것으로 예상할 수 있다 [13]. 일할 수 있고 일하기를 즐기는 사람은 그럼에도 불구하고 은퇴하는 것이 사회 기준이기 때문에 65세에 양보한다. 우리는 이런 시대에 뒤떨어진 표준 때문에 엄청난 기술과 경험을 잃고 있는 것이다. 사실, 평균 수명이 점점 최대 110세 또는 120세에 근접해가고 건강 및 인지 상태가 좋은 80대 비율이 증가하면서 우리는 80세도 매우 젊다고 느낀다. 만약 우리가 새로운 기대수명에 적응하지 못한다면 사회는 40년이라는 은퇴기간을 보내게 될 것이다. 그 기간은 아동기, 청소년기, 젊은 성인기를 합한 것보다 더 길다.

노인은 65세 이후에도 유용하다는 메시지를 노인에게 보내는 대신, 사회는 노인에게 가장 적합한 방법으로 노동을 계속하도록 격려해야 한다. 나는 은퇴 연령을 고정시키기보다는 숙련된 직업 기술을 사용하지만 신체를 덜 쓰고 시간에 대한 긴장이 덜한 일을 하면서 점진적으로 철수할 것을 제안한다. 전일제 노동과 완전한 은퇴 간 틈을 잇기 위해, 즉 어떤 속도로든 전일제 노동자에서 완전히 은퇴할 때까지 그 과정에 고용주는 젊은 성인이 직업에 서서히 숙달할 수 있을 만큼 분담 노동, 유연한 노동 시간, 재택근무의 기회를 또다시 제공할 수 있다.

신중하게 고안한다면 이러한 단계적인 노동 철수는 노동자와 고용주에게 매우 바람직할 수 있다. 오늘날 고용주는 나이 많은 고용인이 가장 높은 임금을 가져가므로 때로는 그들을 매우 퇴출시키고 싶어 한다. 그러나 노동시간이 점차 줄어들면서 임금 지불이 연봉제에서 시간제로 전환됨으로써 급료가 점차 줄어들지 않을 수 없다. 고용인은 부분적으로 자립적이며 이 단계에서 근로 기간에 적립한 퇴직연금인 401(k)와 개인퇴직계좌에서 돈을 인출할 수 있으므로 월급 감소는 감당하기 쉬울 수 있다. 고용주는 조직 내에서 가장 경험이 많으며 젊은 고용인에게 조언자가 될 수 있는 직원을 보유하게 되고, 고용인은 그간의 노력을 자신이 가장 좋아하고 가장 잘 하는 직업에서 마무리할 수 있는 것이다.

사회보장연금에 이미 단계적인 변화가 왔다. 노동인구에 오래 머물수록 사회보장 지급금액도 커질 것이다. 나는 사회보장 연금액을 70세까지 일한 사람보다[14] 80대에 일하는 사람에게 최고 금액으로 지급해야 한다고 생각한다. 노동인구에서 일찍 탈퇴하기를 원하는 사람이 만약 더 적은 금액을 받는 것에 만족한다면 그렇게 할 수 있다. 노동인구에 머무는 사람은 재정적인 측면보다 다른 측면에서 더 이득일 것이다. 노동을 통해 정신적 자극을 계속 받고, 일터에서 연상의 선임자로서 임원의 특권을 부여받으며, 넓은 인간관계망으로 사회적 교류를 계속함으로써 행복감을 얻을 것이다.

이는 모든 사람이 직업적인 경력 전체를 동일한 사무실에서, 심지어 동일한 분야에서 보내야 한다는 뜻은 아니다. 아마 여러분은 앙코르 커리어(encore career)*(15)에 관한 이야기를 들어 봤는지 모르겠는데, 이 용어는 싱크 탱크 시빅 벤처스의 CEO인 내 친구 마크 프리드만이 만들었다. 앙코르 커리어는 직업 생활에서 두 번째 단계, 상당히 개인적인 단계를 요구한다. 주된 직업에서 은퇴한 후에 개인은 자신의 직업 기술을 의미 있다고 생각하는 새로운 분야에 적용할 수도 있는 것이다. 이런 생각은 사회 문제를 다루기 위해 거대한 인간 자본을 동원하는 것이다. 예를 들어 비영리 집단을 위해 정부나 기업 등에 보조금 제안을 하는 전직 회사 재무 관리자, 학습 장애가 있는 아동을 위해 수학 교사로 전환한 엔지니어, 가정 폭력과 싸우는 집단을 도와주는 은퇴한 경찰을 상상해 보라. 그들은 여전히 일하고 있지만, 중년에 따르는 재정적인 요구, 즉 자녀 양육, 융자, 등록금에 대한 부담 없이 자유롭게 더 이타적이고 덜 유리한 일을 선택할 것이다. 프리드만은 이렇게 말한다. "일에서 자유롭고

---

* 역주: 앙코르 커리어는 은퇴 후에도 지속적인 수입원이 되고 삶의 의미와 가치를 추구할 수 있으며 사회적 영향력을 갖춘 인생 후반기의 일자리를 말한다.

싫어 하는 낡은 은퇴는 새 버전, 즉 새로운 방법으로, 새로운 용어로, 훨씬 더 중요한 목적으로 대치되어야 한다."

노인을 차별하는 노동계에서 특별히 바람직한 직업군에 속하거나 앙코르 커리어에 필요한 교육적 배경이나 전문적 기술이 없는 사람을 위해 우리는 노인이 이미 비공식적이고 무보수의 노동으로 우리 지역사회에 기여한 것을 보상해야 한다. 사회학자 군힐트 하게쉬타트(Gunhild Hagestad)는 조부모를 일종의 아동 보호를 위한 국가 경호인으로서, 잘 훈련되고 배후에 계속 있지만 위기 상황에서 도움을 줄 수 있는 사람으로 규정지었다[16]. 실제로 조부모는 부모 사망 시 손자손녀를 돌볼 것으로 생각되는 가장 유력한 후보다. 그러나 노인은 비상상황에서 자신의 가족을 지원할 뿐만 아니라 모든 연령의 수백만 미국인이 도움이 필요한 때에도 매우 잘 도와 준다. 은퇴한 CEO이어야 지역사회를 돕는 것이 아니라 평범한 기능으로도 도울 수 있는 것이다. 우리가 필요한 모든 것은 실사회의 경험이다. 지역사회는 방과 후의 아이를 이웃이 돌봐 주는 것에서부터 약속한 시간에 병원에 데리고 가고 심부름을 돕는 것까지 필요로 한다. 특히 경험 많은 주부는 훌륭하지만 충분히 활용하지 못하는 자원이다. 주부는 따뜻한 식사와 점심 도시락을 준비하고 건강을 관리하고 필요한 것을 구매하고 지역사회 공원을 돌보고 수선이나 바느질을 하며 교회 행사, 자선 활동, 학교 행사를 준비하는 데 경험을 쌓은 전문가다.

노인이 물물교환 시스템을 통해 이런 종류의 일로 신용을 얻는다면 어떤가? 노인은 서비스를 제공하고 노인이 필요한 서비스에 대한 신용(credit)을 얻는 것이다. 예를 들어 김 노인이 지역의 초등학교를 위해 의상을 바느질해 주어 신용을 얻었다면 그 신용으로 매주

식료품 가게에 갈 때 박 노인에게 운전을 부탁할 수 있다. 그 보답으로 박 노인은 자기 신용을 손녀가 기타 교습 받는 것으로 사용한다. 이와 유사하게, 만약 노인이 자신이 일한 대가로 손자손녀를 위한 대학 등록금을 벌 수 있다면 얼마나 많은 조부모가 적극적으로 협력할지 생각해 보라. 이웃의 미화 프로그램을 도와주거나 지역의 감시집단으로 참여하거나 젊은 부부를 위한 육아 교실을 제공하는 일에 참여하는 사람들에게 보답하는 프로그램을 연방이나 주, 군이 시행하는 것을 상상해 보라. 그러나 지금 우리가 하는 것처럼 노인이 하는 것이 가장 좋다는 전제로 노인이 자원봉사를 하도록 유인하자고 주장하지는 말자. 전 생애 내내 지역사회를 위해 봉사하도록 격려하자. 그리고 그들이 노년기에 자립적이고 기능을 발휘하며 살 수 있도록 필요한 자원을 주는 것으로 노인이 도와 준 것에 보답하자.

어떤 사람은 노인이 어떤 능력으로든, 어떤 보상을 위해서든 더 일하고 싶어 하는 것을 놀라운 일이라 생각할지 모르지만, 그것은 이미 사회적 기준이 되어 가고 있다. 2005년에 럿거스대학교의 존 헬드리치 노동력개발센터(John J. Heldrich Center for Workforce Development)에서 전국 조사를 수행한 결과, 일하지 않는 전통적인 은퇴를 시대에 뒤떨어진 폐물이라 선언했다. 그 조사에서 응답자 10명 중 거의 7명이 은퇴 후에 전일제나 시간제로 일하고 싶다고 말했다(17). 일부 응답자는 계속 일하려는 이유가 재정적 불안이었지만 (12퍼센트는 그들이 결코 은퇴할 여유가 없을 것이라고 생각했다), 종합적으로 보면 돈은 가장 큰 동기가 되는 것 같지 않았다. 55세 이상의 응답자에게 은퇴 후 계획에 대해 물었을 때 약 1/5만 재정적 이유로 시간제 일을 해야 한다고 말한 반면, 1/3은 재미로 일할 것이고 또 15퍼센트는 무급으로 자원하고 싶다고 말했다.

어떤 직업에서는 종종 완전히 은퇴하지 않는 것이 중요하다. 그리고 그렇게 되고 있다. 오랜 경력이 가치 있거나, 지속적으로 지적능력이 필요한 시민 참여활동 등이 그 경우다. 예를 들어 교수는 대개 은퇴 후에 명예교수가 되지만, 반드시 연구, 저술, 강의를 중단하는 것은 아니며, 재미있게도 그들의 기대수명은 일반 인구의 노인 수명보다 더 길다. 가톨릭 수녀, 교향악단 지휘자, 음악가 등 은퇴하지 않는 경향이 있는 모든 사람도 평균보다 오래 산다. 과학자, 신문기자, 예술가, 배우, 목사는 종종 더 이상 일할 수 없거나 일이 더 이상 없을 때까지 일을 계속한다. 의사는 때때로 새 환자를 덜 받아 자연스럽게 진료를 줄임으로써 고령까지 매우 점진적으로 은퇴한다. 비록 예술가와 목사는 의사와 과학자에 비해 수입 규모가 아주 다르지만 이들 직업은 유사한 점이 많다는 것이 흥미롭다. 그들은 교육을 잘 받고 건강한 생활양식으로 살아가고, 자신의 일에 개인적인 깊은 의미를 찾는 경향이 있다. 어떤 의미에서 일은 이 사람들의 일부다. 물리학자가 은퇴할 때 그 사람은 여전히 물리학자인 것이다.

다른 편의 이야기 역시 사실이다. 갑작스러운 은퇴는 방향감각의 상실을 일으킬 수 있고, 특히 육체 노동자는 하룻밤 사이에 고용인에서 은퇴자로 바뀌는 경향이 있다. 어떤 사람이 매일 점심시간에 자기가 일했던 공장으로 차를 몰고 갔다는 이야기가 기억난다. 그는 차를 길 건너편에 주차하고 벤치 주변에 앉아 동료를 지켜보았고 점심을 먹으며 이야기를 나누었다. 그는 교우관계 없이 길을 잃었던 것이다. 갑작스러운 변화의 어려움이 은퇴에만 있는 것은 아니다. 일본에서는 주부인 아내가 남편의 은퇴로 함께 보내는 시간이 많아지고 옆에서 늘 뒤치다꺼리를 해야 함으로써 스트레스가 발생하는데, 일본 의사 노부오 쿠로카와(Nobuo Kurokawa)는 이 스트레스로 유발되는 심각한 심신성 질병을 기술하기 위해 **은퇴 남편 증후군**(Retired Husband Syndrome, RHS)이라는 용어를 만들었다[18].

5막: 결의

노동시장에 머물든 떠나든, 얼마나 오래 머물든, 이상적인 세계에서 나는 일종의 오텀 크레센도(autumn crescendo)로 80세에 노동생활을 마무리하는 것을 상상한다. 이때는 우리가 사회에 진 빚을 갚았고 가족을 부양했으며 우리가 원하는 것이 무엇이든 원하는 일을 하는 인생 단계로 들어갈 준비가 된다. 나는 104세 할머니에 관한 이야기를 좋아하는데, "100년 넘게 사시니까 뭐가 가장 좋으세요?"라는 질문에 그녀는 이렇게 답했다. "친구들의 압박이 없어." 로체스터대학교 생의학엔지니어링 명예교수인 우리 아버지는 85세가 되었을 때 어떤 것도 잘 해낼 수 있는 나이에 도달했다고 했다. 지금 91세인 아버지는 원하는 일, 즉 대학에서 실험실 회의에 참석하고 젊은 대학원생 및 교수와 상담하고 과학 논문을 쓰는 것을 포함하여 정말로 관심 있는 일을 많이 하고 있다.

대부분의 80대 미국인은 상당히 건강하다는 사실을 명심하자. 그들은 자기 힘으로 생활하고 인생을 매우 즐긴다. 그들이 기억의 변화와 마찬가지로 만성적인 건강 문제가 있을 가능성이 있는 것은 사실이다. 그러나 인생의 이 단계에 나타나는 이점이 있고, 인생의 모든 단계에서처럼 자연적인 인지적 강점을 활용하도록 노력해야 한다. 연구를 통해 우리가 전통적으로 결함이라 생각했던 인지 변화에 뜻밖의 중요한 이득이 발견되고 있다. 가끔은 혼란스럽다는 것이 색다른 입장에서 창의적인 해결책을 찾도록 도와 준다[19]. 많은 노인이 그렇듯이 분노가 천천히 일어나는 것은 사람과 사람 사이에 발생하는 문제 개입에 매우 유용한 기술이 될 수 있다[20]. 노인은 원한을 덜 갖고 용서를 잘 하는 경향이 있다[21]. 또한 원한과 용서를 품을 때와 접을 때를 알며, 미래가 무한해 보이는 사람은 알기 어려운 가치로 인생을 통찰한다. 이러한 시각 덕분에 노인은 집단의 다른 구성원이 더 큰 그림을 볼 수 있도록 촉진자 역할을 하는 훌륭한 사람이 된다.

사실, 이 또한 지역사회 서비스 노력 면에서 젊은이와 노인을 진지하게 하나의 팀으로 구성하는 좋은 이유가 될 수 있다. 세계를 여행하며 다른 문화에 대해 배우고 있는 20대를 80대와 섞으면 강력한 국제적 평화 유지 협회를 만들어 낼 수 있다. 노인의 지혜와 시각에 젊음과 활력을 겸하게 되는 것이다. 그레이 팬더스는 몇 년 전에 중년은 최악의 장애물을 창조하고 젊은 사람과 노인은 더 혁신적이고 진보적으로 생각한다고 주장했다. 나이가 많은 학생을 캠퍼스로 돌아오도록 격려하는 한편, 노인과 젊은이를 자원 집단에 함께 섞는 것은 세대 간 의사소통의 차이를 무너뜨리는 데 도움이 될 것이다. 80세가 넘는 사람을 궁핍하거나 의존적으로 보는 대신, 젊은 사람이 그들을 지도력이 높고 사회의 이익에 기여하는, 언젠가는 자신이 되고 싶은 사람으로 볼 수 있다.

새로운 생애모델에서 노년기는 우리 인생을 뒤돌아 볼 시간을 제공할 것이고, 우리는 가능하면 사회에 가장 멋지고 가장 이로운 선물을 주기 위해 오랜 경험을 활용할 것이다. 만약 우리가 음악가라면 가장 아름다운 작품을 쓸 수 있을 것이다. 아마 우리는 아버지였을 때보다 더 좋은 할아버지가 되거나, 모든 맞벌이 부부의 아이들이 집에 오는 길에 간식을 먹고 숙제를 도와 달라고 들르는 친한 이웃이 될 것이다. 이전에 무엇을 했든 간에 사람들은 우리가 세상에 기여하는 일을 계속하기를 기대할 것이다. 여가 시간이라는 전례 없는 선물 덕분에 인생은 지식과 전문기술을 점점 정화시키고 그 지식과 기술은 사회를 풍요롭게 하는 데 적용되어 우리에게 큰 만족을 주는 하나의 길고 느린 과정일 수 있다. 그리스에는 "노인이 자신은 한 번도 그 그늘에 앉아 보지 못할 것을 알면서도 나무를 심을 때 사회는 크게 성장한다."라는 아름다운 속담이 있다. 다음 세대를 위해 세상을 더 좋게 만드는 데 인생의 마지막 장을 사용하는 것보다 사회에 더 헌신적인 선물이 있을까?

CHAPTER 05

노화의 사회적 측면

5.
노화의
사회적 측면

수명 연장으로 여분의 몇 년을 더 받았기 때문에 우리는 그 기간이 건강하고 행복하고 기능에 문제가 없기를 원할 것이며, 그 기간이 어떠할지는 우리가 지금 내리는 선택을 포함하여 우리의 사회생활에 많이 좌우될 것이다. 일반적으로 가족과 친구는 삶을 가치 있는 것으로 만들기 때문에 사회적 세계에 깊이 그리고 행복하게 관여하는 사람은 그렇지 않은 사람보다 좀 더 유쾌하게 생활하고 정신건강이 더 양호하다는 것은 놀랍지 않다. 그러나 사회적 유대의 강도가 인지기능, 질병 위험, 전반적 수명에도 관련된다는 사실은 놀라운가?

과학자는 우리의 사회적 세계가 일상생활에서 행복뿐만 아니라 뇌가 정보를 처리하는 방식(1), 우리 체내를 순환하는 호르몬 수준, 스트레스에 대한 생리적 반응에도 영향을 미친다는 증거를 점점 밝혀내고 있다. 이러한 변화는 우리가 질병에 걸릴지 여부와 질병이 얼마나 빨리 악화되거나 회복될 것인가를 포함하여 건강에 깊은 영향을 미친다. 나이가 많아지면서 사회관계망이 좁아지는 것이 정상적이라고 해도 과하게 축소될 수 있다. 정서적으로 가깝게 느끼는 사람과 사회관계를 맺는 사람이 3명 미만이라는 것은 모든 신체 및 심리적 문제에 대한 위험 요인이다(2). 사실, 사회적으로 고립되었다고 느끼는 것은 흡연이 건강에 나쁘고 사망에 이를 수 있다는 것만큼 큰 위험 요인이다(3)! 그래서 장수시대에 직면하여 결혼, 가족, 우정 같은 사회관계가 어떻게 되어 갈지를 생각해 보는 것이 중요하다.

인간은 본질적으로 사회적인 존재다. 단순한 생존은 타인과의 상호작용에 달려 있기 때문에 다른 사람과 연결되고자 하는 우리의 강한 욕구는 바꾸기 힘든 고유한 것이다. 우리는 아프리카 대초원에서 20명 혹은 30명의 소집단으로 살아 온 이래로 노인은 어린이의 생존을 보장해 주었다. 신생아는 적어도 한 명의 성인이 담당하여 헌신하지 않으면 몇 시간 내에 사망할 것이다. 조그마한 아기의 사회적 미소는 우리 마음을 녹이고, 밤에 젖을 먹이고 기저귀를 갈아 주어야 하는 그 모든 어려움에도 불구하고 계속 아기를 돌보게 만든다. 혼자 해결할 수 없는 위험한 상황이 갑자기 닥치면 아이를 양육하는 데 마을이 필요하다는 생각이 들지만, 사실은 우리를 줄곧 돌봐 줄 마을이 필요하다. 성인이라 해도 노동을 분담하기 위해, 자식을 낳고 돌보기 위해, 아프거나 다쳤을 때 도와주기 위해, 일생 동안 우리가 축적한 지식과 기술을 넘겨주기 위해 다른 사람이 필요하다. 독자적으로 새로운 길을 갔거나 강한 애착을 형성하지 못한 고대인은 우리 조상 중에 존재하지 않는 것 같다.

우리는 우리를 돌보는 사람을 돌보지만, 돌봄 본능은 생물학적 친족에게만 적용될 정도로 특정적이지는 않다. 어린 남자 아이가 놀이터에서 혼자 놀다 떨어져서 무릎을 문지를 때 근처에 있는 모든 성인은 누군가가 그 아이를 돌봐줄 때까지 그 아이 쪽으로 고개를 돌려 보게 된다. 이는 자동적이다. 심지어 덜 개인적인 사건에서도 우리는 타인에게 다가간다. 예를 들어, 자동차 사고를 목격한다면 우리는 인도 가까이 서 있는 낯선 사람에게 말을 건네기 시작할 것이다. 낯선 이도 또 다른 사람에게 그 사고는 기상천외의 실수라 다시는 발생할 것 같지 않다거나 희생자의 과실이라며 안심시킬 수 있는데, 이는 세계가 예상 가능하고 통제 가능하다는 것을 우리에게 확신시켜 준다.

뉴욕 시 거주자라면 누구라도 9월 11일 테러의 결과로 모든 이웃이 갑자기 강한 연대감을 느꼈다는 것을 알고 있을 것이다. 뉴요커는 약한 이웃을 점검하고 최신정보를 듣고자 하는 사람과 정보를 공유했다. 한동안 그들은 타인에게 특히 친절하고 인내심 있고 쾌활했다. 길에 있는 누군가에게 질문한다면 좋은 친구에게서 기대할 만한, 도움이 되는 답을 얻을 수 있었다. 교회와 유대교 회당은 편안하고 초조하지 않은 사람으로 가득 찼고 점점 더 많은 사람이 의자에 비집고 앉았다. 우리가 함께 간다면 시련을 더 잘 견딜 수 있다는 본능적인 이해가 있었다. 과학자는 이러한 우호성의 급격한 상승을 국가주의로 보지 않고, 현대에도 우리가 미덕을 위해 단결하도록 자극하는 인간의 근본적인 충동으로 보았다.

인간 생존의 근간은 타인과의 관계에 있고, 이런 유대가 흔들릴 때 우리는 비이성적으로 반응한다. 아기도 사회적 불문율이 있다는 것을 이해한다. 오하이오주립대학교 교수인 수잔 존슨(Susan Johnson)은 1살이면 이미 사회관계가 어떻게 작동되는지에 대한 정신적 표상이 있다는 것을 보여주었다[4]. 매우 재치 있는 실험에서 그녀는 아기에게 컴퓨터 스크린을 통해 움직이는 크고 작은 사물의 특징을 묘사하는 만화 비디오 장면을 보여 주었다. 그 사물이 단지 추상적인 형태임에도 불구하고 아기는 그 사물의 움직임이 나타내는 이야기를 알 수 있었다. 한 장면에서 작은 물체가 벌벌 떨면서 소리 지르고 있고 큰 물체는 작은 것에 다가가지 않고 지나친다. 성인이 우는 아이에게 다가가듯이 큰 물체가 작은 물체에 다가가지 않았을 때 아기는 뭔가 이상하다고 인식하였다. 아기의 눈이 커지고 화면을 집중해서 보았다. 이러한 반응은 이 아기가 말하거나 걷지는 못하지만, 복잡한 사회 체계에 대한 기본 지식이 있음을 보여준다.

우리는 집단에 의해 평가받고 사회적 위계 속에 있다는 것을 본능적으로 아는 것 같다. 우리의 사회적 위치에 관한 믿음은 곧바로 관찰 가능한 인지적 효과로 나타난다. 예컨대 휴식시간에 피구 팀에 뽑히기를, 즉 학교 운동장에서의 사회적 지위를 말해 주는 분명한 척도인 선발 순서를 기다리는 동안 고민하며 머뭇거려 본 적이 있는 사람이라면 누구나 어린 아이가 자기의 인기도를 모니터한다는 것을 안다. 아주 어린 나이에 인기가 없는 아이는 자신의 그런 지위를 내면화한다. 그 아이는 단순히 불운하기만 한 것이 아니라, 그들의 뇌는 사회적 세계에 대한 새로운 정보를 처리할 때 인기 있는 아동의 뇌와 다르게 작동한다. 한 연구에서 인기 있는 아동과 인기 없는 아동에게 단어 목록을 보여주고 단어를 읽지 말고 단어가 어떤 색깔로 쓰여 있는지 색깔의 이름을 말하도록 하였다. 이 실험법은 스트룹 검사라 불리는 것으로 특정 자극에 대한 인지적 민감도를 평가하는 데 널리 사용된다. 불합리한 공포로 괴로워하는 사람은 목록에 있는 단어가 뱀이거나 거미일 때 색깔명을 늦게 말한다. 우울한 사람은 '슬픈' 같은 단어가 제시되면 늦게 반응한다. 인기 없는 아동은 '외로운', '거부된' 같은 단어가 나타나면 정서적으로 혼란스럽기 때문에 색깔명을 말하는 속도가 늦어진다. 반응 시간 차이는 단지 100분의 몇 초로 매우 미묘해서 아동은 자기가 느리게 반응한다는 것을 알아차리지 못하지만, 이 아동의 뇌는 자신의 취약함과 관련된 단어의 의미에 민감한 것이다.

성인도 자신의 사회적 위치를 깊이 인식한다. 샌프란시스코에 있는 캘리포니아 주립대학의 심리학자 낸시 아들러(Nancy Adler)는 지각된 사회적 지위를 알아보는, 10단계 사다리 그림으로 된 간단하고 독창적인 척도를 개발했다. 아들러는 참가자에게 사회에서 가장 우월한 사람은 꼭대기 단계, 가장 불우한 사람은 밑바닥 단계를 나타낸다고 말한 다음, 참가자 자신이 사다리 어디에 속하는지 말하라고 한다. 참가자는 사다리가 뜻하는 바를 쉽게 이해하고 얼른 사다리 한 곳을 자신의 위치로 지정한다. 놀라운 것은 사다리에 표시한 그 위치가 신체 및 정신 건강, 예컨대 협심증이나 우울로 괴로워할 가능성뿐만 아니라, 얼마나 오래 살 것인지도 예측한다는 점이다! 사회적 위치에 대한 아들러의 주관적 척도는 수입과 직업 같은 객관적인 사회적 지위 지표보다 건강 결과를 더 잘 예측한다[5]. 건강은 사람이 얼마나 많은 자원을 가지고 있느냐가 아니라 타인과의 관계가 어떠한가로 예측된다는 점에서 흥미로운 지표다.

과학자는 불량한 건강상태로 연결되는 사회적 고립이 무엇인지 궁금했다. 고립된 느낌이 사람을 아프게 하는 것일까? 아니면 실제적인 고립의 기능, 예컨대 사람이 아플 때 회복하도록 도와 줄 지지적인 사회 관계망의 부족이 문제일까? 결국, 사회집단의 일원이 되는 것의 긍정적인 효과는 간단하고 행동에 나타난다. 다른 사람과 함께 식사하는 사람은 하루 지난 피자보다는 균형 잡힌 식사를 할 가능성이 더 크고, 아플 때 의사를 찾아가는 경향성도 더 크다. 사랑하는 사람의 잔소리를 들으면 우리 자신을 돌보게 되는 경우가 많다. 잔소리가 없더라도 다른 사람이 우리에게 의존하고 있다는 것을 알면 우리 습관을 개선하게 된다. 나는 자녀가 태어난 후에 운동을 시작하거나 금연을 시작한 부모를 많이 알고 있다. 자기가 없으면 자녀가 얼마나 연약해질지 알기 때문에, 부모는 훤히 내다보이는 불균형을 개선하기 위해 계획을 세우는 것이다.

그러나 점차 과학자는 주관적 고립감이 실제로 건강에 유해할 수 있는 생리적 변화를 촉진한다는 증거를 발견하고 있다[6]. UCLA 심리학자이자 혈액 종양학 연구자인 스티브 콜(Steve Cole)은 개방적으로 사는 사람보다 폐쇄적인 게이의 경우 HIV 감염이 더 빠르게 진행된다는 것을 보여주는 매우 멋진 연구를 했는데, "사회적 세계는 여러분의 신체를 개조합니다."라고 말했다. 콜의 연구는 우리 환경의 위협 수준을 뇌가 어떻게 지각하느냐가 우리의 건강과 안녕에 영향을 미치는 신체 화학작용으로 표현된다는 사실에 기반을 두고 있다. 주변 사람과의 관계는 내가 세계를 안전하고 편안한 장소로 지각하는지 아니면 위협적이고 불확실한 것으로 생각하는지에 크게 영향을 미친다. 콜은 "우리 뇌가 모든 것이 좋다고 생각하는 한 우리 신체는 장기 투자, 전반적 유지, 재건의 프로그램을 진행하고 있습니다."라고 말한다. "그러나 만약 뇌가 우리가 불확실하고 위협적인 환경에 있다고 지각한다면 유전자 발현에 변화를 일으키는 신체 나머지 부분에서 스트레스 반응을 활성화시킬 것입니다." 우리 모두는 일상생활에서 겪는 난관을 다루도록 돕는 기본적인 **투쟁 또는 도피 스트레스 반응**(fight-or-flight stress responses)을 가지고 태어났지만, 사람이 사회 환경에 매우 예민하거나 환경으로 인해 위협감을 느낀다면 이런 반응이 반복적으로 활성화된다. 콜에 의하면 이는 손상과 질병에 더 취약하게 되는, 신체 분자 구성에 변화를 가져온다.

우리의 내적 생활과 외적 생활 간 관계를 이해하기 위해서 콜은 유인원 면역 결핍 바이러스 또는 SIV에 감염된 원숭이를 연구해 온 캘리포니아대학교 영장류 동물학자인 샐리 멘도자(Sally Mendoza)와 존 카피타니오(John Capitanio)가 수행한 연구를 언급했다[7]. 멘도자와 카피타니오는 원숭이에게 매일 두 시간씩 놀이시간을 주었는데, 일부 원숭이는 항상 동일한 집단에서 놀게 함으로써 친숙한 원숭이와 교제했다. 또 다른 일군의 원숭이는 매일 다른 집단에서 두 시간을 보냈다. 몇 개월이 지나자 낯선 원숭이와 자주 상호작용해야 하는 가벼운 사회적 스트레스는 바이러스를 더 빨리 복제시켰다.

콜의 연구 팀은 스트레스와 바이러스성 복제 간에 관련이 있다는 것을 이미 알고 있었다. 그들은 HIV에 감염된 T세포가 투쟁 또는 도피 반응에서 생산된 스트레스 화학물질에 노출되면 바이러스가 정상보다 3~10배 더 빨리 복제된다는 것을 발견했다[8]. 콜은 원숭이가 바이러스에 더 취약하게 되는 면역 체계에 스트레스가 어떤 역할을 하는지 이해하고 싶었다. 콜은 척추에서 림프절로 가는 신경 섬유에 초점을 맞췄는데, 그 통로에서 신체가 면역 반응을 조정한다. 그는 스트레스에 노출된 원숭이의 경우에 이 섬유가 두 배로 많이 자란다는 것을 발견했는데, 이 신경섬유는 소커 호스 같은 역할을 해서 스트레스 호르몬인 노르에피네프린을 주변 세포에 방출한다. 그 신경섬유에 가까이 있는 T세포는 멀리 있는 T세포보다 바이러스를 2~3배 복제하는 경향이 있다. 그런 원숭이는 스트레스 화학물질을 분출하는 섬유가 두 배 많아서 바이러스를 두 배 빠르게 복제하고 있었다.

사회적 스트레스는 우리 환경에 대한 반응일 수 있지만, 우리 신체가 사회 상황을 다루는 방식은 또한 부분적으로 선천적 기질의 기능이며 우리가 일생의 경험 덕분에 발달하는 세계관의 기능이다. 이는 자기 강화 사이클을 형성한다. 예를 들어 천성이 부끄러움 많고 내향적인 아이는 놀이터에서 주춤거리고, 그렇기 때문에 괴롭힘을 당하고 훨씬 더 물러서는 경향을 띠게 된다. 콜은 이러한 개인 기질의 변화는 "시작할 때는 비교적 작은 차이지만 자신이 사회적 선택 패턴을 형성함으로써 시간이 가면서 큰 차이로 증식할 수 있습니다."라고 했다. 타인에 대해 한 가지 방식을 일관되게 선택하면 타인이 일반적으로 선하고 신뢰할 만한지 아니면 비우호적이고 위협적인지 여부에 대한 사고방식을 굳히게 된다. 콜에 의하면, 만약 세계관이 후자 쪽이라면 개인은 자신을 위해 더 자율적이고 독립적인 생활을 해 나간다. 그는 또 이렇게 말했다. "그러면 그런 세계관이 세계는 냉담한 곳이고 돌아갈 수 있는 사람이 아무도 없다는 지각을 증식시키게 되고, 이는 장기적으로 건강상의 위험을 증가시키는 것과 상관이 있는 것으로 보입니다."

이러한 위험은 크고 작은 질병에 모두 해당될 수 있다. 사회적으로 고립되었다고 느끼면 감기에 2~3배 더 취약해진다. 스트레스가 단독으로 암을 유발하지 않는 것은 분명하지만, 스트레스 반응은 종양에 영양을 공급하는 혈관 성장을 도와 종양의 성장을 가속화시킨다. 스트레스는 노화 속도에도 영향을 준다. 콜이 시카고대학교 심리학과 교수인 존 카시오포(John Cacioppo)와 연구할 때, 사회적으로 만족하는 50대와 60대 그리고 몇 년간 일관되게 외로움을 느낀 사람 간 차이를 연구했다[9]. 외로운 사람의 면역체계는 염증 유전자 배열을 과잉 발현하는 경향이 있고, 이러한 과잉발현은 즉각적인 조직 복구 과정을 통제할 뿐만 아니라 노화에 따른 마모를 조절한다. 만약 우리가 행복한 사회생활을 하는 50세와 고독해 하는 50세를 비교한다면 외로운 사람은 만성 염증이 더 많다는 면에서 더 노화된 신체를 갖고 있을 것이다. 콜은 HIV 양성 게이에 관한 연구에서 집안에 틀어박혀 있는 것이 사회적 고립에 대한 일종의 이정표라고 결론 내렸으며, 사회적으로 고립된 사람을 자신이 "게이 정체성에 대해 긍정적인 방식으로 반응하는 다른 사람들에게 반드시 의지할 필요는 없다고 느끼는 본질적으로 부끄럽고 민감한 사람"이라고 했다. 무리에 어울리지 못하는 사람이라고 느끼는 것은 스트레스가 되고, 스트레스는 바이러스 성장을 촉진시키기 때문에 그는 갇혀 지내는 사람이 더 빨리 질병에 걸린다고 결론 내렸다.

긍정적인 사회관계의 결핍이 질병을 유발하지는 않는다. 그러나 이미 가지고 있는 질병에서 오는 손상을 스트레스가 가속화시킨다. 이와 대조적으로 스트레스를 막아 내는 긍정적인 사회관계는 질병의 진행을 늦추는 조절제 역할을 한다. 2000년에 스웨덴 쿵스홀멘 프로젝트(Swedish Kungsholmen Project)의 역학자(疫學子) 로라 프라

틸리오니(Laura Fratiglioni)는 만족스러운 사회 관계망은 치매의 시작
을 지연시킬 수 있다는 놀라운 결론에 도달했다[10]. 오랫동안 치매
환자가 다른 사람보다 사회적으로 더 고립된다고 알려져 있었지만,
노인병학자에 의하면 그 가정은 고립이 질병의 결과이지 원인이 아
니라는 것이다. 프라틸리오니는 또 다른 연구에서 수천 명의 스웨덴
노인을 모집했는데, 치매의 신호가 보이는 사람은 없었다. 그녀는
그들이 기혼인지 미혼인지, 독거인지, 사회관계를 즐기는지 여부를
포함하여 사회적 상황을 평가한 후, 그들을 추적했다. 3년간 진행된
연구에서 사회 관계망이 강한 사람은 그렇지 않은 사람보다 인지 손
상의 증후가 60퍼센트 덜하다는 것을 관찰했다.

증거는 대명사에 있다 •••

연구자는 친밀한 관계가 수명에 미치는 전반적인 영향을 보고자
독창적인 방법을 개발했다. 예컨대 한 연구에서 캔자스대학교의 사
라 프레스만(Sarah Pressman), 피츠버그대학교 의료센터와 카네기
멜론대학의 쉘돈 코헨(Sheldon Cohen)은 출판된 자서전을 분석했
다. 연구 참여자에는 자서전을 8권의 시리즈로 펴내어 자신의 학문
적 역사에 관해 기록한 유명한 심리학자도 포함되었다. 또 다른 작
가집단에는 픽션 및 논픽션 작가뿐만 아니라 시인도 있었다. 연구자
들은 자서전에서 필자가 '나' 같은 개체 대명사에 비해 '우리' 같은
집단 대명사뿐만 아니라 '아버지', '형제', '자매' 같은 관계단어를 얼
마나 사용했는지 그 수를 세었다[11]. 프레스만과 코헨은 관계단어
를 사용한 빈도와 사망 시 연령을 대응시키는 도표를 만들어 살펴
본 결과, 자신이 살아온 인생 이야기에 사회적 역할을 많이 인용한
저자가 그렇지 않은 사람보다 평균 5년을 더 오래 살았다는 것을
발견했다.

그러나 우리가 사회적 관계의 이점을 얻기 위해 사교적인 사람이 되어야 하는가? 그렇지는 않다. 콜은 카시오포와 함께 수행한 노인 연구에서 아픈 사람은 사회적으로 고립되었다고 느꼈지만 친구가 적은 사람은 반드시 그렇지는 않았다는 점을 지적했다. 그에 따르면 사회적으로 만족하는 사람에 비해 외롭다고 느끼는 성인은 "사회 관계망이 약간 작지만 극적으로 작지는 않다. 그러나 생물학적 반응은 극적으로 다르다." 뇌는 우리의 사회적 세계가 실제로 얼마나 큰지가 아니라, 얼마나 안전한지 그리고 미래에 스트레스 반응이 활성화될지 여부를 결정할 것을 가지고 있는가를 주관적으로 평가한다.

『외톨이 선언(Party of One: The Loners' Manifesto)』의 저자 애널리 루퍼스(Anneli Rufus)는 혼자라고 생각하는 사람은 타인과 연결이 잘 되어 있다고 느끼며, 매우 작지만 아주 중요시하는 사회 관계망에 만족한다는 점을 지적한다. 그녀는 다음과 같이 말한다. "대부분 우리에게 정말 중요한 관계는 적습니다. 배우자, 좋은 친구, 부모, 자녀, 멘토 또는 친척을 포함하는 소수를 제외하고 그 나머지는 친구거나 잡담을 나누는 정도의 사람일 수 있는데, 그들은 우리에게 별로 중요한 이야기를 하지 않지만 우리는 괜찮습니다. 아마 괜찮은 정도 그 이상일 거예요!" 그리고 비록 그런 관계가 외향적인 사람의 관계와는 약간 다르다 해도, 즉 직접적인 접촉보다 전자우편을 더 사용하고, 큰 모임에 덜 나가고, 다른 사람을 방문하는 일이 확실히 적다고 해도 그 관계가 덜 소중한 것은 아니다. "그런 소수의 사람 중에 누군가를 잃는다는 것은 우리에게 큰 문제가 될 터인데, 이는 우리에게 친구가 필요해서라기보다 그 사람이 우리에게 의미하는 바가 크기 때문이다."

소수의 친밀한 유대로 행복할 수 있는 것처럼 대중 속에서 홀로 있다고 느끼는 것으로 인한 스트레스의 결과가 신체로 나타나는 것도 가능하다. 이와 관련해 인상적인 사례가 있다. 프라틸리오니의 연구에서 사회관계망이 강한 사람은 치매 신호를 덜 보였다. 그러나 이는 사회관계가 긍정적일 때에만 해당된다. 치매 위험은 자녀가 없는 사람보다 자녀와의 관계가 나쁜 사람의 경우에 더 높았다. 정말이지 나쁜 관계는 좋은 관계에서 이득을 얻는 것보다 더 해로울 수 있다. 게다가 연구에서 밝혀진 바에 의하면 우리가 성인기에 사회적으로 잘 적응했다고 보는 중요한 관계, 즉 결혼과 자녀는 치매 위험을 낮추는 데 필요하지 않았다. 하버드대학교 역학자(疫學子) 리사 버크만(Lisa Berkman)은 이렇게 표현한다. "혼자 있는 것은 위험하지만 혼자 사는 것은 위험하지 않다[12]."

그리고 대부분 우리는 혼자 살지 않는다. 미시건대학교 심리학자 토니 안토누치(Tony Antonucci)와 로버트 칸(Robert Kahn)은 우리 각자가 일생 동안 함께 가는 핵심 인물을 묘사하기 위해 **사회적 호위대**(social convoys)라는 용어를 만들었다[13]. 이런 호위대는 아주 크지는 않고 대개 가까운 친척으로 구성된다. 호위대는 시간이 가면서 커질 수도 있고 줄어들 수도 있다. 생애 초기에 아동기 친구가 호위대에 합류한다. 노년기에는 자기 자녀, 때론 특별히 마음에 드는 동료와 이웃이 호위대에 있다. 해가 가면서 새로운 사람이 호위대에 합류하고 어떤 사람은 호위대에서 나가기도 한다. 만약 여러분이 자신의 결혼 파티를 계획했거나 같은 동네 골목 어귀에 살았던, 한때 가까웠던 친구가 어떻게 되었는지 궁금했던 적이 있다면 여러분의 사회적 호위대가 어떻게 변할 수 있는지를 본 것이다. 이는 우리가 공유하는 유대가 실제가 아니라는 뜻은 아니고, 핵심적인 사회집단이라도 시간이 가면서 변할 수 있는 유연성이 있다는 의미다.

사회적 범위는 나이가 들면서 줄어들어서 50세일 때보다 80세에는 호위대에 있는 사람이 더 적을 수 있다. 수년간 사회과학자 간에 널리 알려진 견해는 사회적 세계의 축소가 노인에게 문제라는 것이었다. 종종 그 원인을 친구와 사랑하는 이의 죽음으로 돌리거나 다양한 형태로 널리 퍼져 있는 노인에 대한 연령차별주의 탓으로 돌렸다. 그 후에는 노인이 사회적 세계에 흥미가 없거나 참여하지 않다고 보는 견해가 있었다. 1960년대와 70년대에 영향력이 있었던 유리이론(disengagement theory)은 사회와 개인 간 상호 철회를 단정했는데, 즉 노인은 죽음을 준비하여 가까운 관계에서 멀어지는 동시에 사회는 시민의 상실에 대비하여 노인을 멀리 한다고 가정했다. 많은 정책 입안자와 과학자는 노인의 외로움에 반응하여 꽤 많은 시간을 들여서 관계망 축소를 개선할 개입 방안을 세우려고 노력했다. 그러나 작은 사회관계망은 그들 내 관계가 정서적으로 강하다면 문제 될 것이 없고, 사실상 사회관계망 축소는 노년기에 일어나는 일반적인 경향인 것이다. 확실히 노인은 사회적 범위가 작아진다 해도 관계의 질은 젊은이보다 더 높다고 보고한다.

이는 또 하나의 역설인가? 나는 그렇게 생각하지 않는다. 사람은 연령이 증가하면서 자연스럽게 과정을 정리하게 되어서 만족스럽지 않은 사람은 사회 관계망에서 제거하는 반면, 즐겁게 지내는 사람은 유지한다. 성인 초기 및 중기에 속하는 대부분의 사람은 지인이 많고 자신이 선택하지 않은 사회적 접촉을 정기적으로 하게 된다. 직장의 작은 사무실에 함께 있는 동료, 학부모회의 다른 엄마, 친구의 친구의 친구 등이 이들이다. 이들의 생활과 우리 생활이 겹쳐서 접촉하지 않을 수 없음을 알기 때문에 이들이 반드시 우리 인생의 일부분이 되는 것은 아니다. 우리는 같은 모임에 가고, 같은 동네에 살고, 자녀는 같은 밴드에서 트럼펫을 연주한다. 그러나 나이가 들어가면서 사회 관계망은 정리되고, 중요하지 않은 관계는 자발적으로 폐기되어 결국에는 가장 중요한 관계만 남게 된다.

스탠포드대학교 학생이 노인은 젊은이의 방문을 반길 것이라 생각하고 지역사회 노인을 위해 좋은 의도로 양조부모 프로그램을 만들어 정착시키려고 했는데, 이 때 나는 발생할 수밖에 없는 현상을 1년 동안 생생히 목격했다. 학생이 그 프로그램에 참여하도록 하는 데에는 문제가 없었다. 그러나 조부모를 모집하는 일이 더 어려웠다. 왜일까? 대학생과 달리 대부분의 노인은 사회적 영역을 확장하려 하지 않기 때문이다. 그들은 이미 맺은 관계를 깊게 하려 한다. 대부분의 노인은 대학생 나이의 낯선 사람과 점점 알아 가는 과정을 겪는 것보다 대학생 연령의 자기 손자손녀와 함께 지내기를 더 좋아할 것이다.

또한 노인은 젊은이보다 혼자 보내는 시간이 더 많고, 그런 사실에 매우 만족해 한다. 노인이 다른 사람을 싫어하는 것이 아니라 단지 사람과 있을 필요성이 덜한 것이다. 노인이 혼자 있는 시간이 많다는 사실은 종종 양조부모 프로그램을 생각했던 내 학생처럼 노인은 사회적으로 상처 받고 있다고, 상처 받지 않음에도 그러하다고 생각하게끔 만든다. 노인은 젊은이보다 우울과 사회불안을 포함하여 거의 모든 정신 건강 문제가 적다는 것을 명심하자. 사람은 종종 긍정적 정서뿐만 아니라 부정적 정서도 사회관계 맥락에서 발생한다는 것을 잊는 것 같다.

만약 우리가 습관이나 의무 때문이 아니라 진실로 정서적으로 풍요롭기 위해 관계를 유지한다면 연령에 따라 사회적 세계가 좁아지는 것은 더할 나위 없이 건강하다. 나는 부모에게 지역 노인센터에 가도록 하거나 설상가상으로 빙고 놀이를 시작하라는 잔소리를 멈추라고 많은 성인 자녀에게 강조해 왔다. 이런 피상적인 사회 접촉이 건강에 이롭다는 증거는 없다. 그런 접촉이 사람을 불편하게 만드는 만큼 건강에 해로울 수 있다.

그러나 내 연구팀과 건강한 노화를 연구한 다른 연구자의 결과는 친밀한 접촉이 너무 적으면 위험할 수 있다는 것이다. 우리는 그 원인을 추측만 할 뿐이지만, 노인에게 3이란 마술 같은 숫자인 듯하다. 셋보다 적은 관계는 편안하기에는 너무 적다. 그러나 더 좋으려면 이런 관계는 우정, 친척, 연인, 전문적인 동맹 등 다양한 관계여야 한다. 버크만은 단 하나의 강렬한 연대에 둘러싸이는 것은 충분하지 않다고 지적한다. 즉, 연대는 항상 깨어질 수 있기 때문에 다른 모든 것을 지배하는 단 하나의 친밀한 관계는 고립된 로맨스이며 불안정하다. 특히 사회집단의 노인 구성원이 사망하고 젊은이는 집을 떠나면서 점점 사랑하는 사람에게서 분리되는 노화과정에서 사회관계망의 탄력성[14]이 왜 중요한지를 볼 수 있다.

노인의 경우, 만약 친밀한 사람이 모두 자신의 연령층과 같은 사람이라면 관계망 전체를 잃어버릴 수 있다. 나는 요양소에서 세 명의 멋진 친구와 살았다고 이야기한 할머니를 생생하게 기억한다. 그녀는 그 세 친구 외에는 필요한 사람이 없는 것처럼 느꼈다. 그러나 그녀가 세 친구 중 마지막 한 사람이 사망했다는 소식을 전화로 듣게 되자 그녀를 가장 힘들게 했던 것은 이젠 말할 사람도, 전화할 사람도 없는 것이라고 했다. 그녀는 그렇게 외롭다고 느껴본 적이 없었던 것이다.

새로운 관계를 맺는 것에서 기존의 관계를 돌보는 것으로 바뀌는 이런 이동의 핵심은 미래가 우리 목표에 깊은 영향을 미친다는 지각이다. 이는 1장에서 간략하게 언급했듯이 나와 내 학생 그리고 동료가 개발한 사회정서적 선택이론 모델의 기초가 된다. 우리가 젊을 때, 그리고 우리 앞에 시간이 한없이 펼쳐져 있는 것으로 보일 때 우리는 사회적 관계를 확장하고, 세계관을 넓히고, 복잡하고 붐비는 사회에서 우리 자신을 위한 삶을 살기 위해 필요한 경험과 자원을 제공해 주는 선택을 한다. 우리는 친목회나 파티에 가고 단체와 클럽에 합류하고 블라인드 데이트를 수용한다. 우리는 수많은 낯선 사람과의 만남에 개방적이고, 마음에 맞지 않다고 판단되면 더 만족할 수 있는 다른 사람을 만나기 위해 많은 시간을 쓴다.

그러나 나이가 들면서 또 우리 앞의 시간이 점점 줄어들 때 우리는 이미 맺고 있는 관계에 순위를 매기고 평가하기 시작한다. 이는 노인이 클럽에 합류하지 않고 새 친구를 사귀지 않는다는 것이 아니다. 어떤 경우에 노인도 그렇게 한다. 그러나 전반적으로 노인은 새로운 관계를 맺고자 하는 동기가 줄어들고 이미 연결되어 있는 사람들과 관계를 유지하는 것에 더 흥미가 있다. 그들은 큰 그림에 초점을 맞추고, 20대, 30대에 몰두했던 사소한 개인 간 문제를 무시하고, 화해에 더 개방적이다. 나는 종종 음악가인 폴 사이먼과 아트 가펑클을 생각한다. 그들이 61세가 되었을 때, 그때는 한때 가까운 친구였다가 팀이 깨진 지 여러 해가 지났을 때였지만 나쁜 관계를 잠시 제쳐 두고 재결합 투어에 들어가기로 결정했다. 노화는 사람으로 하여금 일을 바로잡을 시간이 충분하지 않다는 것을 생각하게 한다. 이처럼 중점을 바꾸는 것은 사회에서 유리된다는 것을 뜻하지 않는다. 오히려 질 이상의 질을 소중히 하는 방식으로 관여하는 것이다.

사회정서적 선택의 효과는 강력하지만, 노년 그 자체가 필연적인 원인은 아니다. 우리가 인생의 허망함과 종말의 불가피성을 인지하게 되면 사회관계를 다시 구성할 수 있다. 노화는 재난이 영원히 지속되지 않지만 삶도 영원히 지속되지 않음을 강력하게 일깨워 준다. 테러리스트가 공격했던 9월 11일에 나는 뉴욕의 내 여동생 아파트에 앉아서 텔레비전 뉴스에 귀를 기울이고 앞으로 어떻게 될지 혼란스러워하며 내 조카 루비아나를 걱정했었는데, 아기였던 조카는 우리 주변에 펼쳐지고 있는 비극을 전혀 모르는 채 앉아 있던 모습이 생생하게 기억난다. 세상은 시시각각 변하고 있었다. 전화기가 울려 받아보니 예전에 내 학생이었고 지금은 홍콩의 중국대학교 교수인 헬렌 펑(Helene Fung)이었다. 그녀는 우리 이론대로 이런 재난의 결과로 사람의 목표가 바뀔 것인지를 살펴볼 수 있는 자료를 수집할 기회라는 생각으로 흥분해 있었다. 나는 그녀에게 내 생애 처음으로, 연구에 관심 없어! 난 단지 내가 사랑하는 사람과 함께 있고 싶을 뿐이라고 말한 것을 기억하는데, 물론 사랑하는 사람과 함께 있는 것이 우리 이론이 예측하는 바였다.

펑은 우리가 수년간 여러 연구에서 사용했던 간단한 질문을 홍콩의 참가자에게 제시하여 연구 자료를 수집하기로 결정했다. 그 질문은 "당신에게 30분의 자유 시간을 주면서 다음의 세 사람과 시간을 보낼 수 있다면 누구를 선택하시겠습니까[15]?"였다. 세 사람이란 직계가족, 최근에 알게 되었고 나와 공통점이 많은 사람, 최근에 내가 읽은 책의 저자다. 첫째 대안은 좋든 싫든 정서적으로 가까운 사람을 나타낸다. 두 번째 대안은 시간이 가면서 나에게 중요해질 수 있는 사람이며, 세 번째는 배울 것이 많지만 가까운 관계는 아닌 사람이다.

우리의 모든 연구에서 노인은 직계가족(또는 다른 대안으로 친한 친구를 사용하기도 한다)과 함께 시간 보내기를 아주 좋아한다는 것이 밝혀졌다. 이와는 대조적으로 젊은이는 한 가지 중요한 예외적인 경우에만 그 대안을 선택하는데, 젊은이가 노인과 같은 반응을 하는 예외적 경우는 지리적인 이동이 예상되거나 중증급성호흡기증후군이 돌고 있는 지역에 살고 있을 때와 같이 인생의 종말이 예상되는 경우다. 홍콩은 멀리 떨어져 있지만 헬렌 펑은 9.11 사건이 홍콩 사람에게 삶의 허무함을 일깨워 주었음을 알게 되었다. 젊은이와 노인이 정서적으로 의미 있는 사회적 접촉을 희망했던 것이다.

9.11 테러가 일어난 후 그 해 동안[16] 사람들은 뜻하지 않은 큰 재앙으로 취약한 감정이 강화되었고, 뜻밖의 위험을 경험한 후에 결혼하기로 결정한 젊은 커플, 배우자 찾기에 더 흥미를 갖게 된 독신에 관한 사례가 신문에 많이 보도되었다. 어떤 신문은 이런 사례를 죽음에 직면하여 삶이 승리한 것처럼 널리 알렸고, 더 나아가 어떤 신문은 베이비붐이 나타날 것이고 더 많은 여성이 직업을 포기하고 자녀와 집에 머물 것으로 추측했다. (두 가지 현상 모두 가시화되지 않았다.) 그러나 일부는 의심할 바 없이 9.11의 결과로 결혼을 결정했지만, 같은 기간에 어떤 연인은 서로를 직시하여 어울리는 짝이

아니라는 것을 깨닫게 되었다는 일화 같은 소문도 있었다. 9.11이 결혼을 재촉하는 쪽으로 아니면 관계를 깨뜨리는 쪽으로 반응을 일으키든 간에 우리의 관점은 동일하다. 사람은 자신의 시간이 끝난다는 생각이 강하게 떠오르면 사회 관계망 내에서 원하는 사람에 관한 선택을 한다. 때로는 이것이 "예."를 뜻하지만 때론 "아니요."의 의미다.

우리는 매년 대학 캠퍼스에서 이러한 선택과정을 1학년과 4학년 간 사회생활의 차이에서 볼 수 있다. 4년 동안 계속 사회생활을 해 나갈 1학년은 새로운 우정과 새로운 흥미를 적극적으로 추구한다. 4학년은 이제 곧 캠퍼스를 떠날 것을 예상하고 자기 연구 분야와 이미 구축된 친밀한 우정에 집중한다. 예전에 내 학생이었고 지금은 채펄힐에 있는 노스캐롤라이나대학교 심리학 교수인 바바라 프레드릭슨(Barbara Fredrickson)은 한 연구에서 졸업을 앞둔 4학년 학생과 저학년으로 복학한 학생에게 그들이 함께 시간을 보내는 사람 및 그들이 사회관계에 어떻게 관여하는지에 대해 일기를 계속 쓰도록 했다. 4학년과 복학생이 매일 보고한 접촉 유형에서는 차이가 없었다. 그러나 4학년은 가까운 친구와 있을 때 정서적으로 유의하게 더 관여하였다[17]. 22세의 어린 나이에도 4학년생은 사회관계 측면에서 아래 학년의 재학생보다 훨씬 더 연장자처럼 행동하는 것이다.

우리는 노년기에 수적으로는 적지만 깊은 관계를 기대할 수 있다. 그러나 누구와 그런 관계를 맺는가? 그리고 그런 관계란 어떤 것일까? 결혼과 가족 같은 핵심적인 관계는 매우 긴 일생 동안 변하는 경향이 있다. 그것도 괜찮다. 보수적인 사람은 전통적인 것을 벗어나면 슬퍼하지만 사실은 우리가 전통적인 제도라고 여기는 것도 역

사를 거치며 변해 온 것이다. 스탠포드대학교 역사 및 고전 교수이
자 인문과학대 학장인 리차드 샐러(Richard Saller)는 이렇게 표현한
다. "오늘날 가정이 붕괴되고 있다는 사실에 우리가 슬퍼할 때(18)
이는 일반적으로 가정이 건강하고 완전할 때의 좋은 과거, 즉 점잖
은 아빠, 지혜로운 주부인 엄마, 예의 바르지만 장난꾸러기 두 아들
이 있는 「비버는 해결사」*에서 클리버 가족의 이미지가 붕괴되는
것을 나타낸다." 그러나 샐러는 이런 핵가족 기준은 실제 세계에서
보다 TV에서 더 자주 보아 왔고, 오랜 옛날에도 가정의 안정을 붕
괴하는 조기 사망과 이혼은 일반적이었다고 지적한다. 따라서 시간
이 가면서 가정이 얼마나 탄력적인지를 깨닫고, 이런 가장 기본적인
사회적 유대를 살펴보고 100세 생애라는 새로운 환경에 어떻게 적
응할 수 있는지 생각해 보자. 특히, 결혼, 가족생활, 조부모의 양육
이라는 매우 중요한 세 가지 관계 유형에 대해 알아보자.

결 혼

결혼이 점차 하나의 선택적인 사회 관습으로 되고 있지만, 대다수
의 미국인은 여전히 인생의 어느 시점에 결혼한다. 미국 커플은 장
기간 동거하지 않는 경향이 있다. 유럽에서는 동거가 결혼에 대한
대안으로 인정되는 것으로 보이지만, 미국인은 동거를 결혼 시험용

---

* 역주: 미국에서 가족이 중시되던 1950년대에 방영된 인기드라마의 제목으
로 원제목은 Leave It to Beaver이다.

으로 사용하는 것 같다.

미국인이 결혼하는 경향이 더 많은 것처럼 이혼 경향성도 더 크다. 그러나 이혼 때문에 재혼을 단념하는 것 같지는 않고, 대개는 몇 년 내에 재혼한다. 젊은 커플 사이에서 초혼 같은 용어는 어휘 목록에나 나오는 단어가 되어 가고 있다. 미국인은 결혼에 대해 언제나 낙관적이다. 결혼을 하거나 하지 않거나 우리는 결혼을 이상화한다. 일부에서 결혼의 관습을 훼손할 수 있다는 이유로 게이와 레즈비언에게 결혼할 권리를 부여하는 것에 큰 우려를 표하는 것은 아이러니다. 이를 다른 방식으로 볼 수 있는데, 즉 결혼은 아주 대중적이어서 모든 사람이 성공하고 싶어 한다는 것이다.

현재 대부분의 미국인에게 결혼이란 낭만적인 사랑을 기반으로 자기 짝을 선택하고 두 사람을 법적, 경제적, 사회적 단위로 확립하는 파트너십이다. 100년 전만 해도 결혼은 일차적으로 자녀에 관한 것이었다. 짧은 기대수명이 고아가 많음을 뜻한다고 해도 커플은 자손을 낳고 생물학적 자녀를 양육한다는 분명한 의도로 결혼했다. 고달픈 시기에도 형제와 사촌은 종종 어울려 지내면서 확대가족이 되었다. 가족은 사회 단위일 뿐만 아니라 경제 단위였다. 자녀는 가족 농장, 잡화점, 아버지 사업에 노동을 제공했다. 결혼은 기능적이었는데, 자신이 사업 파트너 역할을 하는 것 이상으로 배우자가 자신을 매우 행복하게 해 줄 것이라고 기대하지 않았다. 과거의 결혼에 위대한 러브 스토리가 없었던 것은 아니지만, 결혼에 대한 기대가 없었다.

현대에는 이러한 기대가 거의 완전히 바뀌었다. 2001년 갤럽에 의하면 20~29세 응답자의 1/5 미만이 결혼의 주 목적이 자녀를 갖는 것이었던 반면, 94퍼센트는 "내가 결혼하면 배우자가 나의 첫 번째 정신적 친구가 되기를 원한다."는 문장에 동의했다. 그러나 결혼은 여전히 경제적인 측면이 있다. 두 사람이 운명을 함께 할 때 제도는 위험을 분배하고, 원하는 사회보장을 해 준다. 수입원이 두 곳인 세대는, 예를 들어 한 사람이 직업을 잃을 때 덜 취약하다. 부부는 결국 더 높은 수준의 생활을 영위할 수 있는 계획도 실행 가능하다. 배우자 한 명이 청구서를 지불하는 동안 다른 배우자는 학교로 돌아갈 수 있어서 부부가 장기간 돈을 벌 수 있는 가능성이 커진다. 일반적으로 향상된 삶을 위해 두 사람이 노력하는 것은 개인이 혼자 애쓰는 것보다 더 효과적이다. 파트너십이 아프리카 평원의 선조들에게 이득이 되었듯이 운명을 공유하는 현대 인류는 상대적으로 풍요로움을 누린다.

영화에서 여성은 대개 결혼을 갈망하는 사람으로 그려진다. 여성은 남자를 남편으로 삼기 위해 계획하는 사람이다. 그러나 결혼의 이득은 사실상 사회적인 측면과 건강 측면에서 여성보다 남성에게 이득이 있는 것 같다. 사회학자 제시 버나드(Jessie Bernard)는 모든 결혼에는 두 가지 결혼이 포함되는데, 하나는 그의 결혼이고 다른 하나는 그녀의 결혼이라고 주장했다[19]. 대체로 결혼한 사람은 독신보다 약 3년 더 살지만, 그 효과는 아내보다 남편에게 더 크다[20]. 기혼남성은 미혼남성보다 더 오래 살지만, 기혼녀에게 이득은 제한적이다. 많은 연구에서 독신여성에 비해 기혼여성에게서 수명의 이점은 발견되지 않지만, 수명이득은 결혼 상태에 달려 있는 것으로 보인다. 행복한 결혼생활을 하는 여성은 남성과 유사한 이득을 얻지만, 불행한 결혼의 여성은 그렇지 않다. 흥미롭게도 남편은 불행한 결혼에서도 이득을 본다. 왜 그럴까? 결혼 전문가 사이에서는 아내가 남편보다 결혼의 질에 더 책임감을 느끼는 경향이 있다는 데 상당한 의견 일치를 보인다. 관계를 돌보는 것은 여성이 하는 일의 일부여서 아내는 결혼이 순탄치 않을 때 고통을 더 경험하는 것 같다. 오랜 기간이 지나면서 이런 스트레스는 건강에 큰 타격을 줄 수 있다.

아내가 결혼생활에서 정서적인 일을 가장 많이 하는 동안, 남편은 결혼에 더욱 의지한다. 남편에게 아내는 일반적으로 정서적 친밀함과 지지의 일차적인 자원이다. 남편에게 가장 좋은 친구의 이름을 말하라고 하면 아내 이름을 댈 것이다. 그러나 아내에게 가장 친한 친구 이름을 말하라면 동성 친구의 이름을 말할 것이다. 남성이 이혼이나 죽음으로 아내를 잃으면 그들은 종종 아내와 함께 사회관계망을 상실하게 된다[21]. 이는 반드시 오래된 친구가 편들어주거나 계속 교제하는 데 흥미를 잃어서가 아니라 아내가 사교적인 일을 유지하는 사람, 즉 저녁식사에 사람을 초대하고 오마하에 사는 조카와 계속 연락하는 사람이었기 때문이다.

여성의 경우에는 배우자와 사별하면 애도기간이 짧지만, 남편은 아내와 사별한 후 병들 가능성이 더 크다는 말을 들어본 적이 있을 것이다. 심리신경면역학자는 아내의 부재로 남편이 사회적 세계에서 고립될 가능성 때문이라고 추측한다. 만약 아내가 유일하게 막역한 친구라면 남편은 아내의 죽음에 따라오는 큰 손실로 괴로워한다. 한 연구에서 아내가 말기 암 환자인 남편을 대상으로 면역계의 탄력성 지표인 T세포 수를 측정했다. 대부분은 아내와 사별한 지 두 달 후에 림프구 반응이 급격하게 감퇴하여 질병에 걸리기 쉬웠고, 그러한 억제는 1년 넘게 지속되었다[22]. 아내는 배우자와 사별 후에 곧 바

로 사망하지 않았으며, 이에 대해 연구자는 남편이 사회적 세계와
연결이 덜 되는 경향이 있기 때문일 것으로 생각한다.

젊은 사람은 오래된 부부와 같은 관계가 아니라 젊은 관계를 유
지하고 싶다고 종종 말하지만 이들이 제대로 보지 못하고 있다. 마
크 트웨인(Mark Twain)은 제대로 보았고, 1894년에 노트에 이렇게
썼다. "사랑은 가장 순식간인 것처럼 보이지만, 모든 성장하는 것
중에 가장 느리다. 남성도, 여성도 결혼한 지 1/4 세기가 되어야 완
전한 사랑을 알게 된다." 25년이 지나야 사랑이 완전히 성장한다면
많은 부부에게 25년이란 신혼과도 같은 것이다. 연구결과에 의하면
시간이 흐르면서 부부관계는 좋아져서 행복하지 않았던 부부조차도
젊었을 때보다 노년기에 더 행복하다고 말한다. 시간을 함께 보내는
동안 부부는 힘든 풍파를 맞으며 경험을 공유한 것을 자랑스럽게 여
긴다. 그들은 달콤한 시간을 보낸 사람보다 승리한 것이다.

부부가 곤란을 견뎌낼 때 결혼생활이 개선된다는 것은 상당히 일
반적이다. 국내 가구 조사를 기반으로 한 2002년 보고에서 이혼한
사람은 이혼한 지 5년 후에는 결혼 상태였을 때보다 더 행복하거나
덜 우울하지 않다고 결론 내렸다(23). 이와 대조적으로 불행한 결혼
이었지만 이혼하지 않은 배우자의 2/3는 5년 후에 행복한 것으로
나타났다. 나의 연구팀이 장기적인 결혼생활에 대해 연구하고 있을
때 우리는 결혼한 지 30, 40년 된 부부와 이야기했고, 거의 그들 모
두가 결혼생활에 괴로운 시기가 있었다고 했다. 내가 인터뷰했던 한
여성노인은 자기가 아주 완벽한 짝을 만났으니 얼마나 행운이냐고
젊은이가 말했을 때 얼마나 짜증이 났는지 모른다고 했다. "우리 결
혼생활은 수많은 어려움이 빚어낸 결과예요. 운이 아니라구요!"라고

힘주어 말했다. 50년 넘게 결혼생활을 해 온 할머니 한 분은 본인과 남편 중 먼저 떠나는 사람이 자녀를 돌보아야 한다는 중대한 약속을 했기 때문에 결혼생활을 꾸려 왔다고 말하기도 했다.

현재 은퇴한 세대인 가장 위대한 세대는 결혼생활을 가장 오래 지속하여 특별히 명예로운 세대인데, 이 특징은 아마도 영원히 인정될 것이다. 다른 세대와 영원히 구별되는 점일지 모른다. 20세기 이전에 우리 조상이 구혼하고 결혼했을 때 부부는 일생 동안 결혼생활을 했지만, 일생이 그리 길지 않았다. 그러나 20세기 후반의 길어진 수명이 반드시 긴 결혼생활을 뜻하지는 않았는데, 그 이유는 단순하다. 바로 이혼 때문이다.

어떤 결혼 전문가의 주장에 의하면 현대의 관계는 배우자가 또 다른 배우자의 행복을 책임지는 너무 부담스러운 기대 때문에 깨어지기 쉽다는 것이다. 그러나 경제적인 이유도 작용한다. 일단 여성이 일터로 들어가면서 이혼이 더 흔해졌는데, 여성이 경제적으로 남편에게서 독립함으로써 불만족스러운 결혼생활을 떠날 수 있게 되었다. 남성이 일차적인 생업을 맡았던 시기에 여성의 결혼생활 불만족도는 더 컸지만 이혼은 덜하였다. 정말로 1948년과 2006년 사이에 미국 노동인구로 들어간 여성 비율은 32퍼센트에서 59퍼센트를 상회하는 변화를 보여 거의 두 배가 되었다. 1970년대에는 역사상 처음으로 결혼관계가 소멸되는 가장 일반적인 이유로 이혼이 남편과의 사별을 능가했다. 이혼율이 계속 높으면 60년, 70년 동안 유지되는 긴 결혼은 과거보다 미래에는 드문 경우가 될 수 있다.

그러나 이혼이 흔하기는 하지만(국가 평균의 최대치는 48퍼센트이다)(24), 우리 사회 전반에 균등하게 분포되지는 않으며 사실, 이혼율은 두 가지 다른 경로에 따라 이동하고 있다. 재정이 안정적인 고학력 인구에서는 이혼이 감소하고 있지만, 대학 교육을 받지 않은 파트너 간 결혼에서는 증가하는 것으로 나타난다. 프린스턴대학교 사회학자인 사라 맥라나한(Sara McLanahan)은 교육 받은 미국인 사이에서 가족생활이 개선되고 있다고 단언한다. 이런 가구에서는 대부분 엄마와 아빠 두 사람 모두 일을 하므로 자녀 양육에 투자할 금전적 자산이 더 많다. 또한 한때는 거의 전적으로 여성이 맡았던 부모 역할을 아빠와 엄마가 나눔으로써 성 역할구분이 줄어드는 것도 관찰된다. 그 결과는 어떨까? 엄마와 아빠 두 사람 모두 자녀에 관여하고 가족의 자원이 더 많아진다. 엄마가 가정에 머물다가 직업세계로 합류하게 되면 힘든 문화적 변화를 겪어야 하지만, 다른 한편으로는 남편과 아내의 성 역할에 대한 압박감이 완화되고 가족에게 이로웠는데, 이제는 오히려 더 인류 평등주의적이고 유복하게 되었다. 반면에, 가난하고 교육을 별로 받지 않은 미국인 사이에서는 가족이 재정적으로나 사회적으로나 자원 부족으로 고통 받으면서 덜 안정적으로 되어 가고 있다고 맥라나한은 경고한다.

결혼에 관해 마지막으로 언급할 내용은 최상의 결혼생활이라도 언젠가는 끝난다는 것이다. 사고가 일어나는 경우나 기이하게 특별한 경우에만 부부가 동시에 죽는다. 거의 항상 한 배우자만 남게 되는데, 여성이 남성보다 더 오래 살고 몇 년 연상의 남성과 결혼하는 경향이 있으므로 여성이 대개 남편보다 오래 산다. 이렇게 말할 수 있다. 대부분의 남성은 죽을 때까지 결혼상태지만, 여성은 전형적으로 인생의 어느 시점에서 과부로 살게 된다. 여성과 남성 간 기대수명의 차이가 줄어들면서 앞으로 숫자에는 변화가 있겠지만 예측하건대 여성이 전형적으로 홀로 남을 것이고 남성은 그렇지 않을 것이다.

　더 오래 사는 배우자는 노년기에 심각한 재정적 영향을 받을 수 있고, 여성은 자기 배우자보다 더 오래 사는 경향이 있으므로 문제는 부부에게 불균형적으로 영향을 미친다는 점이다. 오랫동안 질병을 앓는 배우자를 돌보게 되면 신체적·정서적 대가를 치러야 할 뿐만 아니라 부부의 저축을 소비할 수 있다. 법률은 주마다 다르지만, 대부분은 부부가 개인 자산을 탕진해야 정부 지원의 돌봄 서비스를 받을 자격을 얻게 된다. 과부가 될 때까지 재정적으로 편안했던 사람조차도 매우 다른 상황에 처할 수 있다. 만약 재정 문제가 충분히 안전하지 않다면 건강하지 않은 노인이 혼자 사는 것은 주요 위험요인이다. 가정의 모든 일이 한 사람에게 맡겨지게 된다. 이는 만약 내가 낙상한다면, 아무도 낙상 사실을 모를 수 있고 약을 먹도록 알려줄 사람이 없음을 뜻한다. 그리고 물론, 남편과 아내가 결혼생활 밖에서 다른 사람과 친밀한 관계를 유지하지 못했다면 외로움은 건강 관련 스트레스원이 될 수 있다.

　미국인은 노년기에도 재혼하지만, 과부가 홀아비보다 수적으로 훨씬 많기 때문에 그런 불균형은 여성에게 불리하다. 노인 홀아비는 과부보다 재혼하는 경향이 훨씬 많다. 다른 한편으로 여성노인이 재혼을 원하는지는 분명하지 않다. 떠도는 말로는 여성노인이 점점 젊은 독신남처럼 행동하고 있다는데, 여성노인은 로맨스나 교우관계는 열망하지만 결혼은 원하지 않는다는 것이다. 두 번 과부가 될 가능성은, 특히 또 다른 병약한 배우자를 돌볼 가능성은 재혼이 내키지 않는 것과 관계가 있을 수 있다[25]. 나는 한 미망인이 재혼을 재촉하는 자녀에게 "나는 네 아버지가 돌아가실 때까지 수년간 보살펴

드렸지만 낯선 사람을 돌보진 않을 거야."라고 말한 것을 기억하는데, 그녀가 말하는 낯선 사람이란 1년 이상 데이트해 온 남자였다!

가족생활

불과 20년 전의 전형적인 가정에는 성인과 아동이 포함되었다. 부동산 매매 중개인에게 물어보라. 경험에 의하면 그 당시에는 침실이 하나인 집을 사는 일이 결코 없었는데, 이는 나에게 두 번째, 세 번째 또는 네 번째 침실이 필요하지 않아도 차후에 그 집을 구매할 사람은 필요할 것이기 때문이었다. 지금 우리가 진입하고 있는 시대는 일생의 대부분이 가족생활에 어린 자녀가 포함되지 않을 것이다.

20세기 초두에 미국 여성은 평균 4.2명의 자녀를 출산했다. 출산율은 세기 전반부 동안 떨어졌고, 2차 대전 직후에 절정으로 상승했다가(베이비붐을 일으켰다.), 세기 후반부에 다시 계속 하락했다. 오늘날 출산율은 1세기 전 출산율의 절반이다. 이는 단지 여성이 자녀를 적게 낳는 것을 선택한다는 것이 아니라 그보다 더 많은 사람이 모성에서 손을 떼고 있다는 것이다. 1970년대에 열 명의 여성 중 한 명이 자녀를 갖지 않았으나[26] 현재는 그 수가 1/5에 가깝다. 임신을 연기하고 출산 횟수가 적어지고 부모가 빈 둥지로 함께 보내는 기간이 수십 년 되면서 대부분의 미국 가구에는 자녀가 없다.

잘 알려지지 않았지만 점점 사회생활에 대해 시사하는 바가 훨씬 커질 수 있는 또 다른 인구통계학적 경향이 있다. 그것은 바로 독거다. 현재에는 가구당 한 세대가 아니라 가구당 한 사람인 경우가 많다. 2000년 센서스에서는 미국 가구의 1/4 이상이 자녀 없이 한 명의 성인으로만 구성되는 것으로 나타났다[27].

가족의 크기가 작아지는 것 외에 다른 방식의 변화도 있다. 결혼하지 않은 부모에게서 아이가 태어나는 것도 점점 흔해지고 있다. 2001년에 미국 여성의 거의 40퍼센트가 첫 아이를 임신했을 때 독신이었다[28]. 그 아이가 태어났을 때 엄마의 절반 정도가 여전히 독신이었다. 아프리카계 미국인 중에 출산한 아기 엄마의 거의 70퍼센트가 독신이다. 전체적으로 미국인 출생의 약 1/3은 결혼 제도 밖에서 일어나고 있지만, 이런 출생 주변의 환경은 매우 다를 수 있다. 일부는 결코 결혼하지 않는 독신에 속하고, 일부는 이성과 동거하고, 약 4백만 명의 미국 아동은 게이와 레즈비언 부모가 양육하는데, 대부분의 주에서 그들의 결혼은 여전히 금지되고 있다.

유럽은 이미 미국에 앞서 자녀양육을 결혼과 분리되는 용어로 사용하지만 유럽국가 또한 자녀와 부모관계를 보호하기 위해 강한 조치를 취해 오고 있다. 예를 들어 스칸디나비아에서는 커플 관계의 상태에 상관없이 부모는 자녀와의 유대를 강하게 유지하기 위해 복잡한 생활과 양육권의 조정에 동의한다. 달리 말하면 유럽인은 결혼에서 손을 떼지만 자녀에 대한 책무는 그렇지 않다. 이와 대조적으로 미국에서는 자녀양육이 결혼과 강력하게 관련되어 있다는 부분적인 이유로 결혼관계의 말소는 종종 아버지의 실종을 뜻한다. 현대에 미국인 자녀의 절반을 약간 넘는 수가 두 명의 생물학적 부모와 한 가정 내에서 산다. 나머지 대부분은 한 명의 부모, 대개 독신 엄마와 살거나 재구성된 복합가족과 산다. 결혼 경향에도 불구하고 미국 아동은 평균적으로 유럽 아동보다 가정 내에서 더 많은 변화를 경험한다[29].

결혼한 부부와 아동으로 구성된 미국 가구에서 여성은 자녀를 늦게 가질 뿐만 아니라 적게 갖지만, 꽤 짧은 기간 내에 직장에 복귀한다. 어린 자녀가 있는 엄마의 70퍼센트는 가정 밖에서 일하고[30], 자녀를 돌보는 일은 더욱 외부의 도움을 빌려 이뤄진다. 부모의 약 절반이 유모를 고용하거나 자녀를 주간 보호에 맡긴다. 나머지는 아이 돌보는 일을 조부모에 의지한다.

미국 가정에 관해 널리 알려진 속설은 개인주의 경향의 국가에서는 자녀가 성인이 되면 연락이 끊긴다는 것이다. 부모는 가정에서 자녀를 독립시키고자 노력하고 가정의 성공을 자녀가 독립하는 것으로 판단하기도 한다는 것이다. 일부 가족이 이 모델을 고수하는 것이 사실이지만, 대개는 매우 극단적이지는 않고 미국의 다양한 인종에 걸쳐 볼 때 사실이 아닌 것이 확실하다. 아프리카계, 히스패닉, 아시아계 미국인 사이에 성인자녀와의 약한 연대는 가족의 비극적 실패를 나타낼 수 있다. 그러나 자녀가 학업과 직업에 종사하기 위해 가정을 떠날 때에도 대부분의 가정의 경우에, 자녀를 도와주는 부모의 책임을 포함하여 혈연은 영원하다. 노인부모는 성인자녀에 대한 보증 역할을 하고, 힘든 시기에 재정적으로 돕고, 자녀가 이혼이나 재정적 부담을 겪을 때 그들을 받아들이고, 자녀가 집을 사거나 사업할 때 금전적 선물로 도와준다. 재정적 원조는 노인에서 젊은이로 흐르는 내리사랑의 경향이 반대 방식보다 훨씬 더 많다. 성인자녀가 부모와 함께 살 때 노인부모보다 자녀가 도움이 필요한 사람인 것이 이상한 일이 아니다.

성인기에 형제 및 자매 관계는 인간관계 중 가장 지속기간이 긴 관계임에도 불구하고 사회과학자의 관심을 별로 받지 않았다. 우리가 알고 있는 것은 모든 사람이 자립하면서 형제 자매 관계가 젊은 성인기 동안 종종 약해지더라도, 형제와 자매는 대개 흩어진 무리에게 소통 본부 역할을 하는 부모를 통해 서로 접촉을 유지한다는 것이다. 형제와 자매 사이의 친밀함은 나이 들면서 회복될 수 있는데, 이는 가정 내 여성이 관계를 키우는 데 집중한 노력 덕분이다[31]. 이렇게 말할 수 있다. 자매든, 아내든, 딸이든, 할머니든, 여성은 관계를 유지하는 사람이다.

미래의 가족에 대해 깨달아야 할 것은 미래가족이 「비버는 해결사」의 가족 같지는 않을 것이라는 점이다. 사실상 전형적인 미국 가족은 드라마 속 클리버 가족이 아니다. 가족의 변화(크기 축소, 형태 변화)에 관계없이 우리는 일생 동안 지속될 가족 구성원 간의 강한 연결을 여전히 기대할 수 있다.

조부모의 양육

현대의 어린 아동 중 조부모와 함께 사는 경우는 많지 않다. 약 10퍼센트만 조부모와 함께 살고 있고, 과거 아동도 대부분 그랬다[32]. 대부분의 인류 역사에서 일찍 사망한다는 것은 조부모가 흔치 않고 증조부모는 드물었다는 사실을 뜻했다. 불과 100년 전에 아동의 20퍼센트는 성인이 되기도 전에 부모를 모두 잃었다. 그래서 여러 세대가 있는 가구가 없었다. 대개 세대가 함께 거주한다는 것은 경제적 필요에 의해서다. 공동 거주가 사회적으로 바람직한 아시아

지역에서조차 최적의 방식은 시어머니가 아파트를 갖고 있거나, 같은 지붕 아래 전 가족이 사는 것보다 가까운 곳에 따로 사는 것인 것 같다.

오늘날 성인자녀가 있는 사람에겐 대개 손자손녀도 있다. 그러나 조부모의 양육이 거의 일반적임에도 불구하고 역할은 아주 융통성 있다. 조부모의 역할은 부모역할 같지 않고, 우리가 해야 하는 것에 관한 엄격한 문화적 규율이 있다. 예를 들어 부모가 갑자기 자기는 어린 자녀와 아무 상관이 없노라 결정하고 돌보지 않는 것은 불법이 겠지만, 미국에서 조부모의 관여는 완전히 선택적이다. 많은 조부모가, 특히 성인자녀와 가까이 사는 조부모는 손자손녀의 생활에 전반적으로 관여하는 반면, 어떤 조부모는 이따금 생일 카드를 보내는 것에 만족하는 비교적 먼 인물이다. 물론 모든 곳에서 그렇지는 않다. 중국에서는 조부모가 손자손녀의 생활에 관여할 것이라는 강한 기대가 있다. 중국에는 '아이 하나에 지갑은 여섯 개'라는 속담이 있다.

조부모의 가장 자주 반복되는 역할 중의 하나는 아기 돌보는 일이다. 돌 이전 아기의 약 1/3, 미취학 아동의 약 1/5은 조부모가 보살피고 있다. 조부모 15명 중 1명은 돌보는 일을 광범위하게 한다 [33]. 즉 부모가 일하는 동안 전일제 직업과 동일하게 손자손녀를 돌본다. 가정불화가 있는 시기에 조부모는 일차 보호자로서 손자손녀를 인계 받는다[34]. 10명의 조부모 중 1명은 이런 의무를 적어도 6개월 동안 수행한다.

부모가 없는 상태에서 아이를 보호하고 돌보는 일을 조부모가 하는 경우에 그 일은 극도로 도전적일 수 있다. 어떤 일이든 원해서가

아니라 어쩔 수 없이 해야 하는 상황에서 그 일을 해 내는 것은 힘
들다. 이상적인 환경에서 부모가 자기 자녀를 자신의 부모인 조부모
에게 양육하도록 넘기는 일은 드물다. 이런 일은 대부분의 경우에
부모가 자녀를 돌볼 수 없기 때문에 일어나는데, 부모가 상습적인
약물 사용자거나 감금되었거나 사망했기 때문인 경우가 많다. 부모
를 자녀 양육에 부적합하게 만든 문제는 종종 아동에게 영향을 미친
다. 예를 들어 약물 사용자의 자녀는 주의결핍장애 또는 저체중 출
산과 영양 결핍으로 인한 신체문제로 괴로움을 겪는다. 이런 아이는
면역 체계가 약하고, 천식을 앓거나 과잉행동 경향이 있다. 어떤 아
이는 헤로인에 중독되어 태어나고, 어떤 아이는 태아알코올증후군이
나 코카인의 태내 노출에 관련된 뇌 손상이 있다. 그 결과, 조부모
가 이끄는 가구의 아동은 양육하기가 가장 어려우며, 그 아이를 돌
보는 일은 신체적으로 또 정서적으로 조부모에게 큰 피해를 준다.
이미 어려운 상황에서 조부모는 아이를 위한 여분의 침실조차 없이
가난하게 살고 있을 가능성이 크다.

　그러나 부모를 완전히 대신하는 것 대신 조부모가 자녀양육에 보
조 역할을 할 때 그 결과는 대체로 아주 긍정적이다. 실제로 유타대
학교 인류학자인 크리스텐 호크스(Kristen Hawkes)는 할머니에게는
가임 연령을 지나 잘 사는 능력에 대해 책임이 있다고 믿는다. 대부
분의 종은 생식기 후에 빨리 죽는다. 그러나 사자, 버빗 원숭이처럼
손자손녀에게 기여하는 소수 종과 인간은 그렇지 않다. 호크스의 할
머니 가설(grandmother hypothesis)[35]은 생식기를 지나서 생존하는
것은 진화의 이점이 있다는 것을 말한다. 이는 폐경 여성이 더 이상
자신의 아기를 양육할 필요가 없고 손자손녀의 생존을 확보하는 데

에 주의를 돌려서 유전적 계통이 이어지게 되기 때문이다. 그래서 조부모가 드물었지만 노인이 있는 가족은 실질적인 생존의 이점이 있었고, 조부모가 드물었기 때문에 이점이 잘 드러났다.

진화의 이유는 항상 불확실하겠지만 호크스가 현재 조사, 수집 중인 아프리카 지역사회의 연구 자료는 호크스의 주장을 뒷받침해 준다[36]. 호크스는 엄마의 초점이 유아에서 신생아로 이동할 때 할머니가 도움을 주기 시작한다는 것을 관찰한다. 그녀는 두 번째 손자의 출생 후에 할머니가 모으는 음식의 양이 확실히 최대라는 것을 증명했다[37]. 할머니 가설보다 조부모 가설이라는 용어가 더 좋다고 주장하는 사람이 있지만, 호크스는 할머니를 더 좋아하는데, 그 이유가 할아버지는 모은 음식을 나누는 경향이 덜하기 때문이다[38].

장수가 의미하는 바는 지금의 아동이 성인기에 이를 때까지 네 명의 조부모가 여전히 생존하는 일이 흔해진다는 것이다. 사실, 조부모 다음으로 새로운 것은 증조부모다. 버클리에 있는 캘리포니아 대학교 인구학 교수인 켄 와치터(Ken Wachter)는 대부분의 어린 아동이 2030년에는 증조부모를 갖게 될 것이라 예언하고 있다. 그러나 이는 아주 새로운 인구통계학적 현상이어서 사회과학자가 미래에 그런 아동이 많을 것이라고 말할 수는 있지만 증조부모가 가족생활에서 맡을 역할에 대해서는 말할 것이 별로 없다. 건강 증진 경향이 계속된다면 증조부모는 현재의 조부모와 유사한 기능을 할 것인데, 가족 중 가장 어린 구성원에게 사랑, 관심, 자원을 제공할 준비가 되어 있는 성인이 8명 있다는 것은 아동의 복지에 매우, 매우 긍정적인 발전을 불러올 수 있다.

이제 우리가 해야 할 일은?

그래서 수명이 길어지고 출생률은 줄고 결혼, 이혼, 비핵가족 가구가 연속적으로 발생하는 이 모든 것이 미국인의 복지에 어떤 영향을 미칠 것인가? 첫째로 이들 현상은 가계도의 실제 모양을 바꿔 놓을 것이다.

그리 오래 되지 않았던 때에 전형적인 핵가족 가계도는 짧고 굵었다. 대부분의 가구는 두 세대로만 되어 있고, 각 가정에 함께 생존해 있는 세대가 대체로 세 세대를 넘지 않았다. 그러나 각 세대에는 꽤 많은 형제와 조카가 있기 때문에 가계도는 수평면을 따라 가지가 매우 넓게 퍼지는 형태였다.

미래의 핵가족 가계도는 각 세대가 전체적으로 구성원은 적지만 인류역사에서 과거 그 어느 때보다 동시에 함께 사는 세대가 많아서 키다리 같은 모양이 될 것이다. 전형적으로 네 세대가 동시에 생존할 전망이며, 다섯 세대는 드물지 않을 것이고 여섯 세대도 있을 법하다. 그러나 자녀가 적어서 핵가족은 모든 측면에서 작아질 것이다. 자녀에겐 형제와 사촌이 적을 것이고, 만약 그 세대에도 현재의 경향이 계속된다면 그들 역시 조카뿐만 아니라 자기 자녀의 수도 적을 것이다.

매우 신중한 사람은 미래 가족의 전망에 대해 걱정한다. 그들은 이혼하고 재혼하는 일이 흔해짐으로써 부모와 의부모가 결합된 쌍이 많아지고 혈족계가 약화되며 가족 구성원 간 상호 느끼는 의무감이 심각하게 약해질 것을 염려한다. 노인 세대가 많아 가계의 위쪽이 큰 가족은 아동에게 자원을 비교적 적게 남길 것이라고 두려워한다. 결혼과 출산이 늦어지고, 수명이 늘어남으로써 빈 둥지기간이 길어져 혼자 살거나 어린 자녀 없이 사는 경향이 외로움과 사회적 단절을 수반하며, 이러한 단절이 글자 그대로 사람을 병들게 할까봐 걱정한다.

그러나 가족 형태의 변화가 우리에게 괴로운 것이 아니며, 정말 중요한 것은 가족의 기능이다. 가족이 어떻게 구성되느냐 하는 것은 새로운 구조가 그 구성원의 복지를 지지하는 한 큰 문제가 되지 않는다. 사회과학이 오늘날 우리에게 말하고 있는 바는, 우리가 자기 자신보다 더 큰 뭔가의 일부로, 더 큰 집단에 소속되는 것처럼 느끼는 것이 가장 중요한 일이라는 것이다. 만약 자신이 곤란에 처한다면 의지할 수 있는 사람이 있어서 사회적으로 고립되더라도 정신 및 신체적 건강에 위해를 받지 않을 수 있다는 것을 알 필요가 있다. 그리고 자신이 다른 사람에게 필요한 사람이어야 한다. 안전성은 아동에게 매우 중요하다. 아동은 단지 음식과 집을 제공하는 것이 아니라 자신을 지켜보고, 사랑을 주는 누군가가 있다는 것을 알 필요가 있다. 하버드 정신과의사 로버트 월딩어(Robert Waldinger)는 이렇게 기술한다. "아동이 심리적으로 잘 발달하기 위해서는 아동에게 열중하는 사람이 일생에 적어도 한 명은 필요하다." 그 사람이 부모나 친척이어야 하는 것은 아니다. 역할이 충족되는 한 누가 그 역할을 하는가는 문제가 되지 않는다.

내가 생각하기에, 결국 문제의 핵심은 토니 안토누치와 로버트 칸이 인생 행로를 따라 함께 여행하는 것으로 생각했던 사회적 호위대의 구성이나 법적 지위가 아니다. 부모가 결혼하고 다시 결혼하면서 또 가족이 해체되고 새로운 가족을 형성하면서 양쪽 자녀와 성인은 이런 결합을 초월하는 관계가 필요할 것이다. 부모가 결혼을 하느냐 아니면 동거를 하느냐 여부는 양쪽 부모가 서로에게 또 자녀에게 시간과 노력을 들이는 한 큰 차이가 없을 수 있다. 혈연이 필수적이지는 않다. 친족관계가 합법적이든 아니든, 입양이나 비공식적 가족의 경우에서처럼, 또 유사가족의 경우처럼 유전자가 관계의 질을 예측하지는 않는다.

나는 21세기에도 계속 가족은 혈연으로 정의될 것이라고 예상하지만, 가족에 점점 혈연과 관련 없는 임의의 친척이 포함될 것이라고 생각한다. 미국인이 혼자 살거나 자녀 없이 지내는 기간이 길기 때문에 원래는 친척이 들어갈 사회적 공간으로 절친한 친구를 들이게 될 것이다. 한때는 아이가 많은 핵가족이 기준이었지만, 사람이 더 이상 행복해지기 위해 아이를 가져야 한다거나 많이 가져야 한다고 생각할 이유가 없다.

그러나 이는 자녀가 없는 사람 혹은 혼자 사는 사람에게 어려움이 닥쳤을 때 어쩔 줄 모르고 헤매지 않고 사회 공동체에 안정적으로 소속되도록 핵가족 밖에서 관계를 찾아야 한다는 뜻이다. 자녀가 있는 결혼한 부부도 마찬가지인데, 그 이유는 이혼이나 사별로 자기 파트너와 분리되는 경우를 여전히 견뎌야 하기 때문이며, 전 생애에서 빈 둥지로 사는 기간이 차지하는 비율이 부모세대보다 훨씬 길기 때문이다. 행복하고 건강한 노년을 즐기고자 희망하는 사람이라면 누구나 하나의 소중한 관계가 잘못 되더라도 다른 관계는 남아 있을 수 있도록 의무감에서가 아닌 애정으로 형성하는 다양한 관계망에 자신을 연결시키는 방법을 찾아야 한다.

긴 수명이라는 선물이 아직 사회 전반에 균등하게 분포되지는 않았기 때문에, 노년기까지 건강상태가 좋고 관계망이 견실한 사람조차도 모든 관계가 자기 배우자나 나이가 비슷한 형제, 친구처럼 자기 또래의 사람으로만 연결되어 있다면 사회적 고립의 위험이 있다. 그 결과, 우리는 세대 내 또래와의 유대만큼 세대 간 가족의 유대와 우정의 유대가 커지도록 하여 연령 분리를 줄이게 될 것이다. 최상의 시나리오에서 우리는 가족 연대를 강하게 유지하는 방법을 찾겠지만, 다른 종류의 가족이 될 친구, 멘토, 이웃, 동료와 지속적이고 친밀한 관계를 키울 것이다. 인간은 누구와도 가족을 만들고, 때로는 물이 피보다 진할 수 있다. 선택으로 형성된 가족의 이점은 주로 집단의 모든 사람이 그 집단에 있기를 원한다는 것이다.

그리고 일부에서는 저조한 출생률을 불리한 일로 보지만, 나는 21세기에 가족에게 가장 좋은 뉴스는 아동 대비 성인 비율이 커지고 있는 점이라 생각하는데, 이때 성인이란 어린 사람의 복지를 위해 희망을 가지고 온 마음으로 살피는 것이 공동 관심사인 사람이다. 역사는 중요한 맥락을 제공한다. 리차드 샐러는 20세기를 지나면서 출산율이 떨어짐에 따라 인간복지 면에서 특히 자녀와 자녀교육에서 선례가 없는 투자 증가를 관찰했다. 자녀 없이 남아 있는 성인은 숙모, 삼촌, 이웃, 가족으로서 친구가 되어주는 경향이 있는데, 자기 자녀가 없는 이들은 후견인 역할을 행복해 한다. 의부모도 이 무리의 일원이 될 수 있다. 만약 새 부모가 자녀와 더 많은 시간을 보낼 수 있도록 젊은 성인이 할 수 있는 시간제 일을 더 만들 수 있다면, 실제로 각 아동을 양육할 수 있는 마을이 있는 시대로 들어갈 수도 있을 것이다.

한 세기 전에 아동 발달을 이해함으로써 육아에 도움이 되었던 것처럼 나는 사회관계의 과학이 건강한 노화에 도움이 되기를 진심으로 희망한다. 우리는 지금 노년기 건강에 유익한 정보를 개인적인 일화보다 더 많이 가지고 있다. 우리에게는 수많은 사람의 삶을 추적한 방대한 연구결과가 있다. 예를 들어 장기적인 관계가 어려운 일이지만 장기적 관계가 삶을 확장한다는 사실은 그런 관계가 어느 모로나 가치가 있음을 시사한다. 우리는 사회적 고립으로 인해 신체 건강이 치르는 대가가 얼마나 큰지를 알고 있는데, 이는 외로움에 가장 취약한 사람에게 사회적 지지를 제공하는 것이 중요하다는 것을 강조하고 있다. 만약 우리가 이혼율의 속도를 늦추는 데 관심이 있다면 교육을 잘 받은 커플이 이혼을 덜 하고, 결혼에 관한 비현실적인 낙천주의가 생존 기회를 해치며, 이혼 후 몇 년 동안 반드시 더 행복해지는 것이 아니라는 자료가 말해주는 메시지를 진지하게 고려해야 한다. 갈등 해결, 용서, 감사는 모두 나이가 들면서 깊어지는 능력인데, 이들에 관한 연구는 강하고 오래 지속되는 관계로 이끌수 있는 기술과 관련시켜 수행되고 있다. 우리는 제2의 부모 역할을 떠맡는 지지적인 조부모가 성인자녀와 손자손녀 모두에게 많은 것을 제공한다는 것을 배우고 있지만, 점점 더 넓게 여러 세대에 걸쳐 진실로 중요한 관계를 맺도록 열심히 노력해야 할 것이다.

길어진 수명과 현대세계에 우리 모두가 집단적으로 적응해야 하는 이러한 사회 변화가 깊고 포괄적이며 우리의 통제를 넘어 선 것처럼 느낄 수 있지만, 우리는 여전히 우리 스스로 내리는 수많은 작은 선택으로 개인의 삶을 영위한다는 것을 기억해야 할 것이다. 우리는 우리가 설계하는 사회적 세계에서 늙어 갈 것이며, 우리 자녀

도 나이 들어 갈 것이다. 이제, 100년간 지속되는 여행을 위한 최상
의 호위대에 관해 진지하게 생각할 시간이다.

CHAPTER 06

집단적 지원: 사회보장연금과 노인의료보험

6.
집단적 지원:
사회보장연금과 노인의료보험

나이가 듦에 따라 친구와 가족의 지원이 우리의 행복에 지대한 영향을 미치는 만큼, 우리는 폭넓게 집단적인 방식으로 서로를 보살피려고 한다. 이를 위해 우리는 노년기에 가장 필요한 분야의 지원인 재정적 보장과 의료서비스를 받을 수 있도록 지원하기 위한 제도와 프로그램을 구축하였다. 사회보장연금인 소셜시큐어리티(Social Security)와 노인의료보험인 메디케어(Medicare)가 이러한 사회보장 제도로 가장 널리 알려진 것이다. 이 제도가 전체 집단의 안전망을 구축하지는 않지만, 가장 튼튼한 줄기임은 분명하다.

이러한 복지후생계획이 오래 전부터 있었던 확고한 제도라고 생각하기 쉽지만, 역사적으로 보면 이는 새로운 것이다. 이러한 제도가 만들어진 것은 100년이 채 안 되는데, 소셜시큐어리티는 1935년에, 메디케어는 1965년에 제도화되었다. 달리 표현한다면, 록그룹

롤링스톤즈가 메디케어보다 더 오래된 것이다. 따라서 이러한 제도
는 수명연장의 결과로 나타나는 복잡한 인구학적 변화에 적응해 본
경험이 많지 않다. 베이비부머 세대가 은퇴하기 시작함에 따라 해결
해야 할 중요한 문제가 많이 생겨나면서 이 제도에 상당한 부담이
가해지고 있다. 이 제도가 당신에게 제공해 줄 것이 무엇인지를 먼
저 생각해보고 그 공백을 당신이 어디서 스스로 채워 나아가야만 하
는지를 깨달아야 할 필요가 있다.

　이 제도의 변화가능성이 시사하는 바를 아는 것 또한 중요한데,
그래야 잘 알고 의사결정을 하는 투표자가 될 수 있다. 이 두 제도
는 앞으로, 특히 소셜시큐리티보다 메디케어가 더 심각하게 재정
난에 직면할 것이어서, 그 해결책에 대한 열띤 논쟁을 거의 매일 신
문이나 방송에서 볼 수 있다. 논쟁은 필연적으로 국가가 해 줄 수
있는 것이 무엇이며 해 줄 수 없는 것이 무엇인지에 초점을 맞추는
재정적인 틀에서 이루어지고 있다. 문제가 부족한 예산에 관한 것이
라면 이에 대한 답으로 대부분 비용 절감을 언급한다. 그러나 일과
건강에 관한 우리의 생각은 예산에 한정되어서는 아니되며 이를 넘
어서 개혁으로 인한 경제적 손익이 국가적, 개인적 가치와 어떻게
맞물리는지에 대해 진지하게 고려해야 한다.

장수 시대의 사회보장연금

　미국은 독립성을 중시하는 문화적 가치에 기초하고 있는 국가이
므로 국가의 사회보장제도는 독립적 자세를 전제로 한다. 즉 노인들

도 스스로 생존할 수 있어야 한다는 것이다. 연방정부가 집행하는 노인들을 위한 공식적 지원체계와 같은 아이디어는 오늘날에는 놀랄 것이 없는 당연한 것으로 보이지만 의회가 그 제안에 대해 논쟁하고 있던 1930년대 당시에는 공산주의나 사회주의 냄새가 나는 것이었다. 실제로 그 당시 선진 세계들은 은퇴 이후의 인생 단계가 있을 수 있다는 생각에 충분히 적응하지 못했었다. 비교적 최근인 1890년대에는 거의 모든 사람이 사망할 때까지 일했다. 농업이 주요 산업이었던 그 시절에는 은퇴는 성인이 된 자녀에게 무거운 짐을 넘기고 가족 농장에 남아있기만 하는 것을 의미하였다. 은퇴하다 (retire)라는 단어는 '잠자다'와 동의어인데, 이는 은퇴를 글자 그대로 기술한 것이다. 사망하기 전에 자발적으로 일을 그만 둔 사람이 '은퇴'하는 평균 연령은[1] 85세였다.

 과거에는 가족이 노인에게 대부분의 지원을 제공하였는데, 노인이 병약하거나 질병을 앓고 있을 때 이는 가족에게 무거운 짐이 되었다. 도처에 도움을 제공하는 사회조직도 있었다. 노동조합이나 공제회들이 조합원의 복지를 살폈으며 자선단체나 빈민구호소가 극빈자에게 구호물자를 제공하였다. 그러나 이러한 조직의 어떤 것도 전체 노인세대에게 지원할 준비가 되지 않았다. 미국에서는 19세기 후반에 회사 연금 제도가 소개되기 시작하였으나 초기에는 이러한 아이디어가 쉽게 퍼지지 않았다. 남북전쟁 참전자들에게 장애 수준이 아니라 연령에 따라 복지수당을 지급하도록 한, 1906년에 제정된 참전용사를 위한 연금프로그램이 역사의 한 획을 그었다. 이 연금제도는 사회보장연금의 전신으로 고려되지만, 이 제도가 지원하는 인구는 미국인의 1퍼센트에도 미치지 않는 극소수였다.

그 후 세계대공황이 왔는데, 공황은 전 국민의 노후 대비 저축을 삼켜버렸으며 가난이 노인에게 미칠 수 있는 끔찍한 폐해를 분명하게 보여주었다. 이 시기는 가족이 한때 제공했었던 구조적 지원이 산업혁명으로 인해 이미 상당히 해체되었던 때였다. 젊은 세대가 도시에서 직업을 찾기 위해 집을 떠남으로써 가족은 지리적으로 흩어졌으며, 일할 수 없을 정도로 병약한 노인은 돌봐줄 사람 없이 홀로 남게 되었다. 더구나 20세기 전반에 의료보험과 공중보건의 기반시설이 향상되었기 때문에 20세기에 기대수명이 극적으로 증가하게 되었으며, 그 결과 갑자기 과거보다 노인이 증가하게 되었던 것이다. 공황기에 노인이 겪었던 비참함에 분노를 느낀 사회개혁가는 1889년 독일에서 시작된 유럽의 사회보장 프로그램과 같은 일반적인 노령 연금 제도를 채택하라고 압력을 가하기 시작하였다. 이들은 현재의 미국사회는 성인기의 대부분을 일해왔던 미국시민에게 빚진 것이 있으며 따라서 노인을 불확실한 운명에 그대로 내버려 두어서는 안 된다고 주장하였다.

프랭클린 루즈벨트(Frnaklin D. Roosevelt) 대통령이 1935년 사회보장법(Social Security Act)에 서명함으로써 일자리가 없거나 장애가 있거나 나이가 많은 3천만 명의 미국인을 일거에 돕는 우산프로그램을 만들었다. 이 법에 서명하면서 국가의 복지를 위해 이 법이 왜 필요한지를 설명했던 루즈벨트 대통령의 다음과 같은 진술은 그 당시에 그랬던 것처럼 현재에도 진실로 여겨진다. "과거 백 년간의 문화는 놀라운 산업변화와 함께 삶을 점점 더 불안정하게 만들고 있습니다. 젊은이는 자신이 나이 들었을 때 어떤 처지가 될 것인지에 대해 불안해 하고 있습니다. 직업이 있는 사람은 얼마나 오랫동안 직장을 유지할 수 있을 것인지 걱정합니다."

사회보장연금의 창조는 수명에 대한 생각에 큰 변화를 가져왔다. 사회보장연금은 노년기를 그 이전 단계와는 분리된, 제도적으로 인정받는 인생 단계로 만들었다. 케이스웨스턴리저브대학의 정치학자인 로버트 빈스톡(Robert Binstock)은 사회보장연금을 통해 정부가 우리의 노년기를 고령 복지상태로 만들었다고 보았다. 그러나 솔직히 말해서, 1935년 당시에는 어느 누구도 이 복지 상태가 매우 관대하여 많은 사람이 이 제도의 혜택을 받을 수 있을 것임을 상상하지 못했다. 그 당시에는 4퍼센트의 미국인만이 사회보장제도가 명시한 은퇴연령인 65세에 달하였다. 오늘날 65세의 미국 노인의 평균 기대수명은 18년이지만, 1935년에 65세까지 산 사람은 13년을 더 살 것으로 기대되었다. 루즈벨트대통령이 사회보장제도의 3주년 기념 라디오 연설에서 지적하였듯이, "이 법령은 개인적으로든 집단적으로든 누군가에게 편한 인생을 주는 것이 아니며 또 그런 취지도 아닙니다. 돕거나 보장하기 위해 한 사람에게 지불하는 금전의 합이 결코 풍족하지는 않을 것입니다. 그러나 생활을 유지하는 데 필요한 최소 수준은 될 것입니다. 이것이 미국인이 원하는 보호의 정도입니다."

노인의 빈곤문제를 하룻밤 사이에 거의 제거한 사회보장연금은 미국역사에서 가장 성공적인 정부정책이라고 말할 수 있다. 여러 세대 동안 노인에게 실질적인 재정적 보장을 제공하고 가족에게 노인 가족 돌봄의 짐을 덜어줌으로써 삶의 질을 극적으로 향상시켰다. 이 제도는 취약한 시민 보호에 대한 사회의 노력과 인류애를 상징한다. 이 제도는 오늘날에도 가장 효율적이고 잘 알려진 정부 프로그램이지만, 미국인은 사회보장연금의 미래에 대해 점차 불안해 하고 있다. 오로지 소수의 젊은 사람만이 노인에게 지급할 연금수당이 걷혀질 때까지는 이 제도가 유지될 것으로 생각한다.

문제가 많은 것이 사실이다. 사회보장연금은 오늘날보다 훨씬 젊은 나이에 사망하여 제도를 통해 지원금을 받는 기간이 더 짧았던 시절의 사람을 위해 만들어진 것이다. 1955년 이후 은퇴 후 보내는 시간은 50퍼센트나 증가하였다! 사회보장연금이 제정된 이후로 기대수명은 16년이 증가했지만 보장을 받기 시작하는 연령은 거의 변하지 않았다. 현재의 사회보장제도에서 1950년에 태어난 사람의 은퇴연령은 66세이며 현행법에 따르면 이 연령은 2022년까지 67세로 끌어올릴 수 있지만 그 이상은 더 올리지 못한다.

7,900만 명의 베이비부머가 은퇴하면서 전례가 없는 많은 사람이 이 제도를 활용하게 될 것이다. 널리 퍼지고 있는 건강재난을 제외한다면 이들은 사회보장연금을 상당히 오랜 기간 받을 것이다. 베이비부머는 자신의 부모보다 더 오래 살 뿐만 아니라 사회보장연금에 더 의존할 가능성이 높다. 베이비부머 세대와 그 이후 출생한 많은 사람은 그 이전 세대와는 달리 평생 동안 일한 보상으로 회사로부터 받는 회사연금과 같은 연금은 없을 것이다. 대신 퇴직금을 회사에 적립하는 퇴직연금인 401(k), 개인퇴직연금계좌, 저축 등과 같이 스스로 자율적으로 적립한 다양한 투자금으로 사회보장연금의 부족분을 충당해야만 한다.

자율적인 저축에 대해 한 가지 알아야 하는 것은 미국인의 저축이 충분하지 않다는 것이다. 저축과 투자를 하고 있는 사람의 경우에도, 2008년의 주식시장 붕괴는 이들의 노후자금에 큰 피해를 주

었다. 주식시장이 붕괴되었을 때 은퇴시기가 되어서 투자금을 최저
수준으로 받고 은퇴했던 사람이 가장 고통을 받았다. 은퇴하지 않은
사람은 그 이후에 손실을 상당 부분 회복하였으나, 이 경우에도 상
당한 손실을 입었다. 이 사건은 합리적인 투자도 종종 실패할 수 있
음을 많은 사람에게 일깨워주었다.

그 결과, 과거 어느 때보다 더 많은 사람이 은퇴할 뿐만 아니라
과거 세대보다 사회보장에 더 많이, 또 더 오랫동안 의존하게 되는
시기가 되고 있는 것이다. 수백만 명의 미국인에게 사회보장연금이
은퇴 후의 유일한 자금일 수 있는 것이다.

그렇다면 그 자금은 정확하게 어디서 나오는 것인가? 간단히 말
하면 근로자의 봉급에서 나온다. 미국 근로자는 급여의 15%를 사회
보장연금과 노인의료보험에 지불하고 있다. 어느 누구도 이를 면제
받을 수는 없다. 당신의 소득계층에 따라서는 이것이 자신의 수입에
대한 세금일 뿐일 수도 있다. 이 세금이 어딘가의 특별한 계정에 모
아지고 있으며, 당신이 은퇴하는 날을 기다리고 있다고 생각하면 위
안이 될 것이다. 그러나 사회보장연금은 다음 세대에도 동일하게 적
용할 것을 전제로 하여, 현재 일하고 있는 근로자에게 원천 징수한
세금을 은퇴한 근로자에게 연금으로 지불하는 식의 **부과방식**
(pay-as-you-go) **제도**이다. 그런데 문제는 균형이 깨어지고 있는 것
이다. 2010년에서조차도, 사회보장세는 사회보장연금을 다 충당하
지 못하였다. 현재의 사회보장명세서에 따르면 2037년이 되면 지불
해야 할 연금의 75퍼센트까지만이 세금으로 걷힐 것으로 보인다.
2004년 정부는 정부가 지출해야 하는 비용을 충당하기 위해서, 사
회보장을 위해 기획된 세금뿐만 아니라 모든 종류의 세금으로 걷은

수입을 모두 사용하고도 42억 2천만 달러를 빌려야 했다. 2011년에 이미 14조 달러를 넘어선 국가채무를 생각하면, 은퇴자에게 사회보장연금을 지급할 여유가 없다는 것을 알아야 한다. 세계은행에 의하면 2010년 미국의 국내총생산, 즉 미국인이 국내에서 생산한 모든 것의 가치는 약 14.7조 달러였다. 미국은 어마어마한 부채를 지고 있는 것이다.

사회보장연금은 어떻게 결정되나? ••

미국 근로자가 번 모든 돈의 일정 부분이 연방정부에 의해 사회보장세로 징수된다. 이 부과방식에서는 현재 근로자가 낸 자금이 은퇴자에게 남은 생애 기간 동안에 매월 연금으로 지급된다. 연금의 액수는 그 사람의 결혼 상태, 은퇴 연령, 평생 동안의 평균 수입을 고려하여 산출되므로 사람에 따라 다르다. 따라서 자신이 낸 세금액수와 연금액수 간 상관관계는 약하다.

사회보장 연금액은 소득이 높았던 35년간의 평균 소득에 기초하여 은퇴 당시의 임금지수에 맞추어 결정된다. 사회보장연금에 가해지는 주요 문제는 임금지수와 관련되는데, 이는 임금이 지난 수십 년간 생계비보다 더 증가하였기 때문이다. 임금지수는 1960년대에 은퇴하던 사람에 비해 지금 은퇴하는 사람의 실질적인 사회보장 연금액을 3배로 증가시킨다. 임금지수의 증가에 기대수명 증가의 효과가 합쳐지면서 현재의 연금수령자는 자신의 부모보다 훨씬 더 받게 되는 것이다.

사회보장연금은 사적인 투자 펀드가 아니고 공적 프로그램이며 또한 연금액의 산정은 저임금 근로자에게 유리하게 되어 있다. 최저소득 노동자의 연금액은 보정된 임금을 이용하여 계산된 평균소득의 90퍼센트이지만, 최고소득 근로자는 평균소득의 겨우 15퍼센트에 해당하는 금액을 연금으로 받는다. 또 퇴직 당시 소득이 비교적

높은 근로자는 수령 연금액의 85퍼센트까지에 대해서 세금이 부과
된다. 다시 말해서, 부유한 사람들로부터 거둬들인 세금은 일부 덜
부유한 사람들의 은퇴자금의 재원이 된다. 만약, 사회보장프로그램
이 없다면 고소득자는 동일한 금액을 사적 연금제도를 통해 투자함
으로써 더 많은 연금을 받을 수 있을 것이다.

  사회보장연금은 결혼한 부부에게 더 혜택을 준다. 부부 중 한
사람만 일했던 커플은 독신인 근로자보다 은퇴 후 더 많은 혜택을
받게 되는데, 이는 부부가 각각 근로했던 배우자의 임금에 기초하
여 연금을 받기 때문이다. 현재의 은퇴자 세대에서는 대부분의 부인
이 가정 밖에서는 고용되지 않았지만 배우자가 받는 사회보장 연금
의 반을 받고 있다. 만약 남편이 부인보다 일찍 사망할 경우는 남
편의 연금을 대신 받는다. 이에 더하여 부부의 기대수명의 합은 한
사람의 기대수명보다 길기 때문에 현재의 사회보장보험은 결혼한
부부에게 더 혜택을 주는 셈이다.

  은퇴 후 받게 될 사회보장연금 액수는 사회보장행정부 웹사이트
http://www.ssa.gov/planners/calculators.htm에서 계산해 볼 수
있지만, 모든 사회보장 성명서에도 명시되어 있듯이 연금은 의회의
생각에 따라 변동될 수 있으며 입법부의 투표에 의해 언제든지 감
소될 가능성이 있다. 그러나 역사적으로 의회는 사회보장연금에 대
해서는 놀라울 정도로 관대함을 보여왔다.

  이러한 어려움에도 불구하고, 사회보장연금 제도가 잘 돌아가서
미국 노인에게 기본적인 재정적 지원을 계속할 수 있도록 하는 것이
중요하다. 흔히 미국에는 가난한 노인과 풍족한 노인, 두 부류의 노
인이 있는 것으로 이야기된다. 그러나 노년기의 재정적 운명으로 보
면 셋이나 그 이상이 있다고 볼 수 있다. 부유층과 중산층 그리고
빈곤층의 삶은 분명히 다르다. 사회보장연금은 이들 각각의 경제계
층에 따라 상당히 다르게 기능한다. 그 차이를 생각해 보기 위해 우

선 매우 부유한 층은 제쳐두자. 이들은 사회보장연금을 필요로 하지 않는 극소수에 해당한다. (그러나 이들도 다른 사람과 같이 연금을 받고 있다. 자신이 매달 받는 연금을 정부에 돌려주고 싶지만 정부가 받아주지 않는다고 말하는 노인을 나는 만난 적이 있다.)

매우 부유한 사람을 제외하면, 비교적 풍족한 미국인들에게 사회보장연금은 은퇴 후 수입의 약 1/3에 해당한다. 이 부류의 사람들은 보수가 좋은 직장에서 일하여, 저축과 투자를 했기에 금전적 걱정 없이 노년기를 즐길 수 있을 정도의 자산과 수입을 가지고 있다. 이러한 자산이 있으므로 이들은 문제가 생기면 돈으로 해결할 수 있다. 이들은 집안의 힘든 일을 위해 가사도우미나 정원사를 고용할 수 있으며 장보기나 공과금 납부와 같은 일상적인 일을 위해서도 도우미를 고용할 수 있다. 이들은 성인 자녀를 가끔 방문하기 위해 설사 자녀가 지구 반대편에 살더라도 쉽게 비행기를 타고 갈 수도 있고 시외전화로 지속적으로 자녀와 소통하기도 한다. 우리 사회에서 비교적 혜택받은 이러한 사람은 규칙적으로 운동하며 건강에 좋은 음식을 먹으며, 흡연하지 않으며, 더 젊었을 때부터 지속적으로 건강검진을 받았으므로, 노인이 되었을 때 신체 상태가 더 좋다. 건강에 문제가 생기면 전문의와 건강상담을 하거나 또 다른 의견도 있는지 알아보기 위해 여러 전문의에게 가 볼 수 있는 경제적 여유가 있다. 심각한 건강상의 문제로 인해 생길 수 있는 재정적 결과에 대해 전혀 걱정할 필요가 없는 것은 아니지만(매우 부유한 사람만이 이러한 걱정에서 자유로울 것이다), 은퇴 후의 재정상태를 걱정하면서 잠을 설치지는 않는다.

중산층의 사람에게 사회보장연금은 은퇴 후 수입의 약 반에서

2/3가 된다. 이들은 열심히 일하고 저축했으나 결코 충분하게 부유해 본 적이 없는 사람들이다. 은퇴할 때까지 집담보 대출을 계속 갚아나갔으며 얼마간의 연금과 저축을 가지고 있지만, 사회보장연금 없이는 생계를 유지하기 힘들다. 이들의 재정적 미래는 불확실하여서, 인생이 계획대로 진행된다면 괜찮지만 예상 밖으로 기름값이나 식료품값이 인상되면 크게 영향을 받는다. 회사연금의 실패나 심각한 질병과 같은 예상 밖의 상실은 이들이 가지고 있는 모든 자산을 날려버릴 수도 있다. 노년기에 중산층은 재정적 덫에 걸리기 쉽다. 이들은 정부로부터 다른 보조를 받기에는 너무 풍족하지만, 발생할 수 있는 요구를 충당할 만큼 저축이 충분하다고 느낄 정도로 풍족하지도 않은 것이다. 그 결과, 노년기와 노년기를 준비하는 시기는 중산층의 미국인이 재정적으로 걱정하는 시기가 된다.

이들의 불안 목록의 첫째 항목은 가족에게 간병의 짐을 지우게 하고 국가의 노인의료보험과 사적 의료보험이 지원하는 않는 비용이 크게 드는 만성질환에 걸리는 것이다. 대부분의 중산층은 공적 보조를 받을 자격이 되지 않을 뿐만 아니라 가사도우미나 간병인을 고용할 정도의 수입이 있는 것이 아니므로, 가족이 일상의 도움을 제공하게 된다. 그러나 한 배우자에게 장기간 훈련된 간호가 필요할 때는 이에 드는 비용으로 인해 남은 배우자는 위태로운 상태에 처하게 된다. 저축을 다 써버리기 전에는 국가의 보조를 받을 수 없도록 한 미국의 보조프로그램 때문에, 상당수의 미국 노인은 생애 처음으로 빈곤해진다. 이들의 대부분은 만성질환을 앓는 남편을 돌보는 데 많은 비용을 써버린 결과 중산층에서 밀려난 과부들이다.

치료비가 크게 드는 질병에 걸리는 의학적 재난이 발생하면, 일부

중산층은 병원비를 충당하기 위해 집을 팔기도 하지만, 그런 경우에
도 요양원생활에 연 평균 약 74,000달러의 비용이 필요하므로 많은
경우 이들이 가지고 있는 집의 가치는 오랜 기간의 비용을 충당하기
엔 부족하다. 중산층이 집을 잃으면 이웃과의 친밀함, 오랜 친구와
의 접촉, 우체국에서 마주쳤을 때 아들의 소식을 물어주는 이웃과
담소를 나누는 기회를 상실하게 되는 것임을 명심하라. 이 모든 것
은 우리로 하여금 자신이 사회와 연결되어 있다고 느끼게 만드는 것
인데, 이러한 느낌은 신체적·정신적 행복의 중요한 부분이다. 결과
적으로 사회보장연금은 중산층에게 일상적 요구에 대해서는 충분한
지원을 제공하지만 완전한 마음의 평화를 주거나 재정적 재난 가능
성을 피할 수 있을 만큼 충분하지는 않은 것이다.

　마지막으로 가장 가난한 계층은 수입의 80퍼센트 이상을 사회보
장연금에 의존한다. 나머지 수입의 상당액은 공적 보조나 자선에 의
한 보조로 제공된다. 이 계층에 있는 사람들은 퇴직연금이나 저축에
서 나오는 수입이 전혀 없으므로[2] 지원체계에 전적으로 의존한다.
더욱 나쁜 것은, 이들은 은퇴하기 전에 저임금 근로자였기에 이들보
다 벌이가 더 좋았던 근로자에 비해 사회보장연금 액수[3]가 적다는
것이다. 기술적으로는 12명의 노인 중 한 명만이 이러한 빈곤상태이
지만, 예산정책우선센터(Center on Budget and Policy Priorities)에 의
하면 사회보장연금이 없다면 그 수는 2명 중 1명이 된다[4]. 그러나
사회보장연금은 빈곤수준을 약간 넘는 정도의 금액만을 지원한다.
2011년 2인 가정의 공식적 빈곤 수준은[5] 14,710달러인데, 은퇴한
부부에게 지급하는 사회보장연금은 22,884달러였다.

　이 사람들이 얼마나 경제적으로 쪼들리는지에 대한 감을 가지기

위해서 내가 버클리의 60세 이후 건강센터에서 일할 당시에 만났던 매우 가난한 여성의 사례를 들고자 한다. 이 여성을 환자로 만났기에 그녀의 정체가 드러나지 않도록 신상에 대한 내용은 사실과 다르게 각색하겠다. 그 여성을 네티라고 하자. 1989년 샌프란시스코 베이에어리어를 강타한 로마 프리에타 지진 후, 네티는 이사를 가야 했고 따라서 거래은행도 바꾸게 되었다. 네티는 사회보장 사무실에 자신의 연금을 새로운 계좌로 입금해달라고 요청했다. 그러나 계좌변경이 이루어지지 않았다. 그 결과, 네티는 의도하지 않게 잔고 부족상태에서 수표를 사용하게 되었고 은행은 지불되지 않은 채 되돌아 온 수표들에 비용을 청구하였다. 네티는 이 비용을 지불하기 위해 사용할 수 있는 다른 수입이나 저축이 없었으므로, 다른 청구서들도 지불할 수가 없었다. 그 결과로 전기와 전화선이 끊겼으며, 납부기한을 넘겨서 발생하는 과태료까지 네티의 은행계좌로 청구되었다.

　설상가상으로 네티가 연금을 상실하게 될 것이라고 생각한 은행이나 공익기업의 조언자들은 네티에게 지불해야 할 청구서들을 자선단체의 기부자들이 지불하도록 그들에게 넘기라고 설득하였다. 네티는 상당히 똑똑한 여성이어서, 자신이 가진 약간의 돈을 어떻게 써야 할 것인지를 말하고 있는 자기 나이의 반도 채 안 된 사람이 자신의 자금을 집행하게 두는 것이 상당히 굴욕적이었다. 더구나 이를 따르기에는 그녀의 자존심이 너무 흔들렸다. 그리하여 이후 5년이나 걸려서 네티는 자신의 재정문제를 다 해결하고 제자리로 돌아올 수 있었다. 아무리 적은 액수일지라도 빈곤한 사람들의 수입을 감소시킬 수 있는 정책 변화에 대해 사람들이 이야기하는 것을 듣게 될 때마다 나는 네티를 생각하면서 미국의 가난한 노인이 얼마나 경제적으로 쪼들리는지를 상기하곤 한다.

그러나 흥미롭게도 정부의 보조프로그램들은 평생 동안 극심하게 빈곤했던 사람들에게는 이들이 과거에 알고 있었던 생활보다 더 나은 노년기 생활을 제공한다. 예를 들어 노인주거시설은 이들에게 과거 이웃에게서 받은 적이 없는 정도의 높은 수준의 안전과 안락함을 제공할 수 있다. 소득 수준이 매우 낮은 노인들은 지방자치 단체나 자선단체로부터 추가 보조를 받을 수도 있다. 뿐만 아니라, 극빈층을 위한 의료보장인 메디케이드(Medicaid)는 재가지원과 같이 노인 의료보험(Medicare)이 지원하지 않는 서비스도 지원한다.

항상 빈곤했었던 노인들에게 건강은 심각한 걱정거리이다. 이들은 여유 있는 미국인에 비해 노년기에 비용이 많이 드는 심각한 장애를[6] 가지게 될 가능성이 훨씬 더 높다. 관절염과 골다공증은 부유한 노년기 여성보다는 가난한 여성에서 더 많이 진단되는데, 이는 가난한 여성의 힘든 삶과 부실한 영양섭취 및 건강관리 부족을 반영한다. 저소득층에서 당뇨는 일찍 진단되거나 치료되는 경우가 더 적은데, 이는 나이 들어서 실명, 신체절단, 원활하지 않은 혈액순환의 문제를 초래하게 된다. 이와 유사하게 높은 콜레스테롤 수준과 고혈압의 방치는 생의 후기에 인지기능이 손상될 위험을 증가시킨다. 청각상실조차도 가난한 노인에서 더 심한데, 특히 지속적인 소음에 노출되는 직업을 가진 남성에서 그렇다. 결과적으로 가난한 사람은 노년기에도 계속 일함으로써 부족한 사회보장연금을 보충해야만 하고 또 본인도 계속 일하기를 원하지만 많은 경우 일할 수 있을 정도의 건강상태가 되지 못한다.

인종이 사회계층과 얽혀 있음을 인식하는 것이 중요하다. 아프리카계 미국 노인여성의 약 35%는 빈곤수준 이하이다. 아프리카계 미국인과 라틴계 가구의 1/3이상은 사회보장연금이 이들 수입의 전부이다. 아시아계 미국인의 빈곤 비율은 비교적 낮지만, 지역과 민족에 따라 차이가 있어서 예를 들어 인도네시아계와 사모아계 노인의 빈곤율은 매우 높다. 전반적으로 사회보장연금이 위험해지면 미국의 소수민족인은 특히 위험에 처하게 된다.

많은 사람이 사회보장연금에 크게 의존하고 있는 만큼, 이는 우리가 잃어서는 안 되는 안전망임이 분명하다. 좋은 소식은, 현재 연방정부가 직면하고 있는 많은 문제 중에서 사회보장연금을 안정화시키는 것은 우리가 할 수 있는 문제라는 것이다. 이를 위해서는 많은 조정이 필요한데, 정치인이 개혁의 전망을 들고 나와서 유권자를 불안하게 만들거나, 이 제도가 더 이상 유지될 수 없다고 경제학자가 주장할 때 정서적 동요없이 이 문제에 접근해야 한다. 사회보장연금이 파산할 개연성은 낮지만, 이것이 우리의 후손에게도 도움이 되도록 하기 위해서는 제도 개혁이 필요하다.

사회보장프로그램이 가치 있고 성공적이었으나, 이 제도는 의도하지 않게 인생기간이 연장된 이 시점에도 여전히 표준 은퇴연령을 과거와 같이 낮게 유지되도록 구속하는 근로문화를 조장하기도 하였다. 그러나 우리는 65세 이후에도 일할 수 있고 또 기꺼이 일하고자 하는 사람을 직장에 고용되도록 장려함으로써 사회보장프로그램에 가해지는 요구를 줄이거나 늦출 수 있다. 확실하게 짚고 넘어가자. 나는 특히 현재와 같이 많은 베이비부머가 특정 연령에 은퇴할 것으로 기대되고 있는 과도기에는 연금수령 연령을 일괄적으로 높이지 않기를 바란다. 신체적으로 힘든 노동을 했던 사람이나 너무 따분하여 은퇴까지 남은 날짜를 매일 세고 있는 사람을 보호해야 한다. 상해보험을 받을 자격이 될 정도로 건강이 나쁘지는 않지만 일을 계속 할 기력이 부족한 사람까지 생각해서 문제를 복잡하게 만들지는 말자. 대신, 더 인도적인 해결책은 일할 의지가 있고 능력이 있는 사람들을 노동 인구로 남아 있도록 장려하는 것이다.

사회보장 연금제도가 어느 정도는 이미 그렇게 하고 있긴 하지만 매우 제한된 방식으로 하고 있다. 현재 은퇴자가 사회보장 연금을 62세부터 받을 수 있지만 연금수령 시작을 늦추면 다달이 받는 연금 액수가 증가한다. 그러나 그 증가가 70세에는 줄어든다. 현재 이 제도는 계속 일을 하고 연금 수령시기를 늦추는 데에 대한 인센티브가 70세 이후에는 거의 없다.

가장 중요한 것은 일할 의욕을 꺾는 요소를 제거해야 하는 것이다. 현재 모든 근로자는 사회보장세를 내야 한다. 조지 슐츠(George Shultz) 전 국무장관과 경제학자인 존 쇼벤(John Shoven)은 이들의 저서 『문제점 고치기: 사회보장과 건강보험 개혁 가이드(Putting Our House in Order: A Guide to Social Security & Health Care Reform)』에서 일정 시간 이후에는, 아마도 근로기간이 40년이 넘어서면 이러한 세금을 더 이상 내지 않도록 해야 한다고 주장하였다. 이는 실소득의 증가를 가져오므로 근로기간의 연장에 대해 6.2퍼센트의 인센티브를 주는 것이 된다[7]. 추가로 고용주도 이러한 근로자를 위해 사회보장세를 내지 않으므로, 고용주에게도 나이 든 근로자를 계속 고용하는 것이 유리한 거래가 된다. (현재는 나이 든 근로자의 임금이 높으므로 고용주는 이들을 계속 고용하는 것을 꺼린다.)

채산성은 분명하다. 현재의 근로세대가 납부하는 사회보장세로 현재의 은퇴세대에게 연금을 주는 식의 부과방식에서는 근로자가 많을수록 제도가 더 탄탄해진다. 쇼벤과 슐츠는 나이 든 사람에게 더 오랜 기간 일하라고 장려하는 것이 젊은이들의 일자리를 가져간 다는 견해를 부정하였다. 이러한 논리를 **노동 총량**(lump of labor) **가설**이라고 하는데, 이는 노동의 양이 제한되어 있다는 생각이다. 이것은 정말 틀린 생각이다. 조나단 그루버(Jonathon Gruber), 케빈 밀리간(Kevin Milligan) 그리고 데이비드 와이즈(David Wise)는 전세계 여러 국가를 비교하였는데, 노인의 노동 참여는 젊은이의 실업과 부 적 상관관계[8]가 있었다. 슐츠와 쇼벤은 사람이 더 오래 일할수록 전체 경제는 더 성장한다고 주장하였다. 이들은 또, 현재의 20대가 자신의 부모가 일을 그만둔 나이에 은퇴한다면 연장된 생명 덕분에 은퇴 후 인생기간이 더 길어질 것이므로 약 2050년부터 사회보장연 금에 막중한 부담을 주게 될 것이라고 주장하였다. 그러나 이들이 노동시장에 몇 년 더 남아서 부모세대들과 비슷한 기간의 은퇴시기 를 보낸다면 2050년에 전체 근로시간은 9퍼센트가 증가하여 GDP 가 6~7퍼센트 증가하게 된다. 이는 사회보장연금과 같은 프로그램 에 돈이 더 들어온다는 것을 의미한다. 이들은 "경제를 파이로 생각 한다면, 파이가 크면 클수록 우리는 분명 더 재정지원혜택 지출 예 산을 할당하기 쉬워질 것이다."라고 기술하고 있다. 부연하면 파이 가 클수록 각자가 받을 조각이 더 커지는 것이다.

사회보장연금의 합리적인 해결책은 이것을 돌에 새겨진 규칙으로 생각하는 것에서 벗어나야 하는 것이다. 그보다는 이 제도를 더 유 연하게 만들어야 한다. 예를 들어 사회보장 연금 자격 연령이 1930

년부터 거의 변하지 않았는데, 이 오래된 법칙을 고수함으로써 발생하는 엄청난 재정적 문제를 고려한다면, 연금 수령 자격을 사람의 나이가 아니라 65세 때의 기대수명에 기초하여 정부가 자격 연령을 정기적으로 재논의할 것[9]을 쇼벤은 주장하고 있다. 이런 식으로 한다면 65세 이후의 기대수명이 길어짐에 따라, 퇴직연령도 늦어질 것이다. 퇴직연령을 년 단위가 아니라 개월 단위로 서서히 늦춤으로써 사람들이 자신의 퇴직시기와 미래 계획에 적응할 수 있는 시간을 더 줄 수 있을 것이다.

사회보장연금의 배분도 더 유연하게 만들 필요가 있다. 현재의 사회보장프로그램의 연금 배분 방식은 엄격하여, 근로자가 연금을 받기로 결정하면 연금액수는 남은 인생 기간 내내 고정된다. 현실은 연령이 증가하면서 안전망의 필요성이 더 증가한다. 나이가 들수록 지출비용이 증가하는데, 예를 들어 보험청구가 되지 않는 의료서비스를 받아야 하며, 마루를 닦거나 집 앞 눈 치우기와 같이 나이가 들면서 점점 더 하기 힘든 가사를 위해 가사도우미를 고용해야 할 필요성이 높아진다. 시간이 지남에 따라 사회보장연금혜택이 증가한다면, 시간제로 고용되어 있을 초기에는 수입을 보충하는 수준이지만 근로시간이 더 줄게 되면 지원을 더 많이 하고, 아주 나이가 많아지면 완전한 은퇴생활과, 필요에 따라서는 유료 생활시설의 비용을 전적으로 지원할 수 있는 것이다. 나이가 듦에 따라 지원을 늘리는 것이 간단하고 합리적인 것으로 들리지만 이를 위해서는 사회보장 철학의 근본적인 변화가 필요하다.

그러나 철학의 변화는 우리가 만드는 것이다. 사회보장연금이 먼 미래까지 건강하고 믿을 만한 제도로 존재할 수 있도록 우리는 이

제도를 강화시킬 수 있어야 하며 또 그렇게 해야만 한다. 이 제도는 미국에서 지금까지 제도화된 정부지원 공공 프로그램 중 가장 성공적인 것이라고 할 수 있다. 사회보장연금은 가장 빈곤한 우리의 이웃을 절망적인 삶에서 구원하며, 지원 없이는 경제적으로 안정된 노후생활을 할 수 없는 대부분의 미국 중산층 노인의 은퇴 후 수입의 중요한 부분이 된다. 사회보장연금의 미래에 대해 논의할 때 우리는 두 가지 사실을 인정해야 한다. 첫째, 사회보장연금은 대부분의 미국인이 필요로 하는 보장프로그램이라는 것이며, 둘째 사회보장연금은 결코 충분한 은퇴설계가 아니라는 것이다. 우리는 안전망으로서 사회보장연금에 의존하고 있지만 이것이 안락한 노년기에 필요한 모든 돈을 제공할 것이라고 생각해서는 안 된다. 그러나 많은 노인에게 몇 년간 더 일하도록 함으로써 변화하고 있는 인구 구조에 적응한다면, 사회보장연금 제도는 당분간 유지될 수 있을 뿐만 아니라 우리의 손자 때까지도 유지될 수 있을 것이다. 또 65세까지는 퇴직해야 한다는 사회적 기대를 없앨 수 있다면 재능 있는 사람은 훨씬 더 오랜 기간 직장에서 실제적으로 계속 기여할 수 있다. 국가차원에서도 능력 있는 노인 근로자가 제공할 수 있는 것을 잃어도 될 정도의 형편은 아닌 것이다.

사회보장연금 개혁의 역학 관계

최근에 뉴스를 약간이라도 보았다면, 사회보장연금의 현 상태와 미래에 대해 크게 대립되는 견해가 있음을 알 것이다. 이에 대한 논쟁이 매우 치열해서 양측이 말을 만드는 것 같은 인상을 받기 쉽다. 많은 사람이 사실의 동일한 측면에서 생각하는 것 같지 않다. 심리학자로서 나는 서로 다른 집단의 사람이 동일한 상황을 보고 전혀 다른 결론을 내리는 것을 보는 것이 매우 흥미롭다.

나는 사회보장 논쟁에서 서로 대립되는 입장에 있는 사람을 익히 잘 알며 또 존중한다. 이러한 불일치의 이유는 사람들이 어떤 문제에 답하고 어떤 문제를 무시할 것인지에 대해 서로 다르게 선택하기 때문이다. 또 다른 이유는 사람들이 과거에 대한 진술과 미래에 대한 진술을 섞기 때문이다. 그리고 이 제도에 대한 정치적 입장 스펙트럼의 양 극단에 있는 일부 사람들은 협의하지 못하고 각기 자기 주장만을 되풀이한다. 서로 상대방이 찬성하지 않을 것임을 충분하게 알고 있기에, 논쟁에 대해 잘 이해하여 보고자 한다.

우선 불일치하는 세 가지 핵심 주장을 생각해 보자.

1

"국가의 재정적 혼란은 국가가 노인에게 줄 수 있는 것보다 더 많은 것을 약속하기 때문이다."
대
"사회보장연금은 충분히 지금 동원이 가능하다."

이 논쟁의 맥락을 이해하는 것이 중요하다. 미국에서 국가재정에 관한 악몽같은 시나리오는 적자지출과 관련된다. 이를 여러 가지 방식으로 기술할 수 있겠지만 기본은 정부가 거둬들이는 것보다 더 많이 지출한다는 것이다. 신용카드 빚이 개인과 가정을 어려움에 처하게 하듯이, 우리는 이제야 비로소 국가의 적자 지출이 나라를 곤경에 빠뜨릴 것이라는 사실을 깨닫기 시작하였다. 빌린 돈만으로는 가정이 더 이상 유지될 수 없듯이 국가도 상당한 수준의 빌린 자금으로 운영된다면 경제적으로 발전할 수 없다. 미국인을 적자감축과 같이 추상적인 것에 흥분하게 만들기는 힘들지만 다행스럽게도 전 상공장관인 피터 피터슨(Peter Peterson)과 십년간 미국회계감사원을 이끌어 갔던 데이비드 워커(David Walker)와 같은 영향력 있는 지도자들 덕분에 적자감축의 중요성에 대한 인식이 점차 강화되고 있다. 일반 미국인이 이 문제에 주의하기 시작했고 선출된 공직자도 이러한 주장에 귀 기울이기 시작하였다. 이것이 정치 지도자와 정책입안자가 정부지출을 날카롭게 관찰하고 어디서 지출 절감을 할 수 있는지를 질문하는 이유이다. 사회보장연금과 노인의료보험은 연방예산의 40퍼센트 이상을 차지하므로 이 프로그램을 개혁의 눈으로 검토한다는 것은 놀라울 것이 없다.

사회보장연금이 국가 채무를 한 푼도 더 늘리지 않았다고 말하기도 한다. 사회보장연금은 고유의 재정체계를 가지고 있으며, 이 제도가 만들어진 후 거의 매년 퇴직자에게 지급된 연금보다 근로자가 사회보장기금에 낸 돈이 더 많았다. 여기에 **탐욕스러운 노인**이라는 개념은 들어올 여지가 없다. 근로자는 거래를 마지막까지 다 한 것이다. 실제로 이들은 잉여금을 만들어낸 것이다! 혹자는 사회보장 신용기금에 적립된다. 현재 잔고는 약 2.5조 달러가 된다. 따라서 사회보장은 충분한 기금이 있는 것이다. 이 기금이 얼마나 오래 지속될 수 있는지에 대한 예측은 차이가 있지만, 아무런 변화가 없는 한 이 기금은 2042년에서 2054년 사이에 고갈될 것이다. 그렇다면 왜 우리가 이 제도를 유지할 수 없다고 이야기하는 것인가?

사회보장 신용기금이 동전과 지폐로 가득 찬 거대한 금고가 아니라는 것은 놀랄 것이 없다. 기금에 들어간 자금은 미국재무부증권에 투자된다. 다시 말해, 우리는 신용기금의 돈을 우리에게 다시 빌려준 것이며 이를 다 사용한 것이다. 사실상, 우리는 우리 자신과 우리 정부가 후에 갚아줄 것으로 믿고 있는 외국으로부터 더 많은 돈을 빌렸다. 그리고 이 돈도 모두 썼다. 그러므로 우리가 신용기금에 가지고 있는 것은 차용증들인 것이다. 어떤 사람들은 신용기금이 고갈되고 있다는 말을 들으면 화를 낸다. 그들은 이러한 주장이 사실이 아니며 채무절감을 정당화하기 위해 말하는 것이라고 주장한다. 문제는 미국이 국가로서 많은 부채가 있다는 것이다.

2

"정부가 돈을 어디에선가 가져올 수 있다."

대

"우리는 한 푼도 없으며 모든 프로그램의 중단을 고려해야
한다."

우리 모두에게는 연방정부 예산에 관해 어느 정도 마술적인 생각을 하는 경향이 있다. 미국인 사이에 널리 만연된 한 가지 믿음은 정부가 무엇이든 기금 마련을 위해 돈을 마련할 수 있다는 것이다. 이러한 생각에 일정 부분 사실인 요소가 있긴 하지만 결국 국가도 유사한 한계를 가지고 있는 커다란 가정이다.

잠시, 엄마, 아빠 그리고 두 자녀로 구성된 전형적인 미국 가정을 생각해 보자. 부모는 열심히 일하고 자녀가 언젠가는 대학에 갈 것이라는 기대를 가지고 있다. 부모는 항아리 하나를 마련해서 '대학계좌'라고 이름 붙이고 자녀의 교육을 위해 열심히 저축을 시작한다. 쉬운 일은 아니지만 진전은 있다. 매년 1만 달러를 대학자금으로 따로 떼어놓는다. 5년 후에 이 자금은 5만 달러가 된다. 이들은 진정 훌륭한 저축인이다. 그러나 어느 여름, 자동차가 고장나서 자동차를 새로 살 수밖에 없게 된다. 이들은 자신이 할 수 있는 가장 유리한 거래를 협상하기 위해 자동차 판매상과 마주 앉아서 자금조달에 관해 논의한다. 이자가 꽤 높은 연 14퍼센트여서 부모는 자동차값을 지불하기 위해 대학자금 항아리에서 현금을 빌리기로 결정한다. 이들은 차용증까지 써서 항아리에 붙여놓는다. 그 다음 해, 이들은 유럽으로 여행을 간다. 여행비용을 20퍼센트의 이자를 내야 하는 신용카드로 결제하는 대신 다시 대학자금 항아리에서 빌린다. 얼마 지나지 않아서 자녀는 대학에 진학할 계획을 시작한다. 이 가정은 대학계좌 항아리에 얼마를 가지고 있을까? 차용증으로 5만 달러가 있는 것이다.

부모는 돈을 더 벌기 위해서 부업을 시작할 수 있다(세금 올리기). 자녀가 덜 비싼 대학에 가야한다고 결정할 수도 있다(연금액수 줄이기). 자녀가 선택하는 대학에 가도록 결정할 수도 있는데, 이 경우는 생활수준을 낮추게 될 것이다(미래의 연금액수 줄이기). 더 나아가 이들은 생활자금을 관리하기로 하고, 미래 계획을 달리 하게 될 것이다(제도 개혁하기). 다른 대안은 파산하는 것이다.

3

"퇴직을 위해 내가 저축할 것이니 정부는 여기에서 빠져라!"
대
"사회보장연금은 퇴직프로그램이며 정부가 내 물주다."

이 두 주장은 모두 결정적인 오해를 전제로 하고 있다. 사회보장연금은 사회보험 프로그램이지 퇴직 저축 프로그램이 아니다. 20세기에 상당기간 이 제도를 주재하였던 로버트 볼(Robert Ball)은 이 제도가 두 가지 사회적 목적을 달성하기 위해 고안된 것이라고 쓰고 있다. 첫째, 은퇴 후에도 노인이 절망적인 빈곤으로부터 안전할 수 있도록 보장한다. 둘째, 품위 있는 퇴직생활을 유지할 만큼 저축하지 못한 부모를 지원해야 하는 젊은 자녀의 짐을 덜어주려고 한다. 사회보장연금은 은퇴한 사람을 가난으로부터 보호하는 보험이다. 이것은 투자 프로그램이 아니며 아주 너그럽지도 않다. 여유로운 은퇴를 원하는 사람은 독립적으로 저축하고 투자해야만 한다.

만약 당신이 단호한 개인주의자라면, 사회보장세를 내는 것보다는 스스로 투자하기를 선호할 수도 있다. 이것을 민영화라고 한다. 시장에 따라 어떤 사람은 수익을 아주 잘 내지만 어떤 사람은 잘 하지 못할 것이다. 열심히 저축했던 수백만 명의 사람이 자신의 퇴직 저축이 감소하는 것을 보았던 2008년의 경기후퇴는 민영화 논쟁을 불러일으켰다.

민영화의 문제는 이것이 기존의 사회보장프로그램을 심각하게 손상할 수 있다는 것이다. 근로자의 월급에서 공제되는 금액이 현재는 은퇴자에게 지불되는 액수와 거의 비슷하다. 만약 근로자가 이 세금의 일부를 개인 투자 플랜으로 돌린다면 정부는 현재 연금지불 불능을 피하기 위해서 부족한 돈을 빌려야 할 것이다.

사회보장연금을 퇴직계획으로 생각하려고 해서는 안 된다. 사회보장연금은 퇴직플랜으로 계획된 것이 전혀 아니었다. 자신의 소득을 투자할 수 있는 다양한 플랜이 있으며, 미국인은 더 많이 저축해야 한다. 사회보장연금은 실질적인 방식으로 근로자로 하여금 개인 은퇴자금 투자를 할 수 있도록 안전망이 되어 준다.

현재의 혼란을 어떻게 고칠 수 있나?

좋은 소식이 있다. 아직까지는 원래 약속했듯이 현재 퇴직한 사람들에게 연금을 지급할 능력이 있다. 간혹 부족할 경우가 있긴 하지만 워싱턴에서 공화당과 민주당 의원들이 기존 퇴직자들의 연금 삭감에 대한 논의는 별로 하지 않고 있다. 현재의 연금수급자에게 약속했던 연금액을 줄여야만 한다면 퇴직자들이 개인적으로 그 차이를 보충할 방법은 거의 없으며 이는 우리의 정치체계에 심각한 타격이 될 것이다.

현재 7900만 명의 미국인은 인류역사상 가장 긴 은퇴 기간을 보내게 되었다. 사회보장연금제도가 도입된 시기와는 다른 새로운 시대에 맞게 노인과 장애가 있는 근로자에게 소득보장을 해 주도록 이제도를 어떻게 변화시켜야 할 것인가? 건강하고 유능한 사람에게 수십 년간 은퇴생활을 하라고 권유해야 하는가? 경제적으로 효과적이면서 또 미국의 여러 사회경제적 위치에 걸쳐 많은 사람에게 공정한 변화를 찾아내는 것이 관건이다.

법 제정자들이 사회보장연금 개혁을 고려할 때 많은 미국인이 깊은 분노를 표현하는 것은 납득할 만하다. 나는 엘리트 법 제정자들이 신탁자금을 훔쳐가서 그 돈을 낭비하고는 원래 흑자였던 프로그램을 이제는 삭감함으로써 수지 균형을 맞추려고 한다는 극좌파의 관점에 공감할 수 있다. 마찬가지로 나는 신중하지 못한 정부 지출을 혐오하여 정부 자체를 줄이려는 보수적인 우파에도 공감할 수 있다. 그러나 내가 가장 공감하는 사람은 먼 미래를 위해 이 제도의 기초를 강화하려고 최선을 다 하고 있는 노화 상원위원회 의장인 데브라 휘트먼(Debra Whitman)과 그녀의 동료들처럼 진지하고 헌신적인 사람들이다.

심프슨바울스 부채 위원회(Simpson-Bowles Debt Commission)는 매우 훌륭한 생각이다. 다양한 정치적 이념을 가진 경험이 많은 정책 입안자를 모아서 이들에게 사회보장연금의 부채를 줄이기 위한 전반적인 플랜으로서 어떤 개혁이 필요한지 생각해 보도록 하였다. 이들이 추천한 한 가지는 2050년까지 연금 수혜 연령을 1년 늦추자는 것이다. 이것은 지금부터 40년 후에는 근로자들이 67세가 아닌 68세에 연금을 수혜할 수 있을 것임을 시사한다. 적절하게 보이지 않는가? 국가를 위해서는 2050년까지 퇴직 연령이 68세를 훌쩍 넘어서기를 바라야 한다! 그러나 조롱하는 목소리가 나라 전체에서 들려왔다. 프랑스가 퇴직 연령을 60세에서 62세로 올렸을 때에는 사람들이 거리에서 폭동을 일으켰다.

강경책 대신 회유책으로 가자

이 교착상태를 어떻게 넘어갈 것인가? 아이러니하게도 나는 사회보장개혁에 관한 논의를 적자감축에 관한 논의와 연결하는 것은 합의를 얻는 데 옳지 않은 길이라고 생각한다. 이 정치적 논쟁은 어쩔 수 없이 삭감이라는 틀에서 이루어질 수밖에 없는데 인간 본성은 상실에 민감하다. 심리학자들은 이 속성을 **상실 혐오**(loss aversion)라고 한다. 100달러 상실은 100달러를 버는 것보다 더 크게 지각된다.

개혁에 관한 대화를 적자감축에서 시작하지 말고, 65세 이후의 기대수명이 이 제도가 만들어졌던 당시에 비해 50퍼센트 증가한 금세기에 이 사회보장을 어떻게 사용하는 것이 최선인가에 대한 논의로 시작하는 것이 훨씬 더 생산적일 것이다. 심프슨바울스 부채 위원회 보고서도 같은 내용을 추천하였다. 신문에서 이에 대해 읽지 않았는가? 나도 읽지는 않았다. 경제자문위원에 심리학자도 넣는다면 나라가 훨씬 더 잘 돌아갈 것이다.

부는 노동에서 온다. 일반적으로 더 많은 사람이 일할수록, 나라 전체가 더 부유해진다. 한 시점에서 일자리 수는 한정되어 있다. 우리가 은퇴를 하면 더 젊은 근로자를 위한 일자리가 생겨난다. 이러한 관계는 아주 제한된 상황에서는 사실이지만 나라 전체로 보면 사실이 아니다. 근로는 수입을 산출하고, 수입은 소비를 만들고 이는 더 많은 일자리를 만든다. 1960년대와 1970년대를 살아온 사람들에게 있어서 나이 든 사람이 젊은이의 일자리를 앗아간다는 우려는 여성이 남성의 일자리를 앗아간다는 주장을 생각나게 만든다. 그러나 실상은 여성이 노동인구에 유입되면서 경제가 더 성장하였다. 이 외에도 돈이 필요해서 여성이 일했던 것과 같이, 미래에 나이 든 사람은 돈이 필요해서 더 오래 일할 것이다. 그리고 노인도 다른 사람들과 똑같이, 일할 권리가 있다.

사회보장연금이 초래하는 부정적인 영향의 한 가지는 은퇴문화를 바꾼다는 것이다. 1935년 사회보장제도가 실행되기 전까지는 은퇴가 개인적 선택이었다(고용주에 의한 선택이든 근로자의 선택이든). 그 임의성에도 불구하고, 1935년에는 65세가 특별한 의미를 가지게 되었다. 은퇴연령이 된 것이다. 많은 기관은 은퇴를 65세로 의무화하였다. 현재는 고용상의 연령 차별을 불법화하고 있는데도 불구하고, 또 현재 65세의 평균 기대수명이 18년인데도 불구하고, 문화는 여전히 과거 그대로이다. 사실 더 나빠졌다. 보통 미국인은 매달 받는 연금 액수가 줄어들더라도 연금을 조기에 62세부터 수령하는 것을 선택한다. 그 결과, 우리 경제는 자신의 일을 즐기고 또 나라의 부에 계속 기여할 수 있는 수백만 명의 숙련된 기술자와 전문가를 잃고 있는 것이다. 비자발적 은퇴는 실직으로 가는 과도기가 되었는데, 이는 개인에게나 국가에게 모두 좋지 않은 것이다.

가장 나쁜 것은, 우리가 적자 감축에만 신경 쓰다 보니 가능한 개혁에 대해서는 창의적이지 못하였다는 것이다. 우리의 목표는 근로자가 극빈에서 벗어나도록 하면서 동시에 국가 총생산은 최대화하는 것이 되어야 한다. 현재는 법과 문화가 노인의 근로를 권장하지 않고 있다. 연금 혜택을 임의적으로 변화시키려고 하기보다는 모든 사람의 생산을 권장하는 방법에 대해 재고해 봐야 한다. 은퇴해야 할 필요가 있는 사람을 보호하기 위해 은퇴연령은 그대로 두어도 될 것이지만, 이와 동시에 일하는 것에 대한 법적·문화적 장애를 제거해야 한다. 법적인 측면에서는 나이가 듦에 따라 월 연금 수령액을 늘려서 돈이 가장 많이 필요할 때 더 많이 받을 수 있도록 하고, 일할 수 있을 때는 일하도록 하는 것이 더 합리적일 것이다. 존 쇼벤과 조지 슐츠가 제안했듯이 사람들이 은퇴 단계에 가까워짐에 따라 점차 세금을 면제해 주는 것을 고려해야 할 것이다. 노동자의 입장에서는, 근로자의 바람에 알맞는 시간제 일을 권장하고, 노인 근로자들을 멘토링과 문제해결 역할에 활용하고, 재택근무도 허용해야 한다. 주간 근로시간은 적지만 근로 햇수를 늘림으로써 근로자들은 자신에게 맞는 페이스를 지킬 수 있을 것이다. 대부분의 선진국과 같이 유급휴가를 제도화할 수도 있을 것이다. 사회보장연금의 일부 금액을 퇴직 이전에도 사용할 수 있도록 허가하여, 근로자가 안식년을 원하거나 학교로 돌아가서 더 교육 받기를 원할 때 받을 수 있도록 한다면 근로자가 더 높은 수준의 기술과 새로운 기술을 갖추고 더 오랜 시간 일할 수 있을 것이다. 퇴직 후에 직장에 돌아오면 인센티브를 줄 수도 있을 것이다. 약간의 수당을 줌으로써 우리는 공공의 이익에 기여하는 작업에 자발적으로 참여하도록 권장할 수도 있을 것이다. 이와 같이 생산적인 일을 권장하여 개인에게 이득이 되도록 하는 방법은 매우 많다.

반면, 프로그램을 변화시키더라도 프로그램이 40년 이후에는 일할 수 없거나 은퇴하고 싶은 사람의 퇴직을 막아서는 안 된다. 많은 미국인이 이전 세대에 비해 2년, 3년 또는 10년이나 더 즐겁게 일할 수 있게 되었지만 일부의 다른 사람에게는 더 일하는 것이 수용하기 힘든 짐이 된다는 것을 알아야 한다. 1장에서 기술했듯이, 최근 수십 년 동안 기대수명이 증가하였지만 미국사회의 일부 지역에서는 기대수명이 감소하였다. 앞에서 지적했듯이, 은퇴연령을 2050년까지 1년을 올리자는 심프슨바울스 위원회의 제안이 화제가 되었다. 그러나 위원회는 일할 수 없는 사람을 위한 조기은퇴와 극빈자의 연금혜택을 늘리는 것도 제안하였다. 이러한 제안들은 화제가 되지 않았다.

지난 세기에 증가된 기대수명의 대부분은 인생의 마지막 부분에 더해진 것이다. 늘어난 수명을 은퇴기간에 넣었다. 은퇴기간에 늘어난 수명을 넣은 것이 최선인지 신중하게 생각해 봐야 할 것이다. 사회보장연금을 더 유연하게 바꿈으로써 21세기의 직장 생활을 변화시키고 동시에 우리의 미래 재정상태를 향상시킬 수 있을 것이다.

노인의료보험에서는 무엇을 바꾸어야 하는가?

사회보장연금을 보완하는 것이 노인의료보험인데, 이는 나이가 듦에 따라 의학적 관리가 점차 더 필요하게 됨을 암묵적으로 인정하여, 연방정부가 65세 이후부터 미국인에게 건강보험을 제공하는 제도이다. 노인의료보험은 퇴직하여 최소의 수입만을 가지고 있으며, 의료비 증가가 사회보장연금만으로 충당될 수 없을 정도로 급증하고 있으며, 위험부담이 너무 높다는 이유로 보험회사들이 보험가입을 거부하여 개인 의료보험을 들 수 없는 노인의 곤경을 해결하기 위해 만들어진 제도이다.

솔직히 말해, 당신이 보험회사라면 당신도 나이 든 사람을 보장하기가 꺼려질 것이다. 평균적으로 65세 이상 된 사람의 의료비는 젊은 사람들의 3, 4배가 된다. 질병 통제 및 예방센터는 2007년도 「미국의 노령화 및 건강 상태 보고서」에서 적어도 80퍼센트의 노인들은 당뇨, 관절염, 심장질환 또는 암과 같은 만성질환을 가지고 있으며, 이들의 50퍼센트는 한 가지 이상의 만성질환을 가지고 있다고 결론 내렸다. 2004년의 보고서에서는 평균적인 75세 노인이 다섯 가지 처방약을 복용하고 있다고 평가하였다. 20세기의 과학기술 진보는 수명을 연장하였지만, 죽음 과정을 연장시켰으며, 그 비용도 증가시켰다. 100년 전에는 죽음 이전의 병약한 기간이 약 2주였으며, 주로 집에서 사망하였다. 이에 반해 오늘날은 죽음에 이르는 기간이 약 2년이며 병원에서 사망한다.

1940년에 해리 트루먼(Harry S. Truman)은 국가건강보험을 옹호한 첫 번째 미국 대통령이 되었다. 트루먼은 모든 연령의 사람에 대한 국가건강보험을 지지하였다. 오늘날 진행되고 있는 건강보험 개혁을 둘러싼 논쟁을 예고하듯이, 그 생각은 시대를 앞선 것이었고, 사회화된 의료보장제도라고 비난받았다. 트루먼은 건강보험을 위한 투쟁에서 손을 뗐지만, 노인 인구의 증가로 사적 보험을 대신할 제도에 대한 요구가 팽배하게 되어 1965년 린든 존슨(Lindon B. Johnson) 대통령은 노인의료보험 법안(Medicare Bill)에 서명하였다. (서명식에서 트루먼이 그 옆에 있었는데, 존슨 대통령은 트루먼에게 미국의 첫 노인의료보험 카드를 수여하였다.) 노인의료보험은 급여세로 기금을 마련하는데, 고용주는 각 근로자의 급여에서 1.45%를 제하고 이와 동일한 액수를 맞추어 내야 한다. 존슨 대통령은 이 법안에 서명하면서 "이 새로운 법으로 모든 시민은 수입이 있는 생산적인 시기에 노환으로 인한 재난에(10) 대비할 수 있을 것이다."라고 약속하였다.

건강보험을 재정지원혜택으로 생각하지 않은 사회로서는 노인의 료보험은 진정 놀라운 혁신이다. 노인의료보험이 법제화된 후, 적어 도 10년 동안 세금을 냈던 미국시민은 누구나 65세가 되면 자동적 으로 좋은 건강보험을 가지게 되었다.

65세 이상만이 아니라 모든 미국인이 건강보험을 받을 수 있도록 보장하기 위한 구체적인 첫걸음은 55년이나 지나서 시작되었다. 2010년 3월 버락 오바마(Barack Obama) 대통령은 환자보호 및 부담 적정 보험법(Patient Protection and Affordable Health Care Act)에 서 명하였다. 건강보험개혁을 둘러싼 정치적 논쟁은 노인의료보험법 제 정을 둘러쌌던 논쟁을 상기시킨다. 이 법이 오늘날의 사회보장연금 과 노인건강보험법과 같이 미국적인 것으로 수용될 것인지 여부는 지켜봐야 한다.

노인의료보험의 A, B, C, (D) ••

사회보장보험과 같이 노인의료보험은 전통적인 보험증권이나 투 자가 아니라 공적 프로그램이다. 그것도 젊은 근로자가 급여에 대 해 세금을 냄으로써 현재의 노인 은퇴자의 수혜금을 제공하는 부과 방식이다. 결과적으로, 모든 미국 근로자는 은퇴했을 때 남은 일생 동안 의료비용의 많은 부분을 보장해주는 건강보험증권을 받게 된 다. 수혜금은 과거의 세금납부액에 상관없이 모두 동일하다. 이러한 보험증권이 시판된다면 그것은 수십만 달러의 가치가 있는 보험일 것이다.

노인의료보험은 네 개의 파트로 구분된다. 파트 A는 급여에 대한 세금으로 자금이 조달되며 입원비, 숙련된 간호와 호스피스 간병, 그리고 매우 제한된 재가 간호 비용을 지급한다.

의료보험의 두 번째 부분인 파트 B는 자발적인 것이다(추가 비용을 완곡하게 표현한 것이다). 이는 의사의 방문과 외래환자 진료 비용, 검사비, 의약용품과 파트 A에서 제공하는 것 이상의 상당히 제한된 재가 간호 비용을 지급한다. 사회보장연금의 일부 공제를 선택함으로써 이를 파트 B의 기금으로 사용하는 것이다. 2007년까지 모든 파트 B 수혜자는 이들의 소득과는 무관하게 모두 동일한 액수의 보험료를 매월 지불했다. 현재는 소득이 비교적 높은 소수의 수혜자들은 약간 더 많은 보험료를 지불하고 있다.

노인의료보험에 가장 최근에 추가된 것은 파트 C와 D이다. 파트 C는 흔히 '의료보험+선택' 또는 '유리한 의료보험'이라고 하는데 의료관리 계획을 포함시키기 위해 1997년에 추가된 것이다. 파트 C에서는 선택된 네트워크의 의사와 병원에서 진료받는 것에 환자가 동의해야 하지만, 대신 전통적으로 의료보험에 포함되지 않는 수혜, 예를 들어 치아, 발, 시력에 대한 관리를 받을 수 있다. 대략 의료보험수혜자 5명 중 한 명은 파트 C를 선택하고 있다. 이를 선택하지 않는 사람들은 대부분 의사와 병원을 스스로 선택하는 것을 선호한다.

의료보험 파트 D는 2006년에 추가된 것인데, 이 프로그램이 만들어진 이후로 보장되는 치료의 범위와 비용이 가장 크게 확장된 것이다. 파트 D에서는 집에서 복용하는 처방약 비용도 보장한다(병원이나 의사의 진료실에서 복용하는 약은 원래부터 보장되는 것이다). 현재 65세 이상 된 미국인의 인구가 13퍼센트에 불과하지만 미국에서 처방되고 있는 약의 30퍼센트는 65세 이상 된 사람에게 처방된 것임을 고려하면, 이는 노인의료보험이 보장하는 범위가 크게 확대된 것이다. 파트 D는 B와 같이 그 기금의 일부분은 수혜자의 보험료로, 나머지는 세금으로 마련된다. 처방약 법률(Prescription Drug Act)로 인해 이 프로그램을 운영하는 특정 보험회사들이 급증하게 되었다. 어떤 지역의 수혜자는 선택할 수 있는 처방약 보험플랜이 20가

지가 넘기도 하는데, 각 플랜은 보장하는 약물과 보험료가 각각 다
르다.

불행히도 노인의료보험은 현재 사회보장연금보다 더 심각한 위험
에(11) 처해 있다. 법령에 명시된 비용절감방식이 장차 어떻게 실현
될지 두고 보아야 하지만 미국인이 이에 대해 민감한 것은 사실이
다. 2011년 갤럽조사에 의하면 대다수의 미국인은 사회보장연금과
노인의료보험 비용이 국가 위기를 초래할 것으로 믿고 있는데, 67퍼
센트는 이미 위기라고 생각하거나 또는 10년 내에 위기가 올 것으
로 믿고 있다. 현재 노인의료보험은 65세 이상이거나 또는 장애가
있는 사람의 의료비를 지원하고 있는데, 이는 미국인 7명 중 한 명
에 해당하며(12) 그 수는 2008년에 수혜자가 되기 시작하는 베이비
부머의 은퇴로 인해 급증하게 될 것이다. 2030년까지 노인의료보험
에 등록되는 사람은 두 배가 되어서 7천 9백만 명에 이를 것이므로
비용이 극적으로 증가할 것이다. 그러나 경제학자는 가장 큰 문제가
단순히 수혜를 곧 받게 될 베이비부머 세대의 수가 많은 것이나 이
전에는 보장하지 않았던 것을 보장해야 하는 것이 아니라고 주장한
다. 그 동안 간과되었던 심각한 문제는 연구 개발되고 있는 새로운
치료를 상당히 오랜 기간 장수하고 있는 사람에게 지속적으로 제공
하는 데 드는 엄청난 비용이다.

의료서비스에 접근하는 방식이 변화되어야만 한다. 연금수령 스
케줄을 약간 변화시키고, 장기 근로자에 대한 인센티브를 제공함으
로써 사람들이 사회보장 의무에 대해 만족하게 할 수 있으나, 노인
의료보험 기금 문제에 대한 해결책은 우리의 의료서비스 시스템의

근본적인 문제를 언급하지 않고는 이해 불가능하다. 세금이나 수혜 규칙을 수정하는 것으로는 문제를 해결할 수 없으며, 사람들에게 은퇴를 연기하라고 요구하듯이 의료보험 수령을 연기하라고 요구할 수는 없는 것이다. 불행하게도 미국의 의료서비스 재정은 점차 복잡하고 비효율적으로 뒤범벅이 되고 있는데, 노인을 위한 의료보험, 극빈자를 위한 의료보험, 대기업에 근무하는 사람들을 위한 고용주가 제공하는 건강보험이 있지만 여전히 천만 가구는 어떤 의료보험도 없다. 보험제공자, 환자, 의료서비스 산업 또는 의료서비스의 비용을 줄이기 위해 새로운 의학기술을 개발하는 회사에 부여하는 인센티브는 거의 없다. 문제를 해결하기 위해서는 미국 전체 의료서비스 체계의 자금 확보 방식에 대해 비판적으로 보아야만 한다.

미국은 다른 어떤 산업화된 나라보다 더 많은 자원을 의료서비스에 쓰고 있는데, 다른 나라에 비해 1/4은 더 많이 쓰며, 우리가 흔히 비교하는 서유럽국가에 비해서도 90퍼센트 가까이[13] 더 쓴다. 미국인이 다른 나라 사람에 비해 건강하다면, 이러한 추가 비용이 가치가 있다고 결론내릴 수 있을 것이다. 그러나 우리가 더 건강하지는 않다. 우리가 더 오래 살고, 영아 사망률이 더 낮다면 가치 있을 것이다. 그러나 그렇지 않다. 모든 국민에 대해 동일한 의료서비스를 제공하고 있는 서유럽에서는 미국에 비해 기대수명이 더 길고 영아 사망률도 더 낮다. 더 분명하게 기술해 보자. 미국 의료서비스의 질은 일반적으로 뛰어나다. 미국은 최고 수준의 의료진을 자랑하며 암과 같은 특정 질병 치료는 세계를 리드하고 있다. 문제는 의료서비스를 전체 국민에게 전달하는 방식이 불공평하다는 데에 있다.

노인의료보험은 미국의 의료서비스 제도 내에서 운영되므로 전체

제도에 관한 몇 가지 일반적인 점을 언급할 필요가 있다. 우리의 제
도는 표면적으로는 의료서비스 제공자와 보험업자가 고객을 위해
경쟁하는 자유시장 체제로 작동하지만 몇 가지 요인이 시장이 작동
하도록 하는 힘을 약화시키고 있다. 노인의료보험의 내부와 외부에
모두 의료보험 유지비용을 상승시키는 몇 가지 요인이 있다. 예를
들어, 의사와 병원은 진료한 환자 수와 행한 진료방식에 따라 진료
수당을 받는데, 이로 인해 의사들은 비용에 대한 고려없이 치료 절
차를 제공하게 된다. 병원에 갔었다면 당신도 이를 알 것이다. 간호
사, 보조사, 의사가 입원실을 들락날락하면서 당신에게 이런 저런
검사를 하라고 제안한다. 또 이들은 다양한 약을 처방하거나, 엑스
레이 검사와 다른 종류의 촬영 검사를 하고, 하루 더 입원시킬 것인
지 말지를 결정한다. 과연 이러한 일들이 이에 드는 비용만큼의 가
치가 있는지에 대해서는 아무도 말해 주지 않는다. 의학 처치의 30
~40퍼센트는 효과가 없거나 중복된 것이다. 매년 약 3만 명의 노인
의료보험 환자가(14) 불필요하거나 입증되지 않은 치료로 사망한다.
의회예산국장과 행정관리예산국장을 역임했던 피터 오르작(Peter
Orszag)은 효과가 없거나 중복된 치료절차로 국가가 매년 7천억 달
러를(15) 지불하고 있다고 주장한다.

　투명성이 부족하고 비용의 상당 부분을 보험 제공업체가 지불하
기 때문에, 자신이 받은 의료서비스가 실제로 어느 정도의 비용이
드는지 아는 환자가 거의 없다. 보험가입 환자들은 의료비청구서의
큰 숫자를 볼 수 있을 것이지만 곧 자신들이 지불해야만 하는 액수
가 적힌 청구서의 맨 아랫줄로 눈을 돌리는데, 그 액수는 전체 비용
에 비하면 대개 작은 부분이다. 보험업자와 의료서비스 제공자 간의

협상과 합의에 의해 마술과 같은 할인이 이루어진 것에 진정 감사할 노릇이다. 내가 지난번에 받았던 의료비 청구서는 의료서비스 제공자가 청구한 비용과 보험회사가 의료서비스 제공자와 협상한 새로운 비용을 보여주고 있으며, 맨 아래쪽에는 처음 비용의 일부분이 제시되어 있는데, 이것이 내가 지불해야 하는 비용이었다. 청구서의 맨 위에 적힌 비용에 비해 나는 아주 적은 돈을 내는 것이므로 많은 돈을 받은 것 같이 느꼈다. 그러나 사실은 우리가 받은 진료의 진정한 비용을 알기가 힘들다. 대부분의 미국인과 같이, 당신의 고용주가 당신의 의료보험 비용을 대부분 지불한다면 당신은 이 보이지 않는 비용을 낮은 임금의 형태로 지불하고 있는 것이다. 그뿐만 아니라 비싼 건강보험 비용의 짐을 지고 있는 고용주들은 자신이 제조하는 물품의 가격을 인상하여 비싼 건강보험 비용을 물품가격에 떠넘김으로써, 국내 시장에서 제품 가격이 더 인상되도록 하며, 세계 시장에서 경쟁력이 떨어지게 만드는 것이다.

여러분이 상상하듯이, 의료서비스 제공자와 보험회사 간에는 이면의 속임수가 많이 있는데 이것 또한 비용이 든다. 의료보험 비용의 약 20퍼센트는 이러한 복잡한 비용 지불 제도와 관련된 행정비용에 기인하는 것이다. 의료서비스 제공자에게 비용이 지불되기 전에, 누가 무엇을 지불하는지에 대한 인정, 부정 그리고 협상의 절차가 두세 번은 돌아가므로, 이 제도는 대단한 양의 서류작업을 요한다. 표시된 비용이 전부 청구되는 사람은 보험에 가입되지 않은 사람이다. 물론 보험에 가입되지 않은 사람은 진료 쇼핑을 거의 하지 않는다. 이들은 위기가 발생했을 때 병원의 응급실에서 치료를 받거나 아니면 전혀 치료를 받지 않는다.

더 나쁜 것은 미국의 의료보험은 전 세계 어떤 곳보다 비쌀 뿐만 아니라 그 비용이 더 빠르게 인상되고 있다는 것이다. 많은 경제학자는 고가의 새로운 기술, 의료절차와 약이 의료보험 비용이 증가하는 주된 이유라는 데에 널리 동의하고 있다. 2005년, 당시 랜드그룹의 건강경제학 감독이었던 다나 골드먼(Dana Goldman)과 그의 몇몇 동료는 앞으로 30년 내에[16] 혁신적인 의학적 치료, 예를 들어 뇌졸중 위험을 50퍼센트 감소시킬 수 있는 차세대 심박조율기나 암환자의 50퍼센트가 치료될 수 있는 텔로머레이스* 억제제 등이 의료시장에 들어올 수 있을 것을 예측하는 논문을 발표하였다. 그러나 이러한 고급 기술은 많은 비용이 들며, 이러한 기술을 적용하는 것은 치료비용을 크게 증가시킨다. 예를 들어 골드먼이 기술한 심박조율기의 가격은 3만 달러 정도가 될 것이다. 텔로머레이스 억제제는 환자가 남은 생애 내내 지속적으로 복용해야 하는데, 한 달에 177달러가 들 것이다. 이 두 사례는 건강을 증진시키면서 비용도 낮추는 묘책의 전망에 대해 왜 경제학자가 그렇게 냉정한지를 보여주는 사소한 두 가지 예에 불과하다. 기술혁신을 멈추고 싶지는 않지만, 의료보험이 개발된 기술을 수용할 비용이 없다면 보건의료 재정시스템은 무너질 것이다. 이는 정말 끔찍한 혼란이다.

노인의료보험이 커다란 의료서비스의 늪에 빠져있으며 하루에 만 명의 베이비부머가 노인의료보험제도에 유입되고 있는 상황에서 과

---

* 역주: 세포의 노화를 억제하는 효소로, 염색체 양쪽 끝에 붙어서 세포를 보호하는 기능을 한다. 정상적인 세포에서는 이 효소가 활성되어 있지 않아서 세포가 분열할 때마다 염색체 끝의 텔로미어의 길이가 조금씩 소실되어 세포가 죽게 된다. 그러나 암세포에서는 이 효소가 활성되어서 텔로미어가 줄지 않으므로 암세포가 죽지 않는다.

연 어떻게 이 제도를 그대로 유지할 수 있겠는가? 새로운 의학기술
이 우리의 생명을 연장하지만 그 비용이 확대되고 있는 이 시기에
우리는 어떻게 허리띠를 졸라맬 수 있을 것인가? 질병에 대한 예방
은 질병을 차단하거나 적어도 늦출 수 있으며, 질병의 심각도와 필
요한 케어의 양을 감소시킬 것이므로, 보다 나은 예방보건조치가 노
인의료보험의 문제에 대한 해결책이 될 수 있지 않을까 생각할 수
있다. 그러나 놀랍게도 예방이 가치 있는 노력이지만 비용 절감에
특별하게 좋은 방법은 아니다.

 이는 놀라운 사실이지만, 잠시 생각해 보면 납득이 간다. 첫째,
결장 검사와 같은 예방 노력이 건강을 향상시키고 돈을 절약할 수
있지만 대부분의 예방 노력은 그렇지 않다. 터프스-뉴잉글랜드 의료
센터(Tufts-New England Medical Center)의 교수인 죠슈아 코헨
(Joshua Cohen)과 그 동료 연구진은 건강향상과 비용절감의 두 가지
목적을 달성한 예방보건조치는 20퍼센트가 채 안 된다고[17] 결론
내렸다. 예를 들어 65세 이상의 모든 노인에게 당뇨검사를 하는 것
은 당뇨 환자를 치료하는 것보다 훨씬 비용이 더 많이 든다고 한다.
75세 이상 남성의 전립선암 검사와 같이 일부 예방조치는 불필요한
치료를 하게 만드므로 예방조치의 효과는 더 떨어진다. 둘째, 예방
조치가 효과가 있다 하더라도 사람들은 더 오래 살게 되고 따라서
더 오랜 기간 더 나은 의료서비스를 받게 되는 것이다. 마지막으로,
대부분의 의료서비스 비용은 심각한 질병으로 인해 고통 속에서 보
내게 되는 마지막 2년간에 사용된다. 좋은 예방적 치료 덕분에 그
순간을 연기할 수는 있겠지만 장수한 사람에게도 죽음은 궁극적으
로 오는 것이며, 이들에게도 똑같이 죽음에 이르는 비용이 든다. 예

방의 이러한 모순점을 생각하면서 나는 다나 골드먼에게 "의료보험
제도가 경비를 절약할 수 있는 유일한 방법이 사람이 죽는 것이라고
말하는 것인가요?"라고 질문하였다. 그는 고개를 끄덕였지만 곧 "저
는 예방을 해서는 안 된다고 말하는 것이 아닙니다. 예방은 좋은 것
이지요. 그렇지만 예방에도 돈이 든다는 것을 알아야 한다는 것입니
다."라고 덧붙였다.

예방적 치료가 양날의 칼이므로, 이것만이 노인의료보험의 문제
를 감소시키는 유일한 방법이 될 수는 없다. 노인의료보험을 유지하
는 열쇠는 치료비용을 낮추고 의료보험자금을 치료에 현명하게 사
용하는 것이다. 현재 노인의료보험은 효력 있는 의료절차라면 어떤
것이든, 설사 그것이 다른 절차에 비해 훨씬 더 비싸더라도 보장해
준다. 예를 들어 척추융합수술은 흔히 하부요통에 대한 처치로 사용
된다. 이 처치는 비싸고, 고통스럽고, 일부의 경우에만 고통을 경감
시키는 데 효과적이다. 최근 이 방법은 이완운동과 같이 고통을 완
화시키는 책략을 가르치는 운동이나 인지치료와 같은 비침습성 절
차보다 예후가 더 좋지는 않은 것임을 보여 주는[18] 증거가 나타났
다. 그러나 지불해야 하는 노인의료비용 관점에서 보면 이것은 훨씬
덜 비싼 절차에 대한 합법적인 다른 대안일 뿐인 것이다.

역사적으로, 비용 효율성은 의료보험 보장에 관한 결정에서 중요
한 역할을 한 적이 없었다. 실제로 가격 협상에 대한 정부 측의 실
적은 형편없다. 이에 대해 회의적이라면 의료보험제도가 생긴 이래
보장범위가 가장 크게 확대되었던 2004년에(의료보험 파트 D인 처
방약 보장에 관한 것) 정부는 보험업자가 고객에게 공급하는 약의
가격 협상을 금지하는 진정 놀라운 조항을 수용했다는 점을 생각해

보라.

스탠포드대학의 나의 이전 동료였으며 현재는 하버드 대학장인 알랜 가버(Alan Garber)는 노인의료보험이 무엇을 보장해 주어야 하는지를 정부에 자문해 주는 노인의료보험 및 저소득층 의료보험 센터의 보장 자문위원회의를 주재하였다. 내과의사로서, 경제학자로서, 정부의 자문위원으로서, 가버는 대부분의 우리가 가지고 있지 않는 관점에서 문제를 보았다. 가버는 우리가 이제는 더 이상 의료보험이 무료이어야 한다는 생각을 버려야 하며 힘든 선택을 하기 위한 정당한 방법을 찾아야 한다고 주장한다. 노인의료보험이 더 이상 노인이라면 누구나 또 모든 의료절차를, 특히 그 치료적 가치에 대한 증거가 매우 적거나 없는 절차까지 보장할 수는 없다. 가버는 치료절차의 효과에(19) 대한 증거뿐만 아니라 비용 효율성까지도 고려해야 할 시기가 되었다고 주장한다.

식품의약품국은 사람들에게 위험을 초래할 수 있는 약품을 감시하지만 새로운 약품과 기술의 비용 효율성이 분명한지를 감시하는 곳은 아무 데도 없다. 어떤 의학적 절차라도 이를 필요로 하는 환자가 있는 한은 보장해야 한다고 주장하는 사람도 있지만, 그렇게 할 경우도 절충이 필요함을 이해해야 한다. 만약 그런 식의 보장을 선택한다면 의료서비스 비용을 충당하기 위해 세금을 극적으로 증가시킬 필요가 있다. 더 나쁜 것은 이러한 접근은 급증하는 비용을 조장한다는 것이다. 시장에서 비용 효과를 중시하지 않는다면 과연 어떤 약품개발자나 의학기술개발자가 이를 신경 쓸 것인가?

기본적으로 모든 사람이 효과 없는 치료 비용을 노인의료보험이나 사적 보험이 보장해야 한다고는 생각하지 않는다. 더 어려운 것은 대안적 치료보다 약간 더 효과가 있지만 비용은 2배가 되는 치료절차를 보장해야 하는가이다. 누가 이 결정을 하는가? 보험회사는 결정권자가 될 수 없다. 너무나 명백한 이해관계의 갈등 때문에, 보험회사의 선택은 항상 의심받을 것이다. 대부분의 환자는 의사가 결정하기를 바라지만, 의사가 보험회사나 정부를 위해 돈을 절약하는 데에 반드시 관심을 두지는 않는다. 대부분의 의사는 그들이 시술한 절차의 횟수와 그 비용에 따라 보수를 받는다는 것을 기억하라. (외과 의사와 소아과 의사 간의 수입의 극단적인 차이는 많은 부분, 외과 의사가 소아과 의사보다 더 값비싼 절차인 시술을 하기 때문이다.) 아마도 더 중요한 것은 새로운 약품, 수술, 의료장치, 진단검사 등이 지속적으로 활용 가능해질 때, 의사도 종종 어떤 것이 비용 효율성이 가장 좋아서 선택해야 하는 것인지를 모른다는 것이다.

　　최근의 의료개혁은 의료서비스의 전달과 비용지불 방식의 개혁을 위해 반드시 해야만 하는 필요한 과정을 시작했다는 것을 의미한다. 우리의 최고 희망 사항은 비용 문제를 다루기 위한 다양한 제안들을 개발하기 위해 독립적인 위원회를 만드는 것이다. 이 나라의 가장 똑똑하고 혁신적인 경제학자와 의사가 효과적인 해결책을 개발할 준비가 되어있다. 사실 연령이나 수입에 근거하여 비용을 고려하지 않고 단순히 비용억제(cost constainment)를 위한 해결책을 산출하는 것은 비교적 쉬운 일이다. 어려운 것은 특정 관심사를 지킬 목적으로 정치적 과시행위를 하지 않는 것이다. 그러나 미국 역사의 현 시점에서 우리의 의료서비스제도를 냉정하게 평가하고, 우리가 감당할 수 있는 새로운 제도를 체계적으로 만들어내는 것 이외에는 다른 방법이 없다.

나는 독립적인 보건 위원회를 설립할 필요가 있다고 생각한다. 이 초당파적 위원회를 뛰어난 건강경제학자와 의사로 구성하여, 새로운 기술 및 기존 기술의 비용과 효율성, 처방, 절차를 평가하면 될 것이다. 이것은 동물대상의 비교 연구를 지원하기 위해 상당한 기금을 가지고 있는 위원회가 될 것이다. 위원은 특정 정파로 기울어서도 안 되며 제약회사와 같은 특정 산업의 대표직과 겸직할 수 없어야 하는 것이 중요하다. 정부 밖에서 활동하지만 정부에 조언은 하는 과학자 단체인 국립과학아카데미에 의해 위원회가 지명되고 관리되는 것이 좋을 것으로 보인다. 위원은 다양한 절차를 그 효과와 비용 면에서 대안적 절차와 비교함으로써 평가할 것이다. 예를 들어 이들은 두 가지 약품의 상대적 효과를 비교할 뿐만 아니라, 약품과 수술의 상대적 효과도 평가할 것이다. 위원회의 추천은 환자나 보험회사에게 구속력을 가지지는 않을 것이다. 그러나 위원회의 위상과 독립성이 이 추천에 대해 전문적 신뢰성을 줄 것이다.

이 위원회의 추천이 의사들에게 **최선의 의료행위**에 대한 가이드가 될 수 있을 것이다. 보험업자에게는 어떤 치료가 가장 효과적인지에 대한 정보를 제공할 뿐만 아니라 고가의 치료에 대한 지불 책임을 지도록 함으로써 보장결정 가이드가 될 수 있다. 현재는 보장되고 있지 않지만 소비자가 많이 선호하고 비용 효과가 높은 재가치료와 같은 의료서비스를 보험회사가 지불할 것을 이 위원회가 추천하게 될 날이 올 것으로 생각된다.

마지막으로, 위원회에 의해 생성된 지식을 소비자를 위해 적절하게 기술함으로써, 어떤 것이 효과가 있고 어떤 것은 없는지를 개개인의 환자가 이해하도록 도와주고 환자에게 제도에 대한 신뢰를 더 줄 수 있을 것이다. 보험회사가 특정 치료에 대해 지불을 거부할 경우, 환자는 흔히 거부 이유가 순전히 재정적인 것이고 치료효과와는 전혀 관계없는 것인지 불안해한다. 이러한 염려가 맞는 것일 때도 있다. 그러나 어떤 치료가 지불할 가치가 있는지에 대한 평가를 보험회사가 아닌 독립적인 위원회에서 하는 것은 왜 어떤 치료는 보장되지 않는지를 환자가 이해하는 데 도움이 될 것이며 또한 보험회사로 하여금 효과적인 것으로 판단된 치료에 대해 지불거부할 수 없도록 한다. 핵심은 치료비가 너무 고가여서 좋은 치료를 거부하도록 하는 것이 아니고, 효과가 없는 치료나 덜 비싼 다른 치료만큼 효과적이지 않은 치료의 사용을 줄이는 것이다. 어떤 치료가 추천되었건, 개인이 더 비싼 치료를 선호하면 그것을 선택할 수는 있지만 보험회사가 그 치료를 전부 지불할 수 없다고 결정할 수도 있는 것이다.

2010년의 환자보호 및 부담적정 보험법은 노인의료보험의 재정위기에 어떤 영향을 미칠까? 이에 대한 간단한 답은 우리도 모른다는 것이다. 이 법은 접근성에서 명백하다. 이 프로그램이 시작되면 이전에 보장 받지 못했던 수백만의 미국시민이 의료보장을 받게 되는 것이다. 많은 사람의 관점에서, 이는 비대하고 불공평한 제도의 문제를 분류해 내는 데 필요한 도덕적인 첫 걸음이다. 적어도, 의료보험에의 접근을 늘리는 것은 개혁의 동인이 되는데, 왜냐하면 상당한 정도의 비용 절감 없이는 우리가 한 것은 기껏해야 이미 통제불가능한 잘못된 제도에 수백만 명의 사람을 추가한 것에 지나지 않기 때문이다.

한 가지는 분명하다. 지금까지의 의료개혁은 의료비에 대한 미국인의 걱정을 잠재우지 못했다. 2011년 봄에 60퍼센트 이상의 미국

시민은 적절한 의료비 보장을 해 줄 정도로 충분한 기금이 있는지에
대해 어느 정도 또는 상당히 걱정하고 있다고 보고하였다. 달리 표
현한다면 테러리즘을 걱정하는 미국인보다 의료보장을 위한 충분한
돈이 있는지를 걱정하는 미국인이 더 많은 것이다. 이러한 공포가
근거 없는 것이 아니다. 여론 조사에 답한 사람의 절반 정도는 자신
이나 가족 중 한 명이 지난 해에 진료를 포기했다[20]고 보고하였다.
모호함은 불안을 야기하는데, 굴러가는 눈덩이처럼 커지는 의료비가
궁극적으로 의료보험에 어떻게 영향을 미칠 것인지는 우리가 유리
구슬을 가지고 있지 않는 한 알 수가 없다.

우리 사회의 공적 안전망의 적자 메우기

　사회보장제도와 노인의료보험은 모두 미국 노인의 삶의 질을 바
꾸었지만 이 오래된 제도는 우리가 유사 이래 없었던 장수 시대에
진입하게 되면서 조정이 필요하게 되었다. 이 프로그램이 상당히 소
중한 것인 만큼 이를 바꾸어야 한다는 전망은 미국인을 과민하게 만
들고 있다. 더 길고 건강한 삶이 경제에도 중요하다는 사실은 분명
하다. 그러나 우리가 지나칠 정도로 엄격하게 이 제도를 적용하려고
하고 변화를 거부한다면 20년도 채 되기 전에 노인의료보험과 사회
보장연금은 모든 다른 연방 프로그램을 합한 것보다 더 많은 연방정
부의 예산을 써버리게 될 것이다. 이 프로그램이 연방 예산에 큰 긴
장을 유발하게 되므로 공해를 줄이거나 학교 및 고속도로를 개선하
려는 우리의 계획에 사용할 자금이 점차 더 줄게 될 것이다. 우리는

경제와 윤리가 교차하는 지점에 도달하게 된 것이다. 현 제도를 변화시키지 않는다면 우리는 심각한 불평등을 가진 문화로 나아가게 되는 것이다.

2008년의 금융 붕괴는 베이비부머가 그들 세대의 활동주의 성향을 되살리기 위해 무엇이 필요한지를 깨닫게 한 것일 수 있다. 금융 붕괴가 없었다면 의료계획과 사회보장연금을 변화시키는 것이 우리가 사회에 남기는 중요한 흔적이 될 수도 있다는 것을 거의 알 수 없었을 것이다. 이 프로그램을 변화시켜서, 설사 그것이 더 오래 일해야 하는 것을 의미할지라도, 공정한 제도가 되도록 하는 것이 베이비부머의 책임이다. 현재의 65~75세 노인은 건강과 능력 면에서 55~65세인 사람과 거의 차이가 없다. 따라서 젊은 근로자가 다른 건강한 사람을 지원하여 이들이 일하지 않도록 하는 것은 말이 되지 않는 것이다.

더 오래 일해야 하는 가장 절박한 이유는 우리가 일할 수 있다는 것이다! 그것은 대단한 성취인데 우리는 자신을 필요로 하는 것이 있을 때 가장 행복하다. 현재의 시점에서는 유능한 근로자를 은퇴하도록 강요하여 생산적 사회에 기여할 수 있는 기회를 상실하게 하지 말고, 근로할 때 받게 되는 불이익을 사회보장연금에서 제거하는 것이 필요하다. 더 오랜 기간 근로하도록 장려하는 단계적 혜택, 장기 근로자에 대한 세금 우대, 반은퇴를 가능하게 하는 유연한 근로시간과 같은 새로운 정책을 개발해야 한다.

노인의료보험에서 우리가 만들어내야 할 가장 큰 변화는 베이비부머가 더 늦게 이 제도의 혜택을 받기 시작하도록 하는 것이 아니라 이 제도가 그들에게 무엇을 제공해야 하는지를 철저하게 평가하는 것이다. 스탠포드대학의 경제학 교수인 빅터 퍼크스(Victor Fucks)는 미국의 보건의료에 대해 정치적 주장이 아닌 밝혀진 사실에서부터[21] 시작하여 국가적 논의를 진행해야 한다고 주장한다. 효과가 입증되지 않은 치료나 효과는 비슷하지만 비용은 몇 배 더 비싼 대안적 치료를 의료보험에서 지불하도록 함으로써 끝없이 오르는 의료비가 노인건강보험의 재정을 고갈시키도록 해서는 안 된다. 우리는 다양한 치료를 공정하고 면밀하게 조사하는 독립적인 위원회가 필요하다. 노인의료보험이 가장 효과적이고 비용 효율적인 치료만을 지불하도록 하는 것은 가격 인하를 유도하는 시장의 힘을 활용하여서 제약회사, 의료기술개발자 그리고 다른 여러 개발자가 서로 경쟁하도록 자극할 것이다. 각 개인이 비용을 더 의식하도록 인센티브를 제공하여 개인도 가격을 인하시키려는 시장의 힘에 기여하도록 할 필요가 있다. 또 제한된 선택이 질이 낮은 치료방법들 중에서 선택하도록 강요하는 것이 아님을 일반인이 확신할 수 있도록할 필요도 있다.

동시에 우리는 노인의료보험이 현재는 보장하고 있지 않지만 진정 유용하거나 미국 중산층의 경제적 부담을 상당히 경감시켜줄 수있는 서비스를 보장해 주도록 권장해야 하다. 예를 들어 가정에서 지내기를 바라는 중증 질환자를 위한 재가지원은 환자의 사랑하는 가족이 병간호의 과도한 짐을 져야 하는 고통을 경감시켜주므로 이를 지원해 줄 필요가 있다. 이외에, 평생 동안 질 높은 예방 관리는 비록 비용이 들긴 하지만 사람들이 최상의 신체적 상태로 노년기에 들어갈 수 있도록 보장해 준다. 조사에 의하면 대부분의 미국인은 모든 사람이 기본적인 건강관리를 받을 수 있어야 한다고 믿고 있는

데, 진정 이것이 오늘날 미국이 직면하게 된 문제를 경감시킬 수 있는 하나의 방법이 될 것으로 생각된다. 즉 열심히 일하고 최소의 건강관리만을 받은 결과 만성질환이 검진되지 않은 채 상당히 진전된 상태로 은퇴한 수백만의 베이비부머가 더 광범위하고 비싼 치료를 받게 되는 문제를 해결할 수 있는 한 가지 방법이 건강관리를 지원하는 일일 것이다.

제도를 개혁할 때 현재 나타나기 시작한 재정적 문제를 수정하는 것이 근본적이긴 하지만 그것뿐만 아니라 길고 건강하고 생산적인 삶을 권장하는 새로운 제도를 어떻게 구조화하는가에 대해서도 고민해야 한다. 제도의 장기 지속가능성 문제, 즉 우리의 자녀와 손자 손녀들이 노년기가 되었을 때 건강하고 고용되고 생산적이 될 수 있도록 어떻게 제도를 변화시켜야 하는지에 대해 미리 생각해보자. 미국인이 사회보장제도에서 무엇을 원하는지에 대해 배울 수 있도록 전국적인 토론의 장이 열리면 좋을 것이다. 지역사회에서 토론회를 열어서 사람들이 왜 은퇴하길 원하는지, 이들을 직장에 계속 남도록 유인할 수 있는 것이 무엇인지에 대해 이야기할 수 있도록 해 보자. 새로운 의료절차와 기술에 대한 체계적인 평가와 그 비용 효율성과 타당성에 대한 열린 토론이 이루어지면 좋을 것이다. 현재 은퇴에 직면한 세대뿐만 아니라 모든 세대에서 참가자를 받아서, 이들이 솔직하게 은퇴 후에 어떤 요구가 있을 것으로 생각하는지뿐만 아니라 후에 이러한 요구가 달성되도록 현재 어떤 일을 하려고 하는지에 대해 이야기하도록 해 보자.

우리 사회가 처한 위험의 중요성을 고려하면, 예상되는 문제를 쉽게 피할 수 있도록 제도를 변화시키려는 노력을 하지 않는 것은 정

당화될 수 없다. 다양한 선택에 대해 이해하고 공적인 토론의 장에
서 자신의 의견을 말하는 것은 모든 미국인의 책임인 것이다. 이것
은 베이비부머가 남기는 가장 오래 지속될 수 있는 유산이 될 수 있
을 것이다.

CHAPTER 07

미래에 투자하기 : 과학과 기술

7.
미래에 투자하기:
과학과 기술

    20세기 과학과 기술의 진보는 삶의 방식에 혁신을 가져왔다. 현대는 우리에게 경이로운 경험을 주었던 TV, 비행기, 인터넷이 일상화된 시대이며, 냉장고, 안전한 식수 공급, 위생적인 쓰레기 처리와 같이 장수를 가능하게 했던 위생관련 기술의 시대이다. 그러나 아이러니하게도 인간의 수명을 연장하려는 생각이 이러한 기술혁신의 원동력이 된 것은 아니었다. 대부분의 경우 기술혁신의 원동력은 단순히, 70세까지 살기를 바랐던 인간의 일반적인 삶의 조건을 향상시키려는 것일 뿐이었다. 마찬가지로 20세기 의학의 위대한 진보 중 많은 것은 수명을 연장하려는 바람이 아니라 전염병 퇴치와 같이 당면한 위협적인 문제를 해결하기 위해 촉발되었다. 그럼에도 불구하고 이러한 근본적인 진보는, 아이들의 건강을 보호하기 위한 전반적인 문화적 변화와 함께, 성인기를 연장하게 되는 그다지 기대하지 않았던 결과를 초래하였다. 이는 21세기 과학자들에게 전혀 새로운 탐구영역을 제시하게 되었는데, 그것은 바로 매우 긴 수명이다.

그럼에도 불구하고 연장된 기대수명이 주로 노년기 질병 연구에 대한 요구로만 전환되어야 한다고 결론 내리는 것은 커다란 오류이다. 좀 더 넓게 질문할 필요가 있다. 인간이 90년, 100년까지 건강한 상태로 사는 것이 가능하도록 인간의 기능을 최적화하기 위해 우리가 과학을 어떻게 활용하고 기술을 어떻게 개발할 수 있을 것인가? 이것은 동료와 함께 내가 **장수과학**(longevity science)이라고 이름 붙인 전혀 새로운 관점을 요구한다. 장수과학은 대부분의 사람이 노년에 도달할 뿐만 아니라 65세를 기점으로 하여 수십 년을 더 사는 시나리오일 때 발생하는 어려움과 문제들을 해결하기 위해 학제 간에 협동하여 접근하는 것이다. 장수과학은 질병의 예방과 삶의 질 향상에 관심을 가지지만 이전부터 우리가 할 수 있는 최대한의 의지력과 자제력을 발휘해 질병을 예방하고 삶의 질을 향상시켜왔다는 것 또한 인정한다. 지난 50년간 케이블TV의 수많은 채널과 다양한 매체를 통해 쉽게 접근할 수 있었던 건강식과 운동의 이점에 대한 광고에서 우리가 배운 것이 있다면, 그것은 매우 다양한 방식의 행동을 조장하는 이 세상에서 한 가지 방식의 행동을 선택하라고 요구하는 것이 제대로 되지 않는다는 것이다. 건강한 삶을 고무하는 환경을 만들기 위해서는 과학과 기술이 필요하다.

스탠포드 장수센터는 2006년에 설립되었는데 우리의 바람은 스탠포드대학이 실리콘밸리에서 정보통신 기술 분야에 기여했던 것과 같이 전 세계의 인간 노화에 대해 기여하는 것이다. 센터의 처음 시작 단계부터 다양한 분야에서 100명 이상의 교수진을 영입하였다.

장수과학이 현재의 전통적인 과학 분류 체계 안에서는 제대로 작동할 수 없다고 믿었다. 장수과학은 자연과학과 생물과학을 사회과학과 결합시키고, 법학 및 경영학과 파트너십을 맺을 때에 활짝 피어날 것이다. 장수과학의 핵심 목적은 새로운 아이디어를 검증하고 여러 분야에서 그 답을 통합해내는 것이다. 어떤 요인이 노년의 건강을 예언하는지를 이해하기 위해 사회과학자가 필요하며, 생리적 난제를 해결하기 위해 생물학자와 의학자가, 또 우리가 상상하는 해결방법을 실물로 다자인하기 위해 공학자가 필요하다. 또 자선 행위를 고무하는 제도를 설립하기 위해 정책 입안자와 함께 일할 법률가가 필요하며, 효율적인 노년 계획의 장애물을 제거하기 위해 심리학자와 경제학자가 필요하다.

장수과학이 완전히 새로운 생각은 아니다. 미국국립보건원(NIH: National Institutes of Health)은 인간 건강에 대한 방대한 지식 기반을 구축하는 데 중요한 역할을 해 왔다. 그러나 장수과학은 국가 차원의 연구처럼 특정 질병 연구를 위해 조직된 것이 아니고, 장기적인 영향이 나타나는 환경조건을 찾아내고 이를 체계적으로 변화시키는 것에 초점을 맞추고자 한다. 분명, 장수과학은 우리가 이미 직면한 노년과 관련된 문제들, 예를 들어 관절염, 골다공증 그리고 감각 손실의 예방과 치료에 대한 발전을 선도해 나갈 것이다. 이러한 질병의 마지막 단계에서의 개입은 지금까지 약간의 효과밖에 볼 수 없었다. 아마도 더 중요한 것은 장수과학이 전생애에 걸쳐 무엇이 노년기에 긍정적인 결과를 가져오는지에 대한 단서를 찾아냄으로써, 평생에 걸쳐 발달하고 있는 사람에게 최적의 신체적, 사회적, 생물학적 환경을 제공해 줄 수 있을 것이라는 것이다. 다음과 같은 물음이 제기될 것이다. 초기의 교육이 인생 후기의 뇌 기능을 어떻게 변화시키는가? 인생 후기의 교육도 인생 초기의 교육과 같이 이득이 있는가? 영아기의 생물학적 과정이 노년의 행복에 어떻게 기여하는가? 공학이 의료분야에 어떻게 적용되어 의료비용을 절감할 수 있을 것인가?

예를 들어 우리는 질병에 걸리기 쉬운 사람과 좋지 않은 건강 습관에도 불구하고 질병에 대한 저항력이 있는 사람 간의 유전적 차이에 대해 더 많이 알게 되기를 바란다. 어떤 시기의 신체발달이 최적의 평생 수행에 결정적인지, 적정한 시기에 어떻게 이 발달과정에 영향을 줄 수 있는지 알아내고자 한다. 예를 들어 다양한 연령대에서 각각 어떤 운동이 근육과 뼈에 가장 좋은지를 알아내어 사람들이 건강한 상태로 노년에 이를 수 있도록 도울 수 있기를 바란다. 심리적 스트레스가 장기적인 정신건강과 신체건강에 어떻게 영향을 미치는지, 평생에 걸쳐서 어떻게 스트레스 수준을 최적화시킬 수 있는지에 대해 더 이해하고자 한다.

나이가 듦에 따라 신체에서 일어나는 복잡한 과정은 과학이 이제야 밝히기 시작한 신비로운 과정이다. 왜 그리고 어떻게 우리가 늙는지, 이 과정을 억제하기 위해 무엇을 해야 하는지에 대해 과학자들은 여전히 깊이 이해하지 못하고 있다. 과학자들은, 예를 들어 올바른 식생활과 운동을 하고, 만성적 스트레스를 피하는 것과 같은 행동이 노화에 미치는 총제적인 영향을 찾아냈으며, 노화와 질병 및 사회적 고립은 서로 중복되고 맞물리는 현상임을 점차 알게 되었다. 그러나 이러한 강력한 여러 힘이 작용하는 기제뿐만 아니라 이 여러 힘 간의 결합 관계에 대한 분자 수준의 상세한 이론을 여전히 정립하지 못하고 있다.

연령 문제를 다룰 때, 나는 문제의 원인을 다루는 것과 그 효과를 다루는 것 간의 차이를 보여주는 우화를 생각하게 된다. 그 이야기는 다음과 같다. 어느 날 강가에 서 있던 한 시골사람이 아기가 떠내려가는 것을 보고 놀랐다. 그는 아기를 구하기 위해 강에 뛰어 들었는데, 그러자마자 다른 아기가 떠내려 왔고 이어서 또 다른 아기도 떠내려 왔다. 곧 마을 전체가 아기를 구하기 위해 애를 썼지만 그들이 아무리 빨리 구하러 들어가도 아기는 계속해서 떠내려 왔다. 마침내 한 사람이 훨씬 좋은 생각을 떠올렸다. 즉 아기를 한 명씩 구할 것이 아니라 강 위쪽으로 가서 누가 아기를 강에 던지고 있는지 봐야 한다는 것이다. 이와 유사하게, 노화와 관련하여 우리는 노화의 원인이 아닌 그 효과만을 언급하면서, 구조행동을 한 가지씩 차례로 필사적으로 하면서 강 하구에 매달려 있는 셈이다. 노화는 신체의 체계적인 손상인데, 강의 상류에서 무슨 일이 일어나고 있는지 잘 알지 못하기 때문에, 우리는 손상을 초래한 원인보다는 그 증상만을 다루고 있는 것이다.

지난 세기 동안 과학과 기술의 진보가 이러한 증상을 완화시켜서, 우리의 선조들을 훨씬 더 이른 나이에 쓰러지게 했었던 총알들을 현재의 우리가 차례대로 피할 수 있도록 하는 전례 없는 일을 하지 않았다는 말이 아니다. 노벨상을 수상한 경제학자 로버트 포겔(Robert Fogel)과 동료인 도라 코스타(Dora Costa)는 기술적 진보의 결과로 나타난 생물학적 기능 향상을 기술하기 위해 **기술생체 혁명** (technophysio evolution)[1]이라는 용어를 만들었다. 심장병과 같은 급성 질환의 치료와 소아마비나 천연두 백신과 같은 전염병 확산을 막는 방법은 수백만 명의 어린이 사망을 막아주었다. 신체기관을 영구적으로 손상시켰던 부상이나 과거엔 평생 장애를 남겼던 통풍이나 성홍열과 같은 질병은 현재 매우 잘 치료되고 있어서 많은 사람이 회복하여 인생을 끝까지 살 수 있게 되었다. 충분하게 먹지 못하는 근본적인 문제는 선진국에서는 사라지고 있다. 맬더스가 인구증가는 식량생산을 앞지른다는 『인구론(Essay on the principle of population)』을 저술한 지 2세기가 지나지 않아서 세계 인구는 6배로 증가하였다. 그러나 농경법의 발전 덕분에 2세기 전에 비해 생산량이 더 많아졌으며, 특히 서양에서는 더 많은 땅이 개간되고 있으며, 영양실조로 고통받는 세계인구의 비율은 더 줄었다. 지난 세기 동안 영양상태의 향상은 놀라울 정도여서, 선진국에서 평균 신체크기는 50퍼센트 증가하였고, 생체 장기의 작동 역량도 크게 향상되었으며, 물론 기대수명도 거의 2배가 되었다.

그러나 우리는 어떤 면에서는 우리가 이룩해 낸 성공의 희생자이기도 하다. 먹거리가 더 풍부해지고, 생활하는 데 신체적 활동이 덜 요구되면서 사람들이 더 뚱뚱해지고, 몸을 덜 움직이게 되면서 우리는 점차 선조들이 거의 보이지 않았던 만성질환에 더 취약하게 되었다. (이에 반해 영양실조는 한 때 매우 일반적이어서 전쟁터에서 싸울 강하고 건강한 남성이 필요할 때 충분한 체중을 가진 사람을 찾기가 아주 힘들었다.) 그 시절엔 과식하거나 소파에 앉아 TV만 보면서 시간을 보내는 행동은 대부분의 사람에게는 불가능한 것이었으며, 왕처럼 살았던 사람들도 심장병이나 당뇨와 같은 만성질환이 타격을 주기 전에 자주 부상이나 전염병으로 쓰러졌다.

현재는 상황이 매우 다르다. 일부 학자들은 현재의 경향이 지속된다면[2] 15년 내에 80퍼센트의 미국인이 과체중이나 비만이 될 것으로 예측한다. 우리는 또 충분히 오래 살아서 고령이 인간의 마음과 그 기능에 미치는 영향도 볼 수 있게 되었다. 만약 2050년까지 환자 수가 전 세계 1억 6백만 명에 달할 것으로 예상되는[3](85명 중 1명의 발생률) 알츠하이머병에 대해서 우리가 한가닥 희망을 가질 수 있게 된다면, 그것은 그렇게 심각한 공공의 건강 위기가 예방과 치료에 관한 연구를 하도록 자극할 것이기에 가능해지는 것이다. 솔직히 말해서, 지난 1900년에는 인구의 4퍼센트만이 65세 이상을 살았으며, 노인의 지위는 좋건 나쁘건 사회와 크게 관련이 없었다. 그러나 현재에는 그렇지 않다. 우리는 과거의 어떤 세대와도 다른 노년을 마주하고 있으며, 계속 연장되고 있는 수명으로 인해 발생되는 수많은 문제를 해결하기 위해 전세계 과학 공동체의 지적 노력이 필요하다.

우리가 한 세기 전에 영아의 건강을 위해 쏟아 부었던 정도의 열정과 전념, 헌신 그리고 창의성을 노인의 건강 및 행복 증진을 위해 쏟아 부으면 장수하는 사람의 기능과 전반적인 삶의 질을 크게 향상시킬 수 있을 것이다. 알츠하이머병과 같이 노인의 질병에 대한 치료방법을 찾아내는 것 이외에도 다음과 같은 세 가지 주요 영역의 연구에 특별한 관심을 두어야 할 필요가 있다.

- 태내발달과 초기 아동기 발달에 영향을 주는 요인을 연구하기
- 중년에 분명해지기 시작하는 만성질환을 완화시키기
- 장수를 지원하는 일상적 환경을 조성하기

처음부터 시작하기

흥미롭게도, 장수과학은 노년학보다 소아과학에서부터 시작할 필요가 있다. 사실 시작점은 출생 이전부터일 수 있다. 인간 게놈프로젝트는 각 개인의 질병 위험에 대한 새로운 이해와 다음 수십 년에 걸쳐 의술의 변화를 일으킬 수 있는 유전자 기반 치료의 토대가 되는 놀라운 성과였다. 그러나 많은 과학자는 게놈을 목록화하는 것이 거의 모든 것에 대한 답을 제공해 줄 것으로 기대했다. 예를 들어 심장병 유전자, 결장암 유전자, 어쩌면 나쁜 결정 유전자와 같은 것까지도 발견할 수 있을 것이고 이러한 유전자를 우리가 원하는 대로 기능하지 못하게 할 수 있을 것으로 기대했다. 인간 게놈은 어떤 면에서 많은 사람이 상상했던 것보다 상당히 단순한 것으로 나타났는데, 침팬지, 원숭이 그리고 심지어 초파리의 게놈과 유사하였다. 그러나 동시에, 기대했던 것보다 더 복잡하였는데, 왜냐하면 단일한 유전자가 과학자들이 설명할 것으로 기대했던 것을 설명하지 않는 것으로 곧 밝혀졌기 때문이다. 동일한 DNA를 가지고 있는 일란성 쌍생아조차도 항상 건강 궤적이 동일한 것은 아니다. 단순한 유전적 설명만으로 인간 프로파일의 놀라운 다양성이 설명되지 못한다면 무엇이 이를 설명할 수 있는지에 대해 과학자들이 질문하기 시작하였다.

유전학은 멘델의 단순 알고리듬 연구에서 후성유전학으로 불리는 분야로 변화되었는데, 후성유전학은 앞으로 수년간 장수과학의 핵심 부분이 될 것이다. 후성유전학이 생물학분야에서 가장 흥미롭고 중요한 분야의 하나로 떠오르고 있는 것을 캐나다의 유명한 심리학자인 도날드 헵(Donald Hebb)이 살아서 볼 수 있었다면 미소를 지었을 것이다. 헵은 천성과 양육의 상대적 영향력에 대한 논쟁이 가로와 세로 중 어느 것이 더 사각형 면적에 영향을 주는지에 대한 논쟁만큼이나 유용하다는 예지력 있는 관찰을 하였다. 후성유전학이라는 흥미로운 새 분야는 유전자가 어떻게 표현되는지를 환경이 형태화한다는 DNA에 대한 우리의 새로운 관점이다.

부모로부터 받은 유전자가 우리의 세포에 기록되어 있고 또 우리가 살아 있는 동안 그대로 남아 있을지라도 이러한 유전자가 작동하도록 지시받는 방식은 영양상태, 독소에의 노출 그리고 자궁 내 환경이나 영아기 환경과 같은 외적인 요인에 의해 영향을 받는다. 지시는 유전부호를 끄거나 켬으로써 DNA가 표현되는 방식을 변화시킬 수 있는 화학적 태그에 의해 전달된다. 듀크 대학의 랜디 저틀(Randy Jirtle)은 2007년 「노바 사이언스 나우(Nova ScienceNow)」 프로그램*에서 지시가 전달되는 과정을 기술하기 위해 수많은 은유를 찾아냈다. 컴퓨터에 비유해서 생각해본다면 DNA는 하드웨어이고 화학적 지시인 후성유전체(에피게놈)는 DNA가 어떻게 작동해야 하는지를 말해주는 소프트웨어인 셈이다.

이러한 후성유전적 변화는 자궁에서부터 시작한다. 당신이 줄담배를 피우고 폭음을 하는 어머니에게서 출생하였다면 당신의 유전자는 음주와 흡연을 하지 않는 어머니에게서 태어났을 때와는 다른 지시를 받을 것이다. 이러한 변이는 몇 세대를 거쳐서도 전달될 수 있다

---

* 역주: 미국 PBS 방송사에서 제작한 과학 다큐 프로그램

는 증거들이 집단 연구에서 지속적으로 나타나고 있다. 당신이 수태
되도록 한 어머니의 난자는 어머니의 어머니인 할머니의 자궁 환경
내에서 만들어졌으므로 할머니의 바이러스, 독소 또는 영양불량 상
태가 당신의 유전에 영향을 주었을 것이다. 다시 말해, 당신의 할머
니가 기아 속에서 살았다면 그 영향은 당신의 어머니가 임신 기간
중에 건강하고 영양섭취를 충분하게 했다 하더라도 당신에게 전달될
수 있다.

  자궁 안에서의 작은 환경적 요인조차도 우리의 건강을 장기적으
로 변화시킬 수 있다는 사실을 보여주는 좋은 예가 있다. 독일의 로
스톡에 있는 막스플랑크 인구학연구소(Max Planck Institute for
Demographic Research)의 창설자이자 이사인 짐 보펠(Jim Vaupel)은
50세 이후의 기대수명은 출생한 달에 따라 따른데, 이는 주로 임신
기간에 모체의 섭식 습관에 영향을 줄 수 있는 계절의 변화 때문이
라는 사실을 발견하였다. 북반구에서 가을에 출생한 사람은 봄에 태
어난 사람보다 평균적으로 몇 개월 더 살며 남반구에서는 그 반대
다. 보펠의 연구는 더 추운 기간 동안 임신하고 있었던 어머니는 신
선한 과일과 야채를 충분히 먹을 수 없었으며, 이러한 계절적으로
부적절한 영양은 아기의 성장발달에 영향을 미치는 주요 환경조건
을 변화시키기에 충분하다는 것을 시사한다. 이는 현대를 사는 어머
니가 겨울에 완전히 영양부족이라는 것은 아니며, 이들은 식료품 가
게, 냉장고 그리고 임신 중 복용하는 비타민제로 인해 이전 세대가
영양섭취를 위해 계절이나 풍작에 의존했던 것에 비해 덜 의존한다.
(흥미롭게도 이 연구는 신선한 음식을 연중 내내 섭취할 수 있게 되
면서 출생한 달과 장수 간의 관계가 점차 약화되고 있음도 보여주고

있다.) 그럼에도 불구하고 음식 가용성에서의 계절적 차이는 여전히 10년 후의 인생 사건에 미묘하게 영향을 미침으로써 발달을 변화시킬 수 있는데, 아기의 유전적 청사진의 어떤 부분도 변화시키지 않은 채로 발달을 변화시키는 것이다.

콜럼비아대학의 경제학자인 두그 아몬드(Doug Almond)는 1918년 독감이 유행한[4] 후에 태어난 아동들에 대해 연구하여 유사한 현상을 발견하였다. 독감유행은 심각하였지만 다행스럽게 짧은 기간으로 끝났다. 1918년 가을에 가장 심각하게 퍼졌으며 1919년 1월에 종식되었다. 수백만 명의 사람이 사망했으나 이 바이러스에 감염되었던 백만 명의 사람은 살아남았다. 살아남은 자의 일부는 독감 유행 당시 임신 중이었다. 독감 유행은 이 짧은 기간에만 제한적이었으므로 이 시기에 수개월의 차이로 태어났던 아동들은 매우 다른 임신 환경에서 발달한 것이었다. 즉 태내에 있을 때 일부 아동은 모체가 독감에 걸렸으나 다른 일부 아동의 모체는 건강하였다.

아몬드는 이 아이가 성인이 되었을 때의 상태에 어떤 차이가 있는지를 탐정처럼 면밀하게 찾기 시작하였다. 바이러스 노출 여부를 제외한 다른 객관적 지표에서는 유사한 어머니의 성인이 된 아이를 비교했을 때, 어머니가 독감에 걸렸었던 사람은 조현병, 당뇨 및 뇌졸중 고위험을 포함하여 다양한 영역에서 더 나쁜 결과를 보였다. 그런데 건강상태에서만 나빴던 것이 아니고 고등학교를 졸업한 비율이 더 낮았고 임금도 더 낮았다. 빈곤의 비율이 15퍼센트 더 높았으며 인생 후기에 장애 비율은 20퍼센트 더 높았다. 왜 이러한 차이가 있을까? 태내에서의 바이러스 노출은 이 아기를 더 병약하고 취약하게 만들었으며 이후 학령기에도 같은 문제가 있었다. 좋은 교육을 받지 못하였기에 안정적인 직장에 고용되는 경우가 더 적었으며 자원이 없어서 건강은 더 나빠졌다. 말년에는 생활하기 위해 사회의 도움을 필요로 하였다. 이러한 결과를 토대로 아몬드는 출생 이전의 환경 상태가 이 아동에게만 타격을 주었던 것이 아니었고 사회적 비용도 더 든 것이라고 지적하였다.

후성유전체는 전 생애에 걸쳐서 DNA가 행동하는 방식을 변화시킨다. 완전히 동일한 유전자를 가진 일란성 쌍생아조차도 서로 다른 인생 경험과 환경에 대한 반응으로 수천 개의 유전자가 활성화되거나 비활성화되는 양상이 달라지므로, 생의 후기에 상당히 다른 방식으로 작동하는 DNA를 가지게 될 수 있다. 무엇보다 유사한 유전적 유산이 유사한 인생을 의미하는 것이 아니다. (유전과 환경의 영향을 분리하려는 전형적인 모집단 연구에서 같은 집에 산다면 같은 환경에서 사는 것으로 가정하지만 다른 사람과 같은 집에서 함께 살아보았던 사람들은 이것이 사실이 아님을 알 것이다.) 여러 점에서 우리는 환경보다는 유전체의 특징을 파악하는 일을 더 잘 해냈다. 우리는 이제야 환경의 어떤 요인들이 생물학적 반응에서 중요한 차이를 만들어내는지 밝혀내는 일을 시작하고 있다.

그러나 DNA의 표현이 인생사건에 의해 영향받는다는 사실은 행동이 어떻게 유전자 표현을 변화시킬 수 있는지에 대한 가치 있는 단서를 우리에게 제공해 주었다. 예를 들어, 캐나다의 맥길대학에서 동료, 제자와 함께 행동과 유전자 및 환경 연구 프로그램을 이끌고 있는 마이클 미니(Michael Meaney)는 초기 인생경험이 나이 들어서까지도 인지적·정서적 반응을 변화시킴으로써, 유전자가 표현되는 방식을 바꾸는 생화학적 기제를 밝히고 있다. 미니교수 연구팀의 연구는 어미가 더 많이 핥아준 새끼 쥐는 어미가 핥아주지 않은 새끼 쥐에 비해 공포와 불안 감정을 덜 보이며[5] 성인 쥐가 되어서도 같은 차이를 보인다는 관찰에서 시작되었다. 어미의 핥는 반응은 시상하부에 영향을 미치고 이어서 스트레스 호르몬 생성에 영향을 주는 화학물질을 만든다. 미니교수 연구팀은 그 다음 연구로 새끼를 자주 핥아주는 어미와 그렇지 않은 어미의 새끼를 바꾸는 입양 연구를 수행하였다. 새 어미가 잘 핥아준 입양된 새끼 쥐들은 동일한 생화학적 변화를 보였으며 점차 덜 불안해졌는데, 이는 이러한 기질의 측면은 단순히 유전적인 결과가 아니고 환경에 대한 반응임을 입증하는 것이다. 이 경우 어미의 행동은 새끼의 생화학 과정에 영향을 미쳤다. 즉 새끼 쥐의 행동에 영향을 준 것이다.

그렇다면 영아기의 환경 변화가 어떻게 나이 들었을 때에도 영향을 미치는가? 뇌의 몇몇 핵심 영역인 편도체, 시상하부, 뇌하수체는 짧은 기간 동안 정서적, 인지적 스트레스 반응을 조절하는 뇌 밖의 내분비선과 소통하며, 장기적으로는 신진대사와 전체적인 건강에 영향을 미친다. 이러한 영역들 간의 복잡한 영향은 면역 반응, 땀샘, 기억 및 심장박동과 같이 우리로 하여금 환경에 적응하도록 돕는 핵심적인 생존 기제를 지배하는 신경전달물질과 호르몬에 의해 조직화된다. 과학자들은 이 기초적인 생존체계를 지지하는 소통 네크워크를 시상하부-뇌하수체-부신(HPA) 축이라고 부른다. 미니와 동료들은 HPA체계의 기능적 구조에 장기적인 영향을 미치는 어머니의 양육과 같은 초기 인생경험은 인생 후기의 인지적 기능에도 영향을 미친다는 사실을 밝혔다. 예를 들어 미니는 HPA 축을 긍정적으로 변화시키는 약을 투여받은[6] 나이 든 쥐가 이 약을 투여받지 않은 쥐에 비해 미로학습을 더 잘 한다는 사실을 보여주었다. 따라서 어미가 잘 핥아주었던 미니의 생쥐는 노인 쥐가 되었을 때에도 미로를 더 빨리 학습할 가능성이 상당히 높은데, 왜냐하면 양육이 뇌 발달에 오래 지속되는 변화를 가져오기 때문이다.

양육이 어떻게 천성을 변화시키는지에 대한 이러한 연구들은 왜 일란성 쌍생아 중 한 명은 알츠하이머병에 걸리지만 다른 한 명은 이 병이 생기지 않는지, 왜 어떤 사람은 스트레스에 직면했을 때 탄력적이어서 잘 견디는 데 반해 다른 사람은 스트레스로 쓰러지는지와 같은 수수께끼에 대한 답을 우리가 찾게 될 것임을 기약해준다. 물론 가장 흥분되는 것은 우리에게 해를 주는 유전자 표현은 끄고 우리를 보호하는 유전자 표현을 켬으로써 행동을 변화시키는 다음 단계이다. 우울증을 들어보자. 우울증은 유전적 소인이 있다. 최근 연구들은 우울증을 앓았던 여성의 딸들은 우울증 시작과 관련된 특정 형태의 유전자, 즉 세로토닌 전달체 유전자를 가지고 있음을 보여주었다. 우리는 모두 이 유전자의 촉진영역에 양부모로부터 각각 받은 두 개의 대립형질을 가지고 있는데, 각 대립형질은 길거나 짧을 수 있다. 두 개의 짧은 대립형질을 가지는 것은 스트레스에 직면했을 때 우울해질 가능성을 높인다. 엄마가 주요 우울증의 병력을 가지고 있는 여아의 50퍼센트는 자신도 우울해질 가능성이 있다.

스탠포드대학 심리학과 교수인 이안 고트리브(Ian Gotlib)와 동료들은 이러한 여아를 대상으로 이들이 우울증의 증거를 보이기 이전에 연구를 하였다. 이들은 세로토닌 전달체 유전자의 촉진영역에 한 개 또는 두 개의 긴 대립형질을 가지고 있는 여아에 비해 두 개 모두 짧은 대립형질을 가지고 있는 여아가 실험실에서 진행한 스트레스 유발 과제에 대해 더 생물학적으로 반응적임을 발견하였다. 예를 들어 이 여아들에게 3분 동안 400부터 7씩 작은 수를 세도록 하는 과제를 주었다. 천천히 세면 빨리 세라고 압력을 주었으며, 만약 이 과제를 잘 하면, 4000부터 17씩 빼라고 하였다.

이 과제는 모든 사람에게 스트레스가 될 것이지만, 고트리브와 동료들은 유전적으로 우울증과 관련된 여아와 그렇지 않은 여아 간에 경험하는 고통의 정도에 차이가 있는지를 알아보고자 하였다. 스트레스 정도는 스트레스 시에 분비되는 호르몬인 코르티솔 분비량으로 측정하였다. 코르티솔은 에너지와 생체 항상성을 유지하는 데 중요하지만 지나치게 많은 것은 인지기능을 손상시키고 질병에 대한 신체의 면역력을 저하시킨다. 우울한 사람은 그렇지 않은 사람에 비해 실제로 코르티솔 수준이 높은데, 고트리브는 두 개의 짧은 대립형질을 가진 여아는 적어도 한 개의 긴 대립형질을 가진 여아에 비해 스트레스 시에 코르티솔이 더 분비되는 것을 발견하였다. 스트레스 반응성이 우울증의 중요한 유전적 요인임을 알게 되었으므로, 현재 고트리브 실험실은 우울증 위험이 높은 사람들에게 생활 스트레스에 효율적으로 반응하는 방법을 가르치는 예방 프로그램을 개발하고 있다. 예를 들어 힘든 상황을, 피할 수 없는 어쩔 수 없는 스트레스 상황에 대한 신호로 해석하지 않고 어떻게 반응해야 하는지를 알려주는 행동 단서로 해석하는 것을 배움으로써 스트레스 상황에서 스트레스를 덜 경험하도록 하는 것이다.

심리학의 또 다른 도전할 만한 분야는 발달의 매우 중요한 환경 요인인 교육, 특히 초기교육이 평생에 걸쳐서 건강에 어떻게 그렇게도 강한 영향을 미칠 수 있는지를 밝히는 것이다. 비교적 적은 정도

의 교육 증가도 삶의 질과 수명에 상당한 증가를 가져온다는 것을
시사하는 연구가 점차 증가하고 있다. 독립적으로 수행된 여러 연구
는 1년의 교육기간 증가가 기대수명을 1년 이상 증가시킨다는 사실
에 동의하고 있으며, 어떤 연구는 교육의 증가가 더 좋은 기억력,
만성질환에 대한 높은 자기관리 능력, 인생 후반의 인지 변화 시작
을 늦추는 것과 관련됨을 보여주고 있다. 그런데 왜 그럴까? 교육의
효과가 주로 사회적인 것인가? 즉 교육이 사람들을 풍요롭고 필요
한 지식을 충분히 가질 수 있는 인생궤도로 향하게 함으로써, 나이
가 들면서 더 좋은 선택을 하고 주변을 더 잘 통제하여 건강한 환경
에 더 접근할 수 있도록 하는 것인가? 아니면 교육을 받는 과정이
구체적인 신경회로의 변화와 인지적 변화를 초래하여 긍정적인 효
과가 나타나는 것인가? 교육이 뇌발달을 직접적으로 촉진하며, 그
결과 지적 자극이 더 많은 삶을 살도록 영향을 주며, 지적 활동이
더 많이 요구되는 직업과 심지어는 여가활동까지도 인지적으로 더
도전적인 활동을 하도록 영향을 준다고 믿을 만한 이유가 있다.

이중국어 사용이 뇌에 미치는 영향 ••

　여전히 논란이 되고 있지만, 일부 과학자는 생의 초기에 제2 언어
를 배우는 것이[7] 수십 년 이후의 인지 쇠퇴로부터 사람을 보호한다
고 주장하고 있다. 이중국어 구사자는 노년기에 인지과제를 더 잘하
고 치매발병률도 더 낮다. 토론토의 요크대학 심리학자인 엘렌 바이
아리스톡(Ellen Bialystok)과 동료들은 이중국어 사용이 뇌의 기능을
영구적으로 변화시키는 것인지에 관심을 가지고 연구하고 있다.
　이들은 특히, 이중국어 사용이 뇌의 억제기능을 향상시킨다고 주
장한다. 집중된 방식으로 행동하고 생각하기 위해서는 뇌의 어떤 신

경반응은 억제하고 다른 신경반응은 활성화시켜야 한다. 바이아리스
톡과 동료들은 다중언어를 사용하는 사람들은 말할 때 지속적으로
억제센터를 활성화한다고 생각한다. 즉 한 언어로 말할 때 다른 언
어의 단어들을 억제해야 한다는 것이다. 억제센터는 정상적인 노화
와 치매로 인해 손상되는데, 이중국어를 사용함으로써 이 영역을 더
많이 사용하는 것은 나이가 들면서 건강을 유지하는 데 도움이 된
다. 말하자면 이를 사용하면 나이 들어서 이를 잃게 되지 않는다는
것이다.
　이중국어 교육을 강조하는 것은 소통 가능한 언어가 2개 이상이
라는 실용적인 가치 이외에도, 인지적 건강에 대한 장기적인 이득을
얻을 수 있는 장점이 있다. 이 학습과정을 일찍 시작할 수 있는데,
아주 어린 아동은 훨씬 빨리 또 정확하게 그리고 뚜렷한 교육 없이
도 언어를 배울 수 있다.

　미시간대학의 내과학 교수인 켄 랭가(Ken Langa)는 교육과 수입이
발달에 모두 핵심적일 것으로 생각한다. 2008년에 출판된 중요하고
희망적인 보고서에서 랭가와 동료연구팀은 미국에서 연령에 따른
인지저하가 나타나는 빈도가 떨어지고 있으며 교육이 이러한 경향
을 부분적으로 설명할 수 있을 것으로[8] 시사하였다. 랭가는 2002
년에 69세 이상된 미국인을 대표하는 수천 명의 노인 표본을 대상
으로 연구하였는데, 계산하기, 물건 이름 말하기 및 회상검사를 포
함하는 몇 가지 검사에서의 수행을 1993년에 연구한 유사한 집단의
수행과 비교하였다. 인지기능은 35점 척도로 평가되었는데 8점 이
하는 손상된 수준이다. 연구팀은 1993년에 비해 2002년 집단에서는
손상을 보인 사람의 비율이 12.2퍼센트에서 8.7퍼센트로 1/3이 감
소하였음을 발견하였다. 이 두 집단의 중요한 차이는 교육이었는데,

2002년 집단은 교육기간이 1년 더 길었다. 교육의 영향과 수입의 영향이 서로 강하게 연결되어 있어서 이런 유형의 연구가 교육의 영향을 수입의 영향에서 완전하게 분리할 수 없지만, 교육과 수입이 모두 인지 기능 향상과 관련된다. 실제로, 교육효과를 다룬 대부분의 연구는 근본적으로 유사한 표집을 선택하였고, 교육과 무관한 요인의 영향이 혼재되어 있는 문제가 있다. 단순히 똑똑한 사람들이 더 교육을 받는지 아니면 돈이 많은 사람들이 인지기능을 강화시키는 더 자극적인 환경에서 사는 것인지와 같은 질문을 완전히 배제하는 것은 매우 힘들다. 그러나 교육이 치매의 시작을 늦출 수 있다면 그리고 랭가의 연구와 같은 상관관계 연구가 이를 시사해 줄 수 있다면, 이는 사회를 위해 시사하는 바가 매우 크다 하겠다.

중년의 의학적 문제 변화시키기

초기 아동기는 과학자들에게 건강한 노년에 기여하는 것이 무엇인지에 대한 흥미로운 단서를 제공하지만, 중년기에 분명해지기 시작하는 변화도 주의 깊게 보아야 한다. 심장병, 뇌졸중, 암과 같이 중년기에 진단되기 시작하는 질병의 치료와 예방에 주의를 하지만, 치명적이 아닌 만성적인 문제도 이 시기에 나타나기 시작한다. 이러한 문제로는 관절염, 골밀도 감소, 근위축이 있다. 각 증상은 미묘한 증상으로 시작되지만 나이가 들면서 점차 진전되어서 후에는 삶의 질을 크게 감소시키고 독립적으로 기능하는 능력을 감소시킨다. 우리를 지치고, 쑤시고, 약하게 하고, 회복을 더디게 하는 생리적 문제를 억제할 수 있다면 중년기와 노년기의 삶이 얼마나 달라질 것인지 생각해 보라. 중년기에 일반적으로 나타나는 교환, 즉 힘과 민첩함을 상실하게 되지만 적어도 나이가 경험과 지혜를 가져다준다는 생각으로 스스로를 위로하지 않아도 된다면 인생이 얼마나 멋질지 상상해 보라. 두 가지를 모두 가질 수 있다면 최고일 것이다.

그러나 중년기에 신체가 어떻게 변화하는지를 알아내는 것은 미묘하고 복잡한 탐구 과제다. 중년기에 발달하는 많은 문제는 노화과정과 구분하기 힘들다. 이 문제는 감염이나 충격적인 경험으로 인해 유발되는 것이 아니고 평생 동안 신체를 사용한 결과 초래되는 신체의 마모인 것이다. 중년기의 변화가 우리 모두에게 영향을 주는 기본적인 생물학적 과정이라면 이 변화과정을 우리가 변화시킬 수가 있는 것일까? 스탠포드 장수센터의 부센터장이며 VA 팔로알토 건강관리시스템(VA Palo Alto Health Care System)의 신경학 과장을 맡고 있는 줄기세포 생물학자인 톰 랜도(Tom Rando)는 변화시킬 수 있다고 생각한다. 그는 정상적인 노화와 함께 일어나는 골격근의 퇴화인 근육감소증에 대해 연구하였다. 근육감소증은 근육 양과 강도에 영향을 주며 손상된 조직에 대한 신체 수정 능력을 무력화시킨다. 이로 인해 유해한 사이클이 지속된다. 근육이 약하면 사람들이 다치기 쉬우며, 다쳤을 때 회복하는 시간도 더 걸린다. 그렇다 보니 회복기간 동안 근육이 더 약해져서 다칠 가능성이 훨씬 더 커지게 되는 것이다.

랜도는 나이가 들어도 근육조직이 유지되도록 하는 방법을 찾고자 하였는데, 이 문제를 해결할 수 있는 생물학적 트릭이 가능할 것으로 생각한다. 근육조직이 다쳤을 때 줄기세포를 조직에 주입하면 이것이 손상된 부위로 이동하여 조직을 고칠 수 있다. 어린 동물과 나이 든 동물에서 모두 동일한 기본 과정이 일어나지만 나이 든 동물에서의 줄기세포 활동성은 탄탄하다고 할 수는 없는 정도다. 이전에는 과학자들이 줄기세포 자체가 문제라고 생각하였다. 즉 나이가 들면서 줄기세포가 손상되고 따라서 수정 능력이 없어지는 것이라고 생각하였다. 랜도의 연구팀은 줄기세포 자체는 문제가 없는 것이[9] 아닐까하는 의문을 가졌다. 줄기세포 자체는 문제가 없을 것임을 시사하는 첫 단서는 어린 쥐와 나이 든 쥐의 근육 줄기세포를 채취하여 이들을 배양접시에서 배양했을 때, 나이 든 쥐의 줄기세포도 어린 줄기세포만큼 잘 성장하였다는 것이다. 따라서 이 연구팀은 나이 든 동물의 줄기세포가 조직을 수정하는 데 덜 효과적인 것은 줄기세포 주변 혈액의 생화학과 관련되었을 것으로 가정하였다.

이 가정을 검증하기 위해서 랜도 연구팀은 나이 든 동물의 손상된 근육세포를 어린 동물의 혈액에 노출시켰는데, 놀라운 일이 발생하였다. 노화된 조직 주변의 줄기세포 활동성이 어린 조직과 같이 빨라졌다. 수주 후, 손상된 조직을 재검사하였는데, 어린 조직 정도로 치유가 되어있었다. 랜도는 나이가 듦에 따라 줄기세포가 회복할 수 없이 손상되는 것이 아니고 휴면상태가 되는 것이라고 결론을 내렸다. 이후 연구에서 랜도는 나이 많은 동물의 혈액에서 줄기세포의 기능을 억제하는 물질을[10] 확인할 수 있었다. 랜도는 다친 노인들이 이 억제제를 차단하는 약을 복용하여 혈액의 생화학을 변경하고 조직을 다시 젊은 조직으로 만듦으로써 더 빠르고 효과적인 보수가 가능해지는 날이 올 것으로 기대하고 있다. "이런 경우에 여러분은 나이 많은 개에게 새로운 재주를 가르칠 수 있어요."라고 랜도는 주장한다. 랜도와 동료들은 동일한 과정이 혈류 내에서만 작동하는 것이 아니고 뇌, 뼈, 연골 그리고 간과 같은 다른 곳에서도 작동하는 것으로 보이는 증거도 가지고 있다.

의과학이 생화학적으로 자극하거나 모방할 수 있는 또 다른 젊게 생기를 불어넣는 과정이 있는가? 운동이 건강에 미치는 영향은 명백하게 긍정적이다. 수년 동안 노인병 전문의들은 한 알의 약이 운동의 효과만큼 효과를 볼 수 있다면 비아그라 판매를 수치스럽게 만들 것이라고 이야기해 왔다. 그러한 효과가 있는 약은 전에 생각했던 것보다 더 가능한 것일 수도 있다. 캘리포니아 썰크 연구소(Salk Institute)의 분자생물학자이자 발생생물학자인 로날드 에반스(Ronald Evans)는 2008년에 쥐의 운동 지구력을 40퍼센트 이상 증가시키는 AICAR라고 불리는 약을 찾았다고 보고하였다. 이 약은 지구력이 높은 근육 섬유를 생산하는 단백질을 활성화하며[11] 세포들로 하여금 에너지가 고갈되어서 이 단백질의 출력을 높여야 한다고 생각하도록 속임수를 쓴다. 에반스 연구팀은 운동하지 않고도 스태미너를 향상시키고, 근육 양을 증가시키고 지방을 연소하도록 대사 변화를 유도하는 약물을 마음에 그리고 있다. 여기서 분명히 해 두자. 이 약이 우리가 의자에 오래 앉아있고, 하루 종일 단 것을 먹어도 되도록 만드는 것은 아니다. 건강한 사람에게는 이러한 약이 실제로 운동해야 할 필요성을 대체하지는 않을 것이다. 그러나 신체적으로 많이 움직일 수 없는 사람에게는 이 약은 건강을 가로막는 피곤과 근육 손실로 인한 문제를 제거해 줄 수 있을 것이다.

과학자들은 신체의 내적 프로그래밍을 자극해서가 아니고 더 좋은 외적 장비를 고안해 내어서 만성질환의 영향을 경감시키는 방법

도 찾고 있다. 여러분은 노쇠한 사람을 걸을 수 있도록 돕는 보조장
치로, 다리에 부착하는 로봇형 외골격과 같이 신기술을 파격적이고
미래지향적으로 적용하여 개발한 것들에 대해 들어본 적이 있을 것
이다. 자연적인 능력을 강화하기 위해 보조장치를 사용한다는 생각
은 정말 오래된 생각이다. 당신이 안경이나 콘텍트렌즈를 착용하고
있다면 당신은 이미 그렇게 하고 있는 것이다. 실제로 사람의 기능
을 강화시키기 위해 또는 사라져가는 기능을 다른 기능으로 대체시
키기 위해 개발된 착용장비들은 이미 상당히 많다. 이에는 보청기,
심박조율기, 의치까지도 포함된다. 그러나 이러한 장치들의 대부분
은 노화의 증상만을 다루는 것이지 연령에 따른 쇠퇴의 진행을 저지
하는 것은 아니다.

　만약 노화과정을 저지하는 것이 가능하다면 어떨까? 스탠포드대
학의 생화학공학 및 정형외과 교수인 톰 안드리아치(Tom Andriacchi)
는 커리어의 대부분을 관절염 마지막 단계에 있는 사람의 병든 관절
을 대체할 수 있는 인공장치를 개발하는 데 보내고 있다. 우리는 매
일같이 계단을 오르고 주변을 걷고, 또 아이들을 쫓아다닌다. 어떤
사람은 아침 일찍 조깅을 하거나 주말엔 마라톤을 하기도 한다. 이
모든 일들은 무릎에 대가를 지불하는데, 2세가 지나면 관절은 재생
되지 않는다. 전보다 더 오래 살게 되면서 점점 더 많은 사람이 무릎
운동의 결과에 직면하게 된다. 상당히 진전된 관절염이라면 통증이
있으므로 움직임에 심각한 제한을 받게 된다. 질병을 치료하기보다
는 증상을 치료하는 코르티손 주사나 이부프로펜과 같은 항염제를
제외하면 인공관절로 대체하는 것이 이 상태에서는 가용한 유일한
의학적 선택이다.

　　스탠포드대학 생체운동 연구소(BioMotion Research Group)의 안드
리아치와 동료들은 관절염 수술을 받도록 할 필요 없이 질병의 자연
적인 변화과정을 수정하는 방법을 찾고자 하였다. 이들은 걷는 모양
이 질환과 어떻게 관련되는지를 깊이 이해하기 위해 걸음걸이의 움
직임을 분석하였다. 이들은 무릎 골관절염은 대부분 걸음걸이에 의
해 발생된다는 것을 발견하였다. 무릎 골관절염이 있는 사람들은 걸
음을 걸을 때마다 대부분의 하중을 항상 같은 부위인 양 쪽 무릎의
내측에 두는데, 이러한 걸음걸이가 시간이 지나면서 연골을 닳게 만
든다는 것이다. 수년 전 안드리아치는 새로운 인공관절을 제작하는
대신 신발을 만들기로 하였다. 그 신발은 보행자의 걸음걸이를 변경
해주는 가변밀도깔창이 깔려있는데, 이는 무게를 약간 이동시켜서
연골을 보호하고 통증에서 즉각적으로 벗어날 수 있도록 해준다. 고
무적이게도, 안드리아치가 수집한 자료는 이 신발을 신는 것이[12]
관절염의 진행을 늦춘다는 것을 시사하고 있다. 안드리아치는 내게
"저는 마지막 단계의 관절염을 치료하기 위해 관절을 만드는 데 인
생의 대부분을 보냈어요. 그러다가 관절염의 예방 가능성에 대해 더
몰두하게 되었지요."라고 말했다. 이 신발은 2011년 Walking
Company에서 살 수 있게 되었다. 안드리아치의 신발에 대한 열정
은 뚜렷하였으나 그의 관심은 벌써 다른 프로젝트로 옮겨졌는데, 그
것은 관절염 초기 단계의 증거를 탐지하기 위해 혈액화학을 사용하
는 것이다. 그는 "일찍 알아낼수록 더 좋습니다. 관절염 증상으로
고통 받기 이전부터 사람들은 분명 관절염을 가지고 있어요. 우리가
이 질병을 아주 초기단계에서 탐지할 수 있다면 관절염 증상을 늦추
거나 예방하는 신발을 사용하는 것과 같은 개입을 할 수 있을 겁니

다."라고 말하였다.

심각한 질병의 초기 발견을 가능하게 하는 새로운 방법을 찾아내는 것은 질병의 결과에 지대한 영향을 줄 것이므로 장수과학의 핵심 부분이 된다. 흑색종은 가장 치명적인 피부암이지만 간단한 시각적 피부 검사로 쉽게 탐지될 수 있는데 탐지율이 90퍼센트가 넘는다. 이에 반해 췌장암의 경우는 아직도 유용한 검사가 없어서 약 5퍼센트만이 치료 가능한 초기에 발견된다[13]. 따라서 종양이 발견되었을 때 종양이 전이되지 않았더라도 생존율은 20퍼센트밖에 되지 않는다. 중요한 증상이 나타나기 전에 실시될 수 있을 뿐만 아니라, 치료와 삶의 스타일 변화가 유익한 효과를 가져올 수 있는 시기에 실시될 수 있고, 또 사람들이 쉽게 견딜 수 있고 비용이 많이 들지 않는 민감한 검사를 개발할 필요가 있다.

초기 발견은 간 질환을 관리하는 데에도 핵심적인 역할을 할 수 있다. 간은 지나친 음주, 약물 효과, 또는 간염과 같은 만성 감염을 포함하는 심각한 문제를 잘 견딜 수 있으며, 손상되었을 때 재생력이 있는 몇 안 되는 기관의 하나이다. 그러나 수년간의 감염 후에는 많은 간 세포가 죽으며 콜라젠성의 섬유로 대체된다. 이러한 섬유가 심각하게 침입된 것이 간경변이다. 건강한 세포를 대체한 콜라젠은 간을 딱딱하게 만든다. 경화된 간은 정상의 간에 비해 10배는 더 굳어 있다. 그 단계가 될 때까지 간의 기능은 심각하게 손상되어서 간암으로 발전될 가능성은 매년 5퍼센트씩 증가하게 된다. 경험이 많은 내과의사는 촉진으로 간 손상이 진행된 정도를 실제로 느낄 수 있지만 간암의 초기 발견에 필요한 미묘한 변화를 탐지하지는 못한다. 더 문제가 되는 것은, 정상의 간 세포와 경변된 간 세포는 전통적인 촬영기술을 사용하면 매우 유사하게 보인다는 것이다. 따라서 현재, 간에 중요한 손상이 있는지를 알 수 있는 주요한 방법은 생체검사뿐이다. 불행하게도 생체검사는 비싸고 불쾌하며, 대출혈 가능성으로 인해 검사과정에서 100명 중 한 사람은 사망한다.

그러나 생체의학적 초음파를 비교적 새롭게 확장한 탄성영상은 초기발견의 대안이 되기 시작하였다[14]. 프랑스 에코센스(EchoSens)사의 제품인 파이브로스캔(FibroScan)은 전통적인 초음파를 사용하여 간을 통해서 이동하는 전단파(shear wave)의 속도를 측정함으로써 간이 굳은 정도를 정확하게 알아낼 수 있다. 이 절차는 고통이 없고 비침습적이다. 벌써 12개 이상의 독립된 연구들이 전통적인 생체검사에서 얻어진 결과와 파이브로스캔에서 나온 결과가 강한 상관관계임을 입증하고 있다. 이러한 혁신적인 아이디어를 상업화된 제품으로 전환시키려 한다면, 개발의 목표는 이 기구를 사용하기 간단하고 편하게 만드는 것이어야 하며, 병원에서 구입할 수 있을 정도로 너무 비싸지 않아서 모든 간 전문가와 1차 진료를 하는 내과 의사의 표준도구가 될 수 있도록 하는 것이어야 한다. 이러한 일이 가능해지면 간질환의 초기 발견과 치료가 환자를 고통에서 벗어나게 할 수 있을 것이며 환자 치료의 전체 비용을 감소시킬 수 있을 것이다.

심리학적 관점에서 보면, 환자가 행동을 바꿈으로써 회복될 가능성이 있을 때 질병을 발견하려고 노력하는 것은 치료의 잠재성이 매우 크다. 마음 속으로는 자신들이 잘못 행동하고 있음을 알고 있음에도 불구하고 흡연자나 음주자 또는 과식자들은 너무나 자주 자신이 미리 알기만 했어도 행동을 변화시켰을 것이라고 말한다. 또는 이들은 자신은 총알을 피할 수 있는 예외적인 사람이라고 생각할 수도 있다. 만날 때마다 자신의 삼촌은 평생 동안 매일 음주했지만 90세까지 살았다는 말을 계속하는 그런 사람들을 여러분도 알 것이다. 그러나 진단 사진을 보면서 계속 부인하는 것은 어렵다. 환자들에게 질병의 초기단계에 있다는 증거를 볼 수 있도록 해주면서 동시에 아직은 이 과정을 되돌릴 수 있다는 것을 알려주는 것은 자신의 습관을 바꾸도록 사람들을 동기화하는 아주 좋은 방법이다. 또 술이나 약물 남용을 극복하여 신체가 눈에 띄게 좋아지는 사람을 보여주는 것도 효과가 좋다.

일상의 환경 바꾸기

우리가 질병의 시작을 알아 낼 수 있는 더 민감한 방법을 개발하고, 신체 내부의 문제를 고치려고 애쓰고, 신체 기능이 약해졌을 때 그 기능을 강화시킬 수 있는 웨어러블 기기를 개발할 수는 있지만, 이런 모든 기술이 있더라도 노화는 불가피하게 어떤 형태로든 쇠퇴를 가져올 수밖에 없다. 더 큰 문제는 우리의 신체가 궁극적으로 힘과 능력을 상실하는 것이 아니라, 우리가 매일 살아가기 위해 돌아다녀야만 하는 주택, 교통체계 또는 다른 구조적 체계와 같은 우리가 만들어놓은 환경이 이러한 쇠퇴를 수용하도록 만들어져 있지 않다는 것이다. 나이 든 사람이 일상적인 일을 제대로 하지 못하면 우리는 대개 그 사람을 탓하지 환경을 탓하진 않는다. 힘이 약해져서 병뚜껑을 비틀어 열지 못하는 것을 보면 그 사람이 제대로 하지 못하는 것으로 느끼지 사용하기에 너무 어렵게 디자인된 병이 문제라고 생각하지 않는다. 장애가 있는 사람이 버스나 기차를 타기 위해 첫 발을 디뎌야 하는 발판이 너무 높아서 잘 올라타지 못하는 것도 사실 문제는 차량 제조업체에 있는 것이지만, 우리는 장애가 있는 사람을 탓한다. 이렇게 신체 기능이 쇠퇴한 사람 탓을 할 것이 아니라 이들의 장수를 지원할 수 있도록 어떻게 환경을 잘 변화시킬 수 있을까를 질문할 필요가 있다. 이렇게 할 때, 우리는 젊은 사람과 나이 든 사람 모두를 위해 환경을 향상시킬 수 있는 훨씬 더 좋고, 더 창조적이고 더 만족스러운 해결책에 다다를 수 있을 것이다.

스탠포드대학 심리학과 동료 교수인 리 로스(Lee Ross)는 이러한 종류의 재구성에 예리한 감각을 가지고 있다. 로스가 지적하듯이 여성들이 전통적으로 남성적인 직업분야에 진출하기 시작하였던 1980년대에 좋은 뜻을 가진 지지자들조차도 어떤 직업은 계속 남성에게만 허용되어야 한다고 주장하였다. 이들의 주장은 여성은 특정 과제를 할 수 있을 만큼 크고 강하지 않다는 것이었다. 예를 들어 여성은 무거운 호스를 들거나 사다리를 오르거나 트럭에 올라타는 것을 잘하지 못하므로 유능한 소방관이 될 수 없다는 것이었다. 일반적으로 여성은 불을 진압하기 위해 필요한 크고 무거운 도구를 다루기엔 너무 약한 것으로 간주된다. 그러나 여성과 이들의 작은 몸집이 문제가 되는 것이 아니다. 소방장비의 설계가 문제인 것이다. 로스가 지적했듯이 남성이 여성과 같이 평균 162센티미터의 신장과 63키로그램의 체중을 가지고 있는 곳에서는 좀 더 작은 사람을 위한 소방도구를 제작했을 것이다. 로스는 웃으면서 "그들이 어깨를 으쓱하면서 '아무도 호스를 들 수 없네. 건물이 타도록 두자!'라고 말하진 않을 것입니다."라고 지적하였다.

우리 주변의 환경은 젊은 사람을 염두에 두고 설계되었다. 우리는 야외에서 난간이 없는 계단이나, 잠시 멈춰서 쉬었다 갈 수 있는 장소가 없는 도시의 긴 보도 또는 겨울에 얼음으로 덮힌 인도를 흔히 볼 수 있다. 상점에는 손이 닿기 힘든 높은 선반에 물건들이 진열되어 있고, 출입구는 너무 좁아서 휠체어가 통과하기 힘들거나 자동문이 너무 빨리 닫히거나 한다. 여행을 떠나면 비행기의 짐칸이 머리 위에 있어서 무거운 것을 들어 올려야만 하며, 버스는 쉽게 타기 힘들며, 자동차의 에어백이 터지면 약한 사람의 가는 뼈는 부서지기 쉽다. 가정에도 마룻바닥 위에 깔아 놓는 미끄러지기 쉬운 작은 양탄자, 쿠션이 부드러워 앉는 순간 푹 가라앉아서 다시 일어나기 힘든 가구, 잘 걷지 못하는 사람이 걸어다니기 어려운 집안의 층진 바닥, 젖은 바닥에 웅크리고 앉아야만 하고 또 다시 일어나야만 하는 욕조 등 가득하다. 이러한 것은 대부분 암묵적으로 사용자가 젊은 사람인 것으로 가정하고 만들어졌는데, 이는 우리의 일상 환경에 만들어져 있는 많은 장벽의 몇 가지 예에 불과하다.

내 친구 그레이스의 인생에서 일상 환경이 장벽이 되는 마음 아픈 예들을 보았던 것이 생각난다. 그레이스는 95세가 될 때까지 버클리에 있는 자신의 집에서 생활했는데, 그 집은 그레이스가 부모, 자매들과 어린 시절부터 함께 살았던 집이었다. 그 집은 크고 넓었으며 그레이스의 댄스 스튜디오는 같은 대지 내 집 뒤에 있었다. 오래된 집들이 흔히 그러하듯이, 그 집도 수리가 필요하였다. 전기시스템은 점검이 필요하였지만, 그레이스는 전자레인지를 사용하면서 동시에 세탁기를 돌릴 수 없다는 것에 큰 관심을 두지 않았다. 심지어는 벽에 간 금이나 페인트칠이 필요한 것도 알아보지 못하였다. 그레이스는 그저 지나간 시절의 추억만을 보았다. 그레이스는 현관문 앞에서 자신을 부르는 사랑하는 남편의 소리, 언니와 다투었던 소리만을 기억하였다. 의사가 노인 원호 생활시설로 가야 한다고 말했음에도 불구하고 그레이스는 친구와 가정부의 도움만으로 이 오래된 집에서 살았다. 그레이스를 독립적으로 지낼 수 있도록 지원하는 사회 시스템이 거의 없었지만 그레이스는 수년간 그렇게 생활할 수 있었다.

그러나 시간이 자나면서 그레이스가 항상 안전하게 움직일 수만은 없는 위험요인들이 있는 것이 분명해졌다. 내가 방문했던 날에는 가스냄새가 났다. 그레이스는 가스냄새가 나지 않는다고 했지만, 후각 민감성이 감소하는 것이 전형적인 노화 현상임을 알기에 나는 가스회사에 전화하도록 그레이스를 끈질기게 설득하였다. 가스회사는 한 시간이 채 안 되어서 직원을 보냈는데 그 직원은 가스오븐에서 가스가 새고 있음을 발견하였다. 그레이스는 자신의 오래된 가전제품 속에 서 있는 새로운 오븐을 가지게 되어서 기뻐했지만, 나는 자칫하면 벌어졌을 수 있는 어두운 일을 마음속에서 떨쳐버릴 수가 없었다. 무엇보다 그레이스의 친구들이 항상 주변에 있어서 위험신호를 알아낼 수는 없는 것이었다.

상황은 점점 더 나빠져 갔다. 그레이스는 암 선고를 받았고 수술이 성공적이긴 했지만 수술 후 수개월 동안 요양시설에서 지낸 후에야 집으로 돌아올 수 있었다. 침대에서만 지냈던 두 달은 그레이스의 기동성을 심각하게 손상시켰다. 병원에서 집으로 돌아와서 두 달이 지난 후에도 그레이스는 보행기의 도움을 받고서도 스스로 몇 걸음도 걸을 수 없었다. 보험으로 지원되는 물리치료가 끝난 후에는 자신의 돈으로 사람을 고용해서 물리치료를 받았으나 혼자서 걸을 수 있을 정도로는 회복할 수 없었다. 그레이스에게 가장 큰 문제는 화장실에 가는 것이었다. 욕실까지 걸어가야만 할 뿐만 아니라 보행기나 휠체어에서 변기로 자리를 옮겨야 하고 일을 본 후 다시 되돌아가야 한다. 허약한 사람에게 이는 위태로운 일이다. 노인의 경우 낙상이 3번째 주요 사망 원인이므로 그레이스는 그런 위험을 감수할 수 없었다. 결국 매달 5000달러를 지불하여 24시간 돌봐주는 간병인을 고용하였다. 공정하게 말하면 이 도우미는 음식 만들기나 간단한 청소와 같은 다른 일도 했지만, 그레이스가 그 많은 경비를 썼던 주된 동기는 화장실에 안전하게 다녀오는 것이었다.

그레이스와 나는 자주 공학이 이러한 문제를 해결해 줄 수 있는 방법에 대해 상상했다. 우리는 계단 오르기 로봇에 대해서도 이야기했다. 이 로봇은 그레이스가 올라타면 그레이스를 계단에 오르도록 도와주고 팔 끝에 집게 손톱이 달려 있어서 그레이스가 멀리 떨어져 있는 것을 집고 싶을 때 팔을 뻗어서 대신 집어줄 수 있는 그런 것이었다. (몸을 구부릴 수 없는데 바닥에 물건을 떨어뜨리면 얼마나 힘든지 상상해 보라!) 약 먹을 시간을 알려주고, 자신이 이미 약을 먹었는데 잊어버리고 다시 먹으려 할 때 이미 약을 먹었음을 알려주는 전자 알람에 대해서도 생각해 보았다. 나는 그레이스에게 로체스터대학 미래 건강센터(Center for Future Health)의 연구원이 개발한 도마에 대해서 알려주었다. 이 도마는 박테리아를 탐지할 수 있어서, 노화로 후각을 상실했을 때 일어나기 쉬운 불행의 하나인 상한 음식을 먹게 되는 일을 방지해 주는 것이다. 이들이 개발한 흑색종

을 탐지하는 욕실의 거울[15], 상처가 낫도록 돕는 스마트 반창고 등
에 대해서도 그레이스에게 이야기해 주었다. 그레이스는 내가 스탠
포드 공과대학 학생을 설득하여 자기 집의 문제거리를 고쳐줄 수 있
기를 바랐는데, 노인에게 적합하게 집을 개별적으로 고치는 것은 엄
두를 못 낼 만큼 비용이 많이 든다. 그러나 일반적인 도전적 과제
로, 노인과 장애가 있는 사람의 안전과 편안함을 염두에 두고 집을
설계한다면 이들의 요구는 경제적 잣대로 보면 훨씬 더 효율적으로
달성될 수 있을 것이다. 이러한 집은 아동과 젊은 사람에게도 안전
할 것이다.

사실, 일부 공학자는 다른 어떤 것보다 집주인을 배려한 스마트
하우스를 만들기 위한 방법을 마음에 그리고 있다. 어떤 사람이 방
에 있는지에 따라 조명의 밝기가 변하고, 침대에 누우면 온도조절장
치가 내려가고, 실수로 켜둔 난로가 꺼지고, 심지어는 집주인이 귀
가하면 음악이 들리는 집에 대해 과학자들은 오래 전부터 상상해왔
다. 이러한 기술품의 대부분은, 여전히 흔하지 않지만, 현재 구매는
가능하게 되었다. 더 최근에는 스마트 하우스 계획이 나이 든 사람
의 요구에 맞춰지고 있으며, 호흡, 체온, 심박과 같은 생체신호의
점진적 변화를 탐지하고 응급 시 도움을 주는 개인용 관리시스템과
같은 흥미로운 가능성을 보여주고 있다. 예를 들어 거주자가 소파에
앉아 있을 때나 변기에 앉아 있을 때 센서가 건강 정보를 수동적으
로 기록하는 것이다. 변기 제조업계의 거대기업인 토토(ToTo)사의
연구자는 주택건설회사인 다이와 하우스(Daiwa House)와 협력하여
지능형 변기시스템을 개발하였는데, 이것은 당뇨병환자의 소변을 채
취하여 글루코스 수준을 측정하거나 엄격한 약물치료 중에 있는 사

람이 적정량의 약을 복용했는지를 나타내준다. 또 변기가 있는 곳에서부터 팔을 뻗으면 닿는 거리에 혈압측정계가 달려있어서 팔을 넣으면 혈압이 측정된다. 그리고 세면대에서 손을 씻는 동안 체중이 측정된다. 이 모든 정보는 건강관리인력에게 보내지며, 문제가 있으면 건강관리인력이 본인에게 알려주어 조심하도록 할 수 있다.

카드 게임으로 인지기능을 알아 볼 수 있나? ..

내가 들어보았던 상상력이 가장 풍부한 관리 아이디어는 인지기능을 추적하기 위해 컴퓨터 기반 게임을[16] 사용하는 것이다. 오레곤 보건과학대학의 의학정보학 교수인 홀리 지미손(Holly Jimison)과 생명의학공학과 컴퓨터과학 교수인 미샤 파벨(Misha Pavel)은 인지상태의 아주 초기 변화를 추적하기 위해 컴퓨터 게임 수행을 사용하고 있다.

이들이 사용하고 있는 컴퓨터 게임의 한 가지는 프리셀(FreeCell)이라는 카드 게임이다. 이 게임은 솔리테르(혼자서 하는 카드놀이)와 같지만 상당한 수준의 계획과 책략이 요구된다. 카드가 몇 개의 열로 제시되면 가장 적게 카드를 움직여서 특정 순서로 재배열시키는 게임이다. 프리셀은 수행을 잘 하려면 미리 몇 개의 카드 이동을 머릿속에서 계획해야 하므로, 심리학자들이 실행기능이라고 부르는 복잡한 의사결정이 요구된다. 이 게임에 대한 수행을 추적함으로써 지미손과 파벨은 신경질환이나 다른 질환의 증상일 수 있는, 인지쇠퇴의 초기 신호를 탐지할 수 있었다. 이와 같은 초기 경계는 질병의 근본 원인에 대한 사전 치료를 가능하게 할 것으로 보인다.

활용 가능한 기술에 대한 더 놀라운 정보를 얻고 싶다면 네트워크 센서의 새로운 용도에 대해 연구하고 있는 인텔(Intel)사 디지털 건강그룹의 제품 개발과 연구 책임자인 에릭 디쉬맨(Eric Dishman) 과 이야기해 보라. 인텔사의 제도판에 그려진 여러 프로젝트 중에는 참으로 스마트한 카페트가 있는데, 이것은 노인이 낙상하지 않도록 설계된 것이다. 낙상은 65세 이상의 사람에게 중대한 문제인데 낙상 으로 다치기 때문만이 아니라 이후의 입원과 종종 사망까지 몰고 갈 수 있는 기능의 급락이 일어날 수 있기 때문이다.

이 카페트는 센서 네트워크를 장착하고 있는데, 이 센서는 걸음걸 이 패턴에 관한 정보를 수집하여, 알츠하이머병이나 파킨슨병이 최 근에 발병했음을 나타내는 걸음걸이 패턴을 알아 낼 수 있다. 이 센 서는 걸음걸이의 시시각각 변화에 매우 민감해서, 사람이 쉽게 알아 채지 못하는 아주 작은 변화까지도 탐지할 수 있다. 디쉬맨이 설명 하길, 인텔사의 연구로 여러 사례에서 사람의 걸음걸이가 아침에 약 복용 후 얼마 지나지 않아 변화하는 것으로 나타났기 때문에 걸음걸 이의 변화를 탐지하는 것이 매우 중요하다고 하였다. 실제로 디쉬맨 은 낙상 사고의 50~60퍼센트는 약 복용 또는 근육마비와 관련된다 고 하였다. 카펫에 장착된 센서가 이러한 변화를 감지하기만 하면 약 처방이나 용량을 바꾸어야 하는지 내과의사나 약사에게 전화하 여 알아보도록 사용자에게 신호를 보낸다. 조정이 되고 나면 카페트 의 센서는 증상이 향상되는지를 감시한다. 파킨슨병과 알츠하이머병 의 초기 단계는 행동상에서 유사하게 보이는데, 이러한 카페트로 측 정된 기록은 이 둘을 정확하게 진단하는 데 도움이 될 것이며 따라 서 서로 다른 약 처방을 내리게 될 것이다.

디쉬맨은 인텔사가 다른 종류의 자기감시 해법, 예를 들어 약을 복용해야 하는 시간임을 일깨워주는 휴대폰과 같은 것도 고려하고 있다고 말했다. 상당히 괜찮아 보이는 다른 시제품으로는 자동차 함께 타기 시스템이 있다. GPS기술과 Google Earth를 사용하여 디쉬맨 개발팀은 곧 자동차를 타려고 하는 노인에게 차에 태워주기를 기다리는 사람이 근처에 있다는 것을 알려주는 전체 게시판 체계를 구상하고 있다. 이러한 체계는 운전자가 일을 하면서 선행도 할 수 있고, 외출할 수 없는 사람을 외출이 가능하게 만들어주므로, 디쉬맨은 서로에게 도움이 되는 것이라고 말한다.

분명 차량은 나이 든 사용자를 위해 새롭게 구상되어야만 한다. 현재 우리가 운전하는 자동차는 모든 운전가가 유연하고 강하며, 잘 듣고 잘 볼 수 있으며, 또 반응시간이 빠르다는 것을 전제로 설계되었다. 이 사회는 나이가 든 사람을 자동차 도로에서 내몰고 싶어 한다. 무엇보다 70세 이상 된 운전자는 젊은 운전자보다 자동차 충돌 시에 사망할 가능성이 더 높다. 그러나 나이 든 사람, 특히 독립적으로 살고 있는 사람은 30세 이하인 사람보다 자동차 사고를 더 일으키지 않을 뿐만 아니라, 이들도 여전히 외출해야 할 일이 있다. 대중교통이 미국의 일부 도시에서는 믿을 만하지만, 대부분의 지역에서는 덜 발달되어 있으며, 발달된 곳에서도 대개는 상당한 거리를 걸어야만 차량을 탈 수 있는 형편이다. 대중교통 사용자들도 에스컬레이터나 엘리베이터 안에서 예상하지 못했던 고장 사인을 자주 접하게 된다. 택시와 셔틀버스 서비스는 느리고 불규칙적이며, 날씨가 좋지 않은 날에도 밖에서 기다려야만 탈 수 있는 경우가 흔하다. 또 걸어가기로 결정한 사람에게는 차량과 자전거들이 다니는 도로 속에서 걸어가야 하는 순간도 있기에 신체적 위험이 항상 있다. 상황을 직시하자. 우리는 대부분의 사람이 운전한다는 생각하에서 계획된 나라에 살고 있다. 왜 나이 든 사람의 요구를 수용하도록 자동차를 설계하지 않는가? 어떤 변화는 이미 존재하는 기술을 활용하여 비교적 쉽게 구현할 수 있다. 예를 들어 만약 모든 자동차에 후방장착 카메라와 승차하기 쉽게 회전되는 의자가 있다면 어떤 연령의 운전자에게도 더 안전하고 안락할 것이다. 좀 더 혁신적인 아이디어는 운전자가 전혀 필요 없는 자동차를 생산하는 것일 것이다. 동료인 컴퓨터과학 교수인 세바스찬 스런(Sebastian Thrun)에게 스스로 운전하는 자율주행 자동차 개발의 가능성에 대해 질문한 적이 있다. 스런 교수는 언제 가능한지 알 것이다. 스런 교수 팀은 2005년에 다르파 그랜드 챌린지에서 바위투성이의 네바다 사막을 132마일 가로지르는 경주에 우승해서 2백만 달러의 상금을 탔던 자동로봇 자동차인 스탠리(Stanley)를 개발하였다. 스런은 전 세계 자동차 회사의 연구팀에서 이미 나이 많은 운전자의 취약성을 보완하기 위한 자동차를 개발하려고 노력하고 있다고 말했다. 이러한 자동차는 임박한 충돌을 감지해서 자동적으로 도로를 벗어나도록 하고 운전자가 잠이 들거나 심장마비가 오거나 심지어 브레이크를 밟으려다가 가속페달을 밟을 때 경보음을 울릴 수 있을 것이다.

스런은 궁극적으로는 자율주행차가 현재 우리가 운전하고 있는 차를 대체하여 통근자들의 시간과 사고를 줄이게 될 것으로 상상한다. 그는 "고속도로 체계는 극도로 비효율적이어서 일반 근로자는 하루에 한 시간을 운전한다"고 말한다. 더 큰 문제는 자동차 사고에서 발생하는 비용으로 전 세계 GDP의 1~3퍼센트를 써버린다는 것이다. 스런 팀은 자동차 개선에만 신경을 쓰기보다는 나이 든 사람과 젊은 사람 모두에게 더 편리하고 더 안전하며, 더 환경 친화적인, 진정으로 자동화된 운전 체계를 그리고 있다. 스런이 말하길 "그러한 차는 컴퓨터의 제어하에 움직일 것이며, 우리는 자동차를 소유하기보다는 휴대 전화기를 사용하여 지시하기만 하면 됩니다. 집앞으로 오기도 할 것이고 마치 운전자 없는 택시와 같이 어디든 우리를 데려다 줄 것입니다. 이것은 운전을 더 저렴하고 안전하고 안락하게 만들 것입니다. 누가 교통체증 속에서 출퇴근을 하고 싶겠습니까?" 나이 든 사람에게 자율주행차는 감각 및 인지 능력의 제한에 대한 염려를 불식시켜줄 것이고 운전할 수 없는 고령자를 위협하는 사회적 고립과 의존성에 대한 불안도 제거해 줄 것이다.

이와 유사하게, 오늘날의 통신기술은 우리가 덤으로 더 오래 살게 된 인생에서 누리게 될 다양한 기회를 예견해 줄 뿐만 아니라, 나이 든 사람들이 비록 가동성은 젊은 시절보다 떨어질지라도, 더 안전하고 독립적이며 또 외부세계와 상호작용할 수 있도록 돕는 데 중요한 역할도 할 것이다. 집을 떠나지 않고도 정보를 찾고, 멀리 떨어져 있는 사람과 상호작용하는 것을 쉽게 만드는 일에 있어서 우리가 이미 얼마나 멀리 왔는지 보라. 불과 30년 전만 해도 편지나 비싼 장거리 전화가 멀리 떨어진 사람과의 관계를 유지하는 주요 수단이었고, 정보를 얻기 위해서는 도서관까지 직접 가야만 했다. 오늘날 비디오폰은 서로 얼굴을 보면서 장거리 전화하는 것을 현실로 만들었으며, 장거리 전화는 매우 저렴해졌으며, 전자우편은 거의 무료이며, 전 세계에 흩어져 있는 가족 및 친구들과 휴대 전화기로 하루에도 여러 번 접촉할 수 있게 되었다. 인터넷 덕분에 전세계의 지식은 일반 시민에게도 즉각적으로 가용한 것이 되었으며, 마우스를 몇 차례만 클릭해서 어떤 것이든 집에 배달되도록 할 수 있다. 다시 말해 이제는 당신이 세상 밖으로 나가는 대신 세상이 당신에게 오도록 할 수 있는 것이다.

이것은 종종 집에서 일해야 할 필요가 생기는, 어린 자녀를 가진 부모에게 유용한 것은 말할 필요도 없으며, 직장에 있는 나이 많은 사람에게 매우 유용하게 활용될 수 있다. 갑작스런 은퇴라는 개념이 점차 사라짐에 따라, 노인 근로자로 하여금 항상 직장에 나가지 않더라도 사무실의 일상적인 일에 참여하는 것을 가능하게 해 준 더 발달된 통신기술은 노인이 은퇴하더라도 여전히 직장에 기여할 수 있도록 해 줌으로써 편안하게 전일제 근로에서 은퇴하도록 도와줄 수 있을 것이다. 이는 사람들을 독립적일 뿐만 아니라 지금보다 수년간 더 자신의 집에서 생산적일 수 있게 해 줄 것이다. 다른 종류의 통신은 서로 멀리 떨어져서 지내는 가족이 서로에게 관심과 주의를 기울일 수 있도록 하여 행복에 결정적인 사회적 유대감을 증진시켜줌으로써 가족 간의 괴리를 줄여줄 수도 있다. 나는 지구의 반대편에 살고 있는 손자손녀가 잠들기 전에 비디오폰으로 동화를 읽어주는 몇몇 조부모를 알고 있다. 요즈음의 손자손녀는 이러한 기술이 개발되기 전에 자랐던 아이보다 이를 상당히 자연스럽게 받아들인다.

사람이 실제로 그곳에 있는 것처럼 보이도록 모사하는 기술은 아직 초기 단계에 있다. 현재 비디오통신이 면대면 상호작용을 제대로 대체하고 있지 않다. 그 이유는 아마도, 얼굴표정의 미묘함은 순간적으로 사라지기에, 천분의 수초 정도의 지체도 대화를 어색해 보이게 만들어서 상호작용이 인위적인 느낌이 들도록 하기 때문일 가능성이 높다. 이러한 문제를 해결한다면, 장거리 통신이 주요한 많은 일을 해 낸 것이 될 것이다. 분명, 가상현실 기술의 발전은 장거리

통신에 촉각과 같은 미묘한 뉘앙스를 가져와서 사실성을 더 높여줄 것이다.

통신기술을 통해 보건의료서비스 전달이 개선될 가능성이 매우 큰 데, 이는 특히 환자들이 자신의 건강이력 정보에 더 잘 접근할 수 있게 할 것이다. 로스앤젤리스의 시다스-시나이 건강센터(Cedas-Sinai Medical Center)의 캘빈 호벨(Calvin Hobel)은 평생자료관리시스템에서 일하고 있는데, 이 시스템은 각 개인이 평생 동안 받았던 엑스레이검사, 진단 및 치료에 관한 의학정보를 작은 메모리 스틱에 저장할 수 있도록 해 준다. 당신이 새로운 의사를 만나야 하거나, 다른 의사의 의견을 듣고 싶을 때마다 이러한 종류의 정보를 입수할 수 있다고 상상해 보라. 이런 경우, 과거에 여러 전문의로부터 서로 다른 많은 약을 처방 받았던 환자를 치료하게 된 새로운 의사는 환자에 대한 정보를 충분하게 가질 수 있을 것이다. 환자 또한 자신의 병력에 대해 더 잘 알 것이며, 의사와 진료에 대해 결정해야 할 때 결정과정에 더 잘 참여할 수 있을 것이다.

기술은 환자가 더 적극적으로 자신의 치료에 참여할 수 있도록 만들어줌으로써 보건의료 문화를 바꿀 수 있다. 인터넷이 쉽게 접근 가능한 지식의 저장고로 기능하므로, 사람들은 자신의 건강문제와 관련된 정보에 정통하기 위해서 이를 점점 더 사용하게 될 것이다. 그리하여 의사와 상호작용할 때 웹 상에서 알게 된 지식이 없을 때에 비해 좀 더 잘 알고, 더 적절한 질문을 하고, 질문에 대한 답을 더 잘 이해하게 될 것이다. 환자가 선택할 수 있는 다양한 검사와 절차에 익숙해지도록 하는 것은 실제로 치료 효과를 향상시킬 수 있다. 스탠포드대학 심리학과의 동료 교수인 알버트 반듀라(Albert

Bandura)는 여러 연구에서 수행에 대한 믿음은(17) 사람들이 목표를 달성할지 또 어떤 목표를 설정할지에 직접적인 영향을 준다는 결과를 보여주었다. 건강을 유지할 수 있는 자신의 능력에 대한 믿음과 필요할 때는 치료를 고수하는 능력에 대한 믿음은 이들이 얼마나 성공적으로 긍정적인 치료결과를 얻어내는지에 직접적으로 영향을 미쳤다. 자신의 신체와 질병에 대해 더 잘 이해할수록 자신의 일상활동에 대해 더 잘 결정할 수 있을 것으로 믿는 것은 합리적일 것이다.

그러나 물론 의학적 조언을 구하기 위해 닥치는 대로 인터넷을 검색하는 것은 바보짓이다. 인터넷상의 많은 정보는 타당성이 의심스러우며, 의학적 배경이 없는 사람은 정보의 정확성과 정보를 올린 사람의 의도를 평가하기 힘들다. 그러므로 나는 국가연구기관이나 의사협회와 같은 기관이 후원하고 환자 실습에 적극적으로 사용되는, 모든 정보가 들어있으며 누구나 접근 가능한 의학지식 개요서를 개발할 것을 제안한다. 아주 간단한 설명은 더 상세하고 깊이 있는 논의와 연결시킬 수 있을 것이다. 환자가 질문에 대한 효과적인 답을 얻지 못하면 문제를 바로잡기 위해 프로그램이 수정될 수 있도록, 개요서가 사용자와 상호작용 가능하도록 만들 수 있을 것이다.

혜택 분배하기

새로운 기술을 개발할 때, 무엇을 해 낼 수 있는지뿐만이 아니라 무엇이 윤리적이고 비용 효율이 높은지에 대해 고민해 보아야 한다. 오늘날 90퍼센트의 디자이너들은(18) 자신의 상품을 가장 부유한 전

세계의 5퍼센트에게 판매하고 있다. 줄기세포 치료와 거주인의 요구에 맞춰진 스마트 하우스와 같은 혁신적인 것을 생각할 때, 과연 우리가 이렇게 경이로운 기술을 구매할 여유가 있을지 그리고 누가 그런 여유를 가지고 있을지를 생각해야만 한다. 보건의료 시장에서는 가격을 낮추려는 경제적 인센티브가 있다 해도 아주 적다. 반대로, 사적 의료보험 또는 노인의료보험이 이를 지불한다면 높은 가격을 계속 유지하려는 인센티브가 있을 것이다. 노인의료보험을 위협하는, 하늘 높이 치솟는 재정적 비용은 혁신에 대한 실제비용 때문만이 아니고 새로운 기술의 비용을 낮추려는 동기가 없는 문화 때문이기도 하다는 것을 명심할 필요가 있다. 그러나 이러한 기술이 사회에 광범위한 효과를 주기 위해서는 일반적인 노인도 사용할 수 있는 정도의 적정한 가격이 되어야 한다.

현재의 문화가 변할 수 있다는 희미한 희망의 빛이 보인다. 최고의 적정성(extreme affordability) 개념은 아이디오(Ideo)나 이그나이트 이노베이션즈(Ignite Innovations)와 같은 첨단 기업과 사업을 통해 세상을 향상시키려는 목적을 가지고 있는 사회적 기업과 함께, 스탠포드나 MIT와 같은 대학에서 점차 널리 퍼지고 있다. 이 아이디어는 줄 수 있는 기술을 세계의 가장 빈곤한 지역에 제공하겠다는 취지로 발전된 것인데, 상품의 디자인과 생산 및 수송을 가능한 단순하고 효율적으로 하여 비용을 절감함으로써 가능해지는 것이다. 이러한 개념을 의료보건 분야 및 모든 노인이 공동체 생활에 참여하면서 독립적으로 또 안전하게 살 수 있도록 돕는 모든 종류의 기술 분야에도 적용할 때가 되었다.

수백만 명의 노인을 괴롭히는 일상의 문제, 예를 들어 계단 오르

내리기, 병뚜껑 열기, 가스 누출 감지하기, 위급 시에 다른 사람을 깨우기, 친구 집을 방문하기 위해 여행하기, 또는 한밤중에 화장실 가기와 같은 문제에 대한 단순하면서도 효율적인 기술적 해결책이 있을 것이다. 이러한 문제는 현재, 가족이 밤을 지새우는 수고를 하거나 한 달에 수천 달러의 비용을 지출하여 도우미를 고용하는 등, 한 사람씩 개별적으로 해결되고 있다. 현재 사용가능한 복잡한 기술적 해결책의 어떤 것은 이를 단순화시킴으로써 더 쉽게 사용될 수 있을 것이다. 당신이 자신과 사랑하는 사람을 위해 오늘 스마트 하우스를 디자인하려면 상당한 돈이 들 것이다. 그러나 규모를 축소함으로써 더 낮은 가격으로 스마트 하우스를 짓지 못할 이유는 없는 것이다. 상상컨대 가정과 사람을 더 안전하게 지켜주는 비디오감시 장치, 낙상과 가스누출을 감시하는 센서 체계, 그리고 다른 몇 가지 저렴한 프로그램 세트를 가정용 건축자재 판매처에서 500불 미만으로 판매할 수도 있는 것이다.

왜 과학이 중요한가?

미국은 장수를 지원하는 기술을 개발하고 생산하는 데 중요한 리더 역할을 해 왔다. 20세기 전반에 걸쳐서 미국의 과학과 기술이 세계를 리드하였는데, 과학에 양분이 되는 사회적 자유와 두 차례의 세계 대전에서 발생된 요구로 더욱 촉진되었다. 그러나 그 이득은 항상 미국 내에만 머물러 있진 않았다. 미국에서 개발된 약, 진단도구 및 기초 연구는 전 세계에서 활용되고 있으며, 미국대학은 전 세

계에서 온 과학자를 훈련시켰고 이들의 상당수는 자기 나라로 돌아
가서 그 나라의 경제발전에 장기간 기여했다. 이는 서로에게 보상이
되는 과정이다. 즉 우리의 지식기반은 이 학생들과 박사후 연구원들
이 미국에 있던 기간에 거둔 연구성과로 더 풍요로워졌으며, 전 세
계에 미국에서 교육받은 수천 명의 과학자가 있다는 것은 미국이 대
외관계를 위해 노력한 최고의 성취일 것이다.

지난 50년간 과학은 다른 연구 분야보다 국가의 경제성장에 활력
을 주었다. 시카고대학의 경제학자인 케빈 머피(Kevin Murphy)와 로
버트 토펠(Robert Topel)은 1970년부터 2000년 사이에 수행된 의학
연구로 발생한 국가 부의 증가를 돈으로 환산해 보았는데, 매년 3.2
조 달러[19]라는 놀라운 액수였다. 이 수치를 다른 관점에서 보면,
2007년 미국의 총 생산은 14조 달러였으므로 머피와 토펠의 수치는
GDP의 1/4이 의학연구로 발생한 것임을 보여준다. 지난 2, 30년간
새롭게 창출된 질 높은 일자리의 상당히 많은 부분은 연구소에서 분
리되어 성장한 작은 규모의 기술집약적 기업에서 발생한 것이다.

의학연구는 다른 방식으로도 국가의 GDP를 증가시켰다. 즉 더
건강한 사람들이 더 생산적이며, 더 많은 부를 가지며, 따라서 더
많은 자원을 소비한다. 다시 말해, 건강이 좋으면[20] 경제에도 좋다.
사실, 개발도상국가에서 과학에 대한 열정의 일부는 과학과 기술만
이 나라의 생활수준을 향상시키는 길이라는 정부지도자의 인식에서
온다. 중국과 인도가 수많은 공학자를 배출하고 있는 것은 이들 국
가의 경제를 도울 것이다. 그 결과, 전 세계의 지식집합체가 생겨나
서 아이디어를 서로 공유하여 새로운 해결책을 발견하는 일이 더욱
빨라지는 것이다. 과학은 국가 간의 경계를 무시하므로 새로운 지식

이 어디에서 유래되었는지는 중요하지 않으며 우리 모두가 그 이득을 누리게 되는 것이다.

현재는 과학과 공학 전문가들이 전 세계에 널리 분포되어 있으며, 전 세계는 기술 폭발이 일어날 것 같은 상황에 있는데, 가장 방대한 이런 사업에서도 미국이 지속적으로 리더가 될 수 있을 것인가? 무엇보다 전쟁, 교육, 보건의료, 최근에 문제가 되고 있는 먹거리 파동 등 우리의 주의를 끄는 다급한 문제가 너무 많아서, 우리 대부분에게 과학에 대한 지원은 우선순위 목록에서 매우 아래 쪽으로 밀려 내려가고 있다. 불행하게도, 우리는 우리가 과거에 이룩한 성취에 편승하여 나아가려고 하고 있는 것이다.

우리가 지식이 주요 통화(通貨)인 사회를 향해 빠르게 움직이고 있는 동안, 역설적이게도 점차 과학에 대해 안주하는 분위기가 나라를 덮고 있다. 미국의 학령기 아동은 다른 나라 아동에 비해 수학과 과학을 비교적 잘 하지 못한다. 고등학교를 졸업하는 비율의 증가세도 수평을 유지하고 있다. 과학과 공학 분야의 직업을 선택하는 졸업생의 수는 한 세대 전에 비해서 상대적으로 적다. 곧 은퇴하게 되는 60대 초반의 근로자[21]가 30대의 근로자보다 상위수준의 학위를 가지고 있는 사람이 더 많다는 것은 정말 놀라운 일이다. 그 차이는 물론 2퍼센트밖에 되지 않아서 작지만, 한국, 일본, 러시아 및 캐나다와 같은 나라에서는 상위학위를 따려는 사람의 수가 꾸준히 증가하고 있다. 다른 나라가 미국을 따라잡을 때, 국제무대에서 미국의 상대적 경쟁력은 감소하게 될 것이다. 인플레이션 효과를 조정한 미국연방연구기금의 실질 금액은 감소하고 있다. 같은 시기에 중국과 인도, 브라질의 연구기금은 2배로 증가하였다. 지난 10년간 중국은 과학의 주요 생산국이 되었으며 현재는 과학 생산성에서 미국 다음으로 전 세계 2위이다. 현재의 추세가 이어진다면 중국은 2020년에는 미국을 추월할 것이다[22].

어떤 방식으로든 우리의 만족과 안주가 미국에서 이루어진 과학의 놀라운 성공을 반영하는 것이길 기대한다. 우리의 일상생활은 기술의 진보에 기초하고 있지만 기술의 진보는 우리의 일상생활에 절묘하게 깃들어 있어서 눈에 잘 띄지 않는다. 우리는 아침에 아이들에게 주는 달걀이나 쥬스의 안전성이나 귀가를 위해 자동차의 시동을 걸 때 활성화시킨 복잡한 센서 체계의 안전성에 대해 잊고 산다. 의사가 우리 신체 내부의 이미지를 찍어서 볼 수 있고, 혈액의 성분을 분석하고, 우리의 생명을 앗아갈 수도 있는 질병으로부터 우리를 보호해 주는 것을 당연하게 생각한다. 과학은 우리를 위하여 우리가 태어난 환경을 안전하고 안락하고 도움이 되도록 만들어줌으로써 우리의 수명에 수십 년을 더해 주었다. 그러나 과학이 가져다 준 선물을 당연시하게 되면서, 그러한 선물을 가능하게 만든 일은 무시하기 시작하고 있는 것이다.

우리 아이들이 적어도 과학에 능하지 못하면 다양한 방식으로 고통 받게 될 것이 나는 크게 염려되며, 이들 중 많은 아이가 과학계의 리더가 되길 바란다. 장수를 최적화하기 위해서는 사람들이 과학과 기술의 과정을 이해하고 지지하고, 매우 일반적인 의미로, 이를 이끌어가는 것이 필요하다. 교육수준과 건강 간의 정적 상관관계는 분명, 부분적으로는 과학적 발견을 이해하고 적용하는 개인의 능력에서 온다. 따라서 당신의 자녀 및 손자손녀가 과학자가 되기로 결정하지 않았다 하더라도 이들이 미래 세계가 가져올 변화의 속도를

따라가기 위해서 과학계에 대해 어느 정도는 기본적으로 이해해야
한다.

과학과 기술이 정말 중요하다면 어떤 나라에서 가장 첨단의 과학
적 연구를 했는지 의문이 들 수 있을 것이다. 다른 나라들은 수십
년간 미국이 성취한 과학 및 기술 진보의 혜택을 받았다. 왜 이들이
한동안 혁신을 리드해서 창조한 상품을 우리가 소비하면서 혜택을
누려서는 안 되는가? 객관적으로 미국이 1등이 되어야 하는 이유는
없다. 리더가 되는 것은 어렵고 도전적이고 비용도 많이 든다. 반
세기 전에는 다른 나라가 파괴적인 전쟁으로부터 회복되고 있었기
에 우리는 저절로 1등이 되었다. 오늘날은 여러 선진국가가 경제적
으로 또 기술적으로 거의 비슷하다.

그러나 나는 매년 더 치열해지고 있는 첨단기술의 세계 경쟁에서
미국이 그 지위를 계속 유지하는 것이 귀중하고 가치가 있다고 생각
한다. 대체로 이 경쟁은 소비자뿐만 아니라 개발자와 공급자에게도
건강하고 유익하며, 이는 물론 우리의 경제를 가속화하는 거대한 엔
진이다. 무엇보다 미국은 과학계에 제공할 것이 아직도 많다. 미국
은 다른 나라에 비해 세계적으로 뛰어난 연구소가 절대적으로 많으
며, 첨단기술 창업자금으로 사용할 수 있는 벤처자금 원을 가지고
있으며, 확장할 준비가 되어 있는 연구산업을 가지고 있다. 또 우리
는 오랫동안 정비해온 비교적 객관적이고 공정한 자금조달 체계를
가지고 있으며, 가장 중요하게는 지적 자유를 지지하는 강한 문화적
전통을 가지고 있다. 우리에게 필요한 것은 과학에 능통한 대중과,
장수과학뿐만이 아니라 모든 인류의 요구를 충족시킬 수 있는 혁신
적인 해결책을 찾기 위해 우리로 하여금 앞으로 전진하도록 인도하

려는 의지가 있는 국가적 지도력이 전부다.

21세기에 장수하는 사람이 직면한 도전적 과제를 해결하기 위해 과학계의 에너지 및 브레인파워와 공조할 수 있다면 우리는 20세기 초에 아기와 어린이의 건강문제를 해결했었던 것과 같이 노화하는 사람과 사회 건강문제도 해결할 수 있을 것이다. 미래의 우리 증손자녀는, 과거의 영아사망과 구루병과 같은 영양장애의 발생률을 생각할 때 우리가 흔히 하듯이, 고개를 설레설레하면서 치매가 만연했던 시절을 상상해보려고 애쓰게 될 수도 있을 것이다. 이들은 친구와 커피를 마시면서 나이가 들면서 근육이 소실되고 무릎이 망가지고, 자신의 집에서 사는 것이 너무 위험해서 살 수 없었던 옛 시절에 대해서 이야기할 것이다. 우리의 증손자녀는 자신들이 2010년이 아니라 2050년에 살고 있어서 얼마나 다행인가 이야기할 수도 있을 것이다. 사실, 우리가 보기 드물 정도로 많은 노력을 기울인다면 우리도 그러한 대화를 하게 될 수 있을지도 모른다.

무엇이 잘못될 수 있을까?

8.
무엇이
잘못될 수 있을까?

　나는 긴 인생에 관해 기본적으로 낙관론자다. 오래 살지 못했던 시절을 생각해 볼 때, 점차 오래 살게 되고 나이 드는 것에 대해 우리가 불평하는 것은 정말 재미있는 것 같다. 그러나 내가 전적으로 천진하기만 한 것은 아니다. 우리는 단지 월계관을 너무 일찍 쓰게 된 것이다. 긴 인생은 우리가 살고 있는 이 세상을 크게 변화시켰기 때문에 가능해진 것인데, 우리에게는 변화시켜야 할 것들이 아직도 여전히 많이 남아 있다. 우리는 전례 없이 많은 기회를 가지게 되었는데, 덤으로 가지게 된 기간이 고난이 아니라 선물이 될 수 있도록 하기 위해서는 새로운 환경과 우리의 선조가 결코 예견할 수 없었던 건강 위협에 대해 적응해야만 한다.

　그렇다면 '잘못되다'라는 말로 내가 전달하려는 의미는 무엇인가? 만약 우리가 지금 더 건강하고 더 긴 인생의 가장 선두에 있기만 한 것이 아니고 정점에 있다면 어떨 것인가? 더 건강해지려는 20세기의 경향이 정지되거나 되돌려져서 미래의 세대에게 더 짧은 인생과 더 나쁜 건강을 남겨줄 수도 있을 것이다[1]. 빈곤이 증가하여, 과거 어떤 시절보다 큰 빈부 격차를 만들어내고, 수백만 명의 사람이 장수를 즐길 만큼 오래 살 수 없게 될 것이다. 한 문화로서나 개인으로서 수십 년간의 은퇴에 어느 정도의 비용이 들지 제대로 예상하고 이에 맞게 저축하지 못한다면 미래의 세대는 베이비부머 세대보다 더 노후를 위한 재정적 대비를 하지 못하게 될 것이다. 20세기 동안 길어진 인생 덕분에 은퇴기간이 극적으로 연장되었지만, 일하는 것이 보람되어서가 아니라 일하지 않고 살 수 있는 다른 방도가 없어서 과거 어떤 세대보다 더 오래 일할 수밖에 없게 되는 것과 건강이 악화되는 불행한 두 요인이 결합함으로써 은퇴기간이 다시 줄어들 수도 있을 것이다. 요컨대, 번영과 여가시간 및 향상된 건강상태를 이룩함으로써 우리 모두에게 인생의 황금기를 누릴 수 있도록 해 주었던 20세기 중반에서 그 이전의 시기로 되돌려져서, 은퇴는 일할 수 있는 시기와 죽음을 맞이하는 시기 사이에 존재하는 질병과 병약함으로 점철된 짧고 즐길 수 없는 시기가 될 수도 있는 것이다.

　암울한 예견을 하고 있지만 나는 이를 진지하게 받아들이고 있다. 여러분도 그래야 할 것이다. 무엇이 잘못될 수 있을 것인지에 대해 생각해보는 것은 우리로 하여금 이에 대비하도록 함으로써, 그렇지 않으면 직면하게 될 수도 있는 재앙을 피할 수 있게 해준다. 역사 이래로 다른 어떤 세대보다 더 많은 사람이 무리지어 노년기에 진입하게 되는 베이비부머는 분명 이런 경향을 만들어내는 선도자가 될 것이다. 이들은 앞으로 다가오는 시기를 위해 재정지원 혜택, 분담금 및 가정 역할 등을 새롭게 설정하여 새로운 문화의 단계를 시작할 것이다. 이제 우리 사회가 크게 연장된 인생을 최고로 만들 수 있도록 준비하기 위해서, 우리가 직면할 수 있는 몇몇 장벽들에 대해 살펴보자.

시나리오 1: 우리는 새로운 생애모델을 상상하지 못하고 있다.

나는 노년기를 경험하는 방식을 근본적으로 변화시킬 수 있는 과학적 돌파구나 기술적 진보에 대해 생각하면서 많은 시간을 보낸다. 노년기 내내 젊은 성인시절의 근육강도를 유지할 수 있는 방법을 발견한다면, 또는 인지적 침체를 되돌려서 나이가 들수록 더 현명해지고 빨라질 수 있는 방법을 발견한다면 어떻게 될까? 이러한 상상을, 도로가 막혀서 기다려야 하는 시간 또는 비행기에 탑승 후 좌석에 앉아서 노트북 사용 허가가 떨어질 때까지 기다려야 하는 시간에 하면, 기다리는 시간이 지루하지도 않고 도움도 된다. 여러분도 해 보라. 무엇보다, 우리가 상상하는 것이 있으면 자신이 그것을 만들 수 있다고 주장하는 공학자가 많이 있다.

노화를 변화시키는 데 가장 큰 걸림돌이 되는 것의 하나는 상상력의 부족이다. 상상력의 부족은 노년시절을 아주 만족스럽게 만들기 위해 우리가 무엇을 할 수 있을 것인지를 그려볼 수 없도록 만든다. 하나의 문화로서, 우리는 거의 100년이나 되는 긴 시간을 진정

멋지게 사는 것이 어떤 것인지에 대한 시각을 가지고 있지 않다. 노화에는 어쩔 수 없이 하향 방향의 급락이 따를 수밖에 없다는 믿음이 우리 사회에는 널리 퍼져있다. 이러한 믿음이 만연되어 있는 만큼 치명적인데, 왜냐하면 진정한 변화를 만들어내는 데 필요한 백일몽을 우리가 꾸도록 놔두지 않기 때문이다. 이것은 공학자의 전제에 완전히 반대가 되는 이야기로, 우리가 뭔가를 상상할 수 없다면 어떤 사람도 그것을 만들어 낼 수 없는 것이다.

나는 자주 학부학생들에게 자신이 30세, 40세, 50세가 되었을 때를 상상해본 후 80세, 90세 그리고 100세가 되었을 때를 상상해 보라고 이야기한다. 학생들은 30세를 괜찮은 것으로 생각한다. 19세나 20세인 현재의 자신이 30세에도 연속되지만, 돈과 독립성의 측면에서는 지금보다 더 나아지는 것을 상상한다. 그러나 그 빛은 50세 무렵에 어두워지기 시작하며 내가 상상해보라고 요구하는 90세와 100세가 되면 꺼질 것 같은 한 줄기 빛만 남는다. 대부분의 학생은 자신이 노인이 되었을 때를 상상하려고 하면 마음이 텅 빈다고 이야기한다. 상상할 수 있는 학생은 일반적으로 자신이 휠체어에 앉아 있는 것을 마음에 그린다. 노화에 대해 긍정적인 생각을 가지고 있는 학생은 자신의 휠체어가 야외의 나무 밑에 있는 것을 마음에 그린다. 노화에 대해 부정적인 생각을 가지고 있을수록 학생은 자신의 휠체어가 요양원이나 병원에 있는 것으로 마음에 그린다. 그러나 학생이 상상해 낸 이 모든 이미지는 사실 모두 허약함을 포함하고 있는 것이다.

왜 우리가 노년기를 허약함과 관련시키는지 이해하기 어렵지는 않다. 우리는 실제로 그런 모습을 많이 보았기 때문이다. 그러나 성공적인 노년에 대한 생각이 기본적으로 심각하게 허약한 것이 아니고, 화장실을 가거나 식사하는 데 도움이 필요한 정도라고 보는 것이라면, 이는 목표가 별로 높지 않은 것이다. 이렇게 근시안적으로 생각하므로, 젊은 시절 우리는 창조적으로 가능성을 시도해 보지도 못하거나 많은 희생을 생각함으로써 더 풍요로운 미래를 추구할 수 없게 되는 것이다.

놀랄 것도 없이, 노화와 관련된 기술개발은 기본적인 건강과 독립성을 제공하는 것에 초점이 맞추어져 있다. 이는 물론 추구해야 할 중요한 목표지만 나는 90세 노인들이 생존하기만 하는 것보다는 인생을 즐기고 사회에 참여하는 데 도움이 되는, 노인들이 진정으로 좋아할 수 있는 신기술에 대해 듣게 되는 날을 기다리고 있다. 나는 세바스찬 스런과 같은 사람이 아주 안락한 시트와 360도로 시야가 뚫린 창문이 있어서 주변 경관을 즐길 수 있는 자율주행차 개발에 성공하는 것을 보고 싶다. 사랑하는 사람이 바로 옆에 있는 것처럼 느껴지는 통신기술, 이해할 수 없는 매뉴얼을 스스로 읽으면서 사용법을 파악해야 할 필요 없이 원하는 것을 말하기만 하면 작동되는 전자기기가 개발되는 것을 나는 이제 더 이상 기다릴 수 없을 지경이다. 왜 아이패드는 1930년대와 40년에 유행했던 추억의 노래들을 모아주는 세팅이 탑재되어 있지 않은 것인가? 인생을 살 가치가 있는 것으로 만들어주는 다양한 도구를 우리가 아직 준비하지 못하고 있는데, 이는 나이가 들어도 여전히 운전하고 싶어 하고 다양한 도구를 사용하고 음악을 다운받는 100세 노인을 우리가 아직도 상상하지 못하기 때문이다.

그러나 이러한 새로운 부류의 노인을 상상하기 어렵고 또 자신이 세 자리 숫자의 나이가 되었을 때 어떤 사람이 될 수 있을 것인지를 상상해보는 것이 어렵더라도 너무 자신을 탓하지 마라. 문제는 당신 자신이 아니고 당신의 뇌인 것이다. 인간의 마음은 장기간의 계획에 대해서는 별난 제한점을 가지고 있다. 솔직하게 말해서 우리는 이러한 일을 하도록 만들어져 있지 않다. 내가 1장에서 언급했던 '불행 통념', 즉 노인이 젊은이보다 더 외롭고 우울하다는 버리기 어려운 문화적 관점이 우리에게 노년에 대한 수많은 부정적 이미지를 주었지만 우리의 먼 미래를 풍요롭게 상상하지 못하는 것이 전적으로 노화와 관련된 두려움 때문이라고 나는 생각하지 않는다. 그렇다, 어쩌면 나이 든 자신에 대한 이미지가 별로 좋지 않고 왜곡되어 있을 수 있다. 그러나 진정한 문제는 먼 미래에 대해 생각할 때 대부분의 경우 미래의 자신을 사실적이고 공감적인 방식으로 생각하지 않는다는 것이다. 우리는 자신의 먼 미래 모습을 그려 볼 때 주름진 얼굴과 볼품없는 머리모양과 같이 상당히 결핍된 모습을 생각하게 된다. 또 이 때문에 미래의 자신을 위해 계획을 세울 때 낯선 이를 위해 계획하듯이 비인격적으로 계획하게 되는 것이다.

인간으로서 우리는 현재 상태를 우선시한다. 우리의 감정과 본능 그리고 순간적인 충동은 우리에게 무엇을 피해야 하고 언제 먹고 쉬어야 하는지를 알도록 해준다. 그러나 우리의 뇌는 먼 미래에 대해 사고하도록 만들어져 있지 않아서, 먼 미래에 도달했을 때 우리가 어떻게 느낄지에 대해 잘 파악하지 못한다. 이는 부분적으로는 수명이 짧았던 먼 옛날의 선조들로부터 물려받은 유물이다. 예컨대 무엇이든 끝나고 나면 다음 씨를 뿌리는 시기는 흐릿한 공백이 되는 것이다. 따라서 수십 년 후에 무엇을 해야 할 것인지를 계획하는 것은 말할 필요도 없고, 수십 년 후의 자신을 상상하는 것은 무리한 요구인 것이다.

더 나쁜 것은 우리가 미래를 상상해 보려고 앞으로 더 갈수록 그 그림이 더 흐릿해지고 그곳에 도달했을 때 우리가 어떻게 느낄지를 예견하는 것이 신뢰성이 떨어진다는 것이다. 미래의 가능성을 생각할 때, 우리가 어떻게 느낄 것인지를 상상할 때 대체적으로 일반화하는 경향이 있다. 예를 들어 버뮤다에서 은퇴하면 항상 행복할 것이라고 상상하거나 사랑하는 사람과 헤어지면 다시는 행복할 수 없을 것이라고 생각한다. 그러나 실제로는, 심지어 커다란 인생변화 후에도 인생은 행복한 순간과 불행한 순간이 섞여 있으며, 이를 멀리서 감지하기는 힘들다. 하버드대학 심리학 교수인 대니엘 길버트(Daniel Gilbert)는 사람들이 왜 끊임없이 자신의 바람을 예측하는 데 몰두하는지에 대해 분석한 자신의 저서 『행복에 걸려 비틀거리다(Stumbling on Happiness)』에서 "시간상에서 보는 것은 공간상에서 보는 것과 같다"라고 쓰고 있다. 가까이에서는 감정의 미세한 부분들을 볼 수 있지만 멀리 있는 사물은 흐릿하게 보이며[2] 약간 무채색으로 보인다. 이는 심리학자들이 **감정 예측**(affective forecasting)[3]이라고 부르는 것인데, 이 개념이 장수에 대한 논의에서 중요한 이유는 간단하다. 인생을 계획하는 과정에서도 심각하게 나타난다.

분명하게 볼 수 있는 능력의 부재, 더 정확하게는 분명하게 느낄 수 있는 능력의 부재로 인해, 미래에 우리가 필요로 하는 것이 무엇인지를 부정확하게 선택할 가능성이 있다. 카네기 멜론대학의 경제학자인 조지 르윈스타인(George Loewenstein)은 **차가운 공감과 뜨거운 공감 간의 괴리**(cold-to-hot empathy gap)라는 개념을 제안하였다. 미래에 기아, 분노 또는 성적 각성 상태와 같은 '뜨거운' 상태에서 우리가 어떻게 행동할 것인지를 상상하는 것은 현재 우리가 그러한 상태에 있지 않으면 힘들며, 그 반대로 냉정한 상태에서의 행동을 예측하는 것도 현재 냉정한 상태가 아니면 힘들다는 것이다. 사람들은 현재의 '뜨거운' 또는 '차가운' 감정을 미래에 투사하여 결정하기 때문에 자주 틀리게 되는 것이다. 배고플 때는 식료품 가게의 모든 것이 맛있어 보이는 것처럼 많은 양의 음식을 먹고 난 후에는 배고프지 않기 때문에 자신이 다이어트 할 수 있을 것으로 느끼는 것이다. 아침에 춥다고 느끼면 오후에 기온이 높이 올라갈 것이라는 기상예보를 충분히 알고 있어도 옷을 많이 입고 나가게 된다. 감기에 걸렸을 때는 건강이 좋을 때보다 인생에서 건강이 가장 중요하다는 생각을 더 한다. 따라서 길버트가 기술하듯이 현재에 살고 있으면서 내일을 상상하려고 애쓰는 것은 간을 씹으면서 매쉬멜로의 맛을 상상하려고[4] 하는 것과 유사한 것이다.

　오해하지 않기를 바란다. 사람이 미래를 완전히 잘못 예견한다는 뜻이 아니다. 로또에 당첨이 되면 행복할 것임을 우리는 알고 있으며, 또 실제로 행복해진다. 그러나 여기에 딜레마가 있다. 우리는 우리가 행복할 것이라고 생각하는 기간만큼 오랫동안 행복하지는 않다. 행복했던 아주 짧은 기간이 지나면 로또 당첨자들의 행복은 다시 일상적인 수준으로 되돌아간다. 『뉴요커』지가 4500백만 달러의 복권이 당첨된 공연예술가에 관한 기상천외할 정도로 재미난 기사인 「미스터 러키(Mr. Lucky)」를 실은 적이 있다. 이 사람은 공연예술가로, 돈이 너무 없어서 부자가 되기를 바라는 내용의 「키작은 푸에르토리코 사내가 불안을 노래하네(A Short Puerto Rican Guy

Sings Songs of Angst)」라는 자전적 일인극을 브로드웨이에서 떨어져 외진 곳에서 하고 있었는데, 로또 당첨으로 부자가 됨으로써 자신의 일인극의 신뢰성이 손상되었고, 이제는 돈이 없다는 이유로 치과수술을 더 이상 연기할 수 없게 되어 버렸다. 이러한 일들은 분명, 이 사람이 복권을 살 당시에는 생각해 보지도 못했던 일들이었다. 이와 유사하게 충격적인 일을 당했을 때에도 충격에서 벗어나고 나면 충격을 당했을 당시에 상상했던 것만큼 슬프지는 않다. 우리는 적응하는 것이다.

미래를 상상하는 우리의 능력을 손상시키는 또 다른 기제가 있는데 이는 문화적 관습에 대한 맹점이다. 우리는 하나의 집단으로서 매우 강력하게 그러나 눈에는 보이지 않게 집단적으로 기록된 생애 스크립트에 얽매어 있다. 이것이 노화에 대한 우리의 생각과 인생의 어떤 시기에 어떤 사건이 일어나야 하는지에 대한 우리의 생각에 강력하게 영향을 주지만 우리는 이를 거의 깨닫지 못한다. 스탠포드대학 심리학 교수인 헤이젤 마르커스(Hazel Marcus)는 무엇인가 갑자기 바뀌기 전에는 우리가 사회적 환경을 볼 수 없는 현상을 흔히 물 속의 물고기에 비유한다. 물고기가 물 밖으로 나오게 되기 전에는 물에 관심이 전혀 없듯이, 우리도 우리의 본거지에서 나오기 전에는 우리가 얼마나 문화의 영향을 받고 있는지를 느끼지 못하는데, 예를 들어 외국을 방문했을 때에야 문화적 단절을 경험하게 되는 것이다. 한 예를 든다면, 우리는 중년의 성인은 적절하게 자족하면서 생활할 것으로 기대한다. 따라서 집을 떠나 본 적이 없이 어머니와 함께 생활하는 40세 남자를 미국사회는 불편하게 본다. 이는 우리 문화의 특징 때문에 그런 것이다. 멕시코, 인도 또는 그리스와 같이 나이 든 부모와 성인 자녀가 한 가족에 포함되는 문화에서는 그렇지 않다. 유사하게 70세나 80세가 되어서 여전히 일터에 있는 사람을 볼 때도 우리는 충격을 받는다. 얼마나 자신의 재정 상태를 관리하지 않았으면 쇼핑센터에서 구매고객에게 인사를 하면서 살아야 하는가를 보면서 놀라게 된다. 생애 스크립트에 대한 집착은 우리로 하여금 이것이 단순히 스트립트일 뿐인 것을 보지 못하게 하며, 이 스크립트가 어떻게 기록되었는지에 대해 의문을 가져보지도 못하게 한다.

문제를 더 악화시키는 것은 우리가 현재의 상황을 좋아하고 우리의 방식을 방어하려고 한다는 것이다. 인간의 기본적 경향은 다른 사람이 하는 것을 우리도 하고, 우리가 전에 살았던 방식대로 살려고 하는 것이다. 우리는 우리가 살아왔던 방식이 지닌 문제를 보지 않으려는 경향이 있기에 살아왔던 방식이 옳은지에 대해 의문을 가지지 않는다. 내 어머니는 자신의 남부 전통에 강하게 동일시하지만 10대가 되어서야 짐크로(Jim Crow) 법*이 얼마나 나쁜 것인지를 깨닫게 되었다는 사실에 아직도 몸서리를 친다. 아동으로서 나의 모친은 인종차별이 자신이 알고 있었던 삶의 방식이었기에 이에 대해 의문을 가지지 못했던 것이다.

인간은 자신에게 좋건 나쁘건 친숙한 것을 강하게 선호한다. 우리는 익숙한 음악을 선호하고, 전에 봤던 것처럼 느껴지는 얼굴을 선호한다. 사실, 전에 보았던 것임을 기억하지 못할 때조차도 과거에 보았던 것을 선호한다. 이 현상을 나의 이전 동료였던 로버트 자이

---

* 역주: 1876년부터 1965년까지 존재했던 미국의 주법으로 공공장소에서 흑인과 백인의 분리와 차별을 규정한 법이다.

온스(Robert Zajonc)는 연구 참가자들에게 중국 글자인 한자를[5] 의식수준에서 분명하게 인식할 수 없을 정도로 아주 짧은 시간 동안 제시하는 흥미로운 연구에서 보여주었다. 어떤 문자는 다른 문자에 비해 더 자주 제시되었다. 후에 참가자들에게 문자들을 제시한 후 각 문자를 얼마나 좋아하는지 평가하도록 하였다. 더 자주 제시되었던 문자일수록 참가자들이 더 선호하였다. 선호하는 문자는, 이들이 그것을 전에 보았던 것임을 전혀 몰랐음에도 불구하고, 이들에게 더 익숙한 것이었다.

익숙한 것을 좋아하는 것의 이면은 물론 인간의 마음이 알지 못하는 것에 대해서 매우 힘들어한다는 것이다. 손자인 에반이 4살 때, 나에게 "가장 큰 수가 뭐예요?"라고 질문했었다. 나는 가장 큰 수가 무엇인지 우리가 알 수 없다는 것을 설명하려고 말을 더듬거렸다. 손자는 내가 "무한대."라고 말하고 나서야 만족한 것으로 보였다. 손자는 그 말을 듣고 기쁘게 "오, 그렇군요. 무한대."라고 말하면서 "왜 제게 빨리 말해주지 않았어요?"라고 말하였다. 손자는 분명한 답을 갈망했던 것이지 그 답이 무엇인지는 손자에게 중요한 것이 아니었다.

이와 유사하게 인생을 계획해야 할 때도 우리가 알고 있는 구체적인 답에 집착하는데, 그 답이 다소 임의적이라 할지라도 그렇다. 우리는 경험해 보지 않았던 삶의 방식을 잘 상상하지 못한다. 수백 년 전 유럽의 중세 시대에는 30대 중반을 훌쩍 넘어서도 건강하고 활동적인 것을 상상하기 힘들었다. 오늘날에는 30대의 사람을 성인기에 자리잡기 시작한 것으로 간주한다! 우리는 하나의 종으로서, 사회환경을 예견하기보다는 사회환경의 변화에 반응하는 동물인 것이다. 사고의 변화는 행동의 변화를 따르는 것이지, 사고의 변화가 행동의 변화를 유발하는 것은 아니다.

우리 사회 앞에 놓여있는 위험은 생애주기의 변화에 창조적으로 또 적극적으로 적응하지 못함으로써 미래의 노인이 과거의 노인보다 더 건강하고 정신적으로 민첩하고 더 많은 일을 할 수 있음에도 불구하고 과거의 노인처럼 살려고 하는 것이다. 여전히 60대 수준의 신체와 뇌를 가지고 있는 80대의 노인이 무엇을 할 수 있을 것인지를 파악하지 못했기 때문에 20년의 긴 세월을 쇠퇴기로 보내야 하는 것보다 더 나쁜 것이 있겠는가? 우리가 현재 상태에 만족한다면, 우리는 베이비부머에게 노년기를 과거 방식대로 지내는 비운을 맞게 하는 것일 뿐만 아니라 다음 세대가 더 잘 할 수 있도록 다음 세대를 도우려는 계획도 마련하지 못하게 되는 것이다.

변화를 견디어내기 위해 우리는 새로운 삶의 방식을 상상해야 하고 우리를 현재에 묶어 놓는 모든 종류의 사고 습관을 끊어야 한다. 우리는 우리의 미래에 대해 현실적이고 인간적인 식견을 가져야 하며, 나이가 들었을 때 진정 무엇을 하길 원하는지 무엇이 우리를 행복하게 할 것인지에 대해 상상해 보아야 한다. 자신이 원하는 미래의 삶을 상상하고 나면, 우리는 그러한 사람이 되는 데 필요한 목표를 설정할 수 있게 될 것이다. 즉 우리가 그 목표를 향하여 움직이기 위해 지금의 사고 습관을 끊고 변화를 만들어 낼 수 있을 것이다. 90세나 100세가 된 자신이 가르치고, 웃고, 사랑하고, 사회에 기여하는 것을 스스로 상상하지 못한다면 우리는 그렇게 될 수 없는 것이다. 시몬느 드 보브와르(Simone de Beauvoir)는 다음과 같이 쓰고 있다 "자신이 어떤 사람이 될지 모른다면 자신이 누구인지 알 수 없다. 주변의 남성 노인과 여성 노인에게서 우리자신의 모습을 발견해 보자. 우리가 모든 인간상태를 받아들이려고 한다면 그렇게 해야만 한다."

시나리오 2: 우리는 미래가 없는 것처럼 살고 있다

우리가 잘 상상하지 못하는 문제로, 인지심리학자와 행동경제학자가 상당히 많이 연구한 한 가지 특별한 상상 실패 문제가 있는데, 이는 미래에 얼마나 많은 돈이 필요할 것인가를 우리가 잘 예측하지 못하는 문제이다. 인간 역사에서 처음으로 수십 년의 긴 노년기 생활에 대한 계획이 필요하게 되었는데, 이 시기는 건강상태와 재정적 요구에 대한 불확실성이 가득한 시기이다. 그러나 은퇴를 위해 스스로 저축해야 하는 것도 새로운 것이다. 50년 전에는 회사가 근로자를 위한 은퇴계획을 가지고 있어서, 연금과 금시계를 제공했었다. 더 이전에는 은퇴부터 사망까지의 짧은 기간 동안 가족이 노인을 돌보았다. 이는 마치 아무도 "시대가 바뀌었습니다. 당신 스스로 자신의 길을 가세요."라는 말을 하지 않은 것과 같다. 거의 저축하지 않았다고 할 수 있을 정도의 아주 적은 은퇴 저축비율은 사람들이 이 새로운 현실에 얼마나 느리게 적응하는지를 보여준다. 미국인의 저축률은 기대수명이 증가하고 있는 대부분의 기간 동안 오히려 감소했다. 그 기간 동안 사람들이 갚아야 할 부채의 양은 증가했다.

당신이 만약 빚을 지고 있거나 저축을 할 수 없으며 장래의 재정상태가 걱정이 된다면 당신만 그런 것은 아니다. 여기서도 당신은 당신의 뇌 탓을 할 수 있다. 자신이 힘든 상태에 있는 것을 상상하기 힘들기 때문에 우리가 미래를 위해 저축을 잘 하지 못한다는 것을 인지과학이 매우 분명하게 보여주고 있다. 돈을 따로 떼어 놓을 때 우리는 일반적으로 미래의 자신이 현재보다 더 금욕적이어서 현재보다 더 적은 돈으로 살 수 있을 것으로 생각하기 때문에 덜 저축하는 경향이 있다. 부부는 배우자가 사망하고 나면 남은 한 사람이 많은 것을 원하지 않을 것이므로(이들은 배우자가 없으면 매우 우울해 질 것으로 생각한다.) 훨씬 더 적은 수입만으로도 살 수 있을 것으로 생각하는 경향이 있다. 둘이 함께 살던 집에 한 사람만 산다고 해서, 또 두 사람이 운전하던 차를 한 사람만 운전한다고 해서, 자동차 할부금이나 주택 대출금이 반으로 줄지 않을 것인데도 불구하고 많은 사람들은 배우자가 떠나고 나면 둘이 함께 살 때 들었던 비용의 절반만 필요할 것으로 생각한다.

젊은 시절 경제적으로 상당히 어려웠던 사람조차도 자신이 은퇴 후에 수입이 더 적어질 것임에도 불구하고 충분히 여유 있게 살 수 있을 것으로 생각한다. 무엇보다 노인에게 돈이 많이 필요할까 라고 생각한다. 은퇴 후에 어느 정도의 수입이 필요할 것인지를 짐작해 보라고 하면 많은 사람은 상당히 적은 양을 말한다. 그 정도의 돈으로 80세 때 정말 살 수 있을 것인지 물어보면 살 수 있을 것이라고 답한다. 그러나 그 돈으로 현재 살 수 있냐고 물어보면 절대로 살 수 없을 것이라고 답한다. 논리적으로 이는 말이 안 되는 것이다. 그러나 인지적으로는 이런 식의 사고를 우리가 항상 하고 있는 것이다.

사람은 일반적으로 현재를 과평가하고 미래를 저평가한다. 이러한 잘못된 상상을 사회과학자가 **시간 할인**(temporal discounting)이

라고 명명하였는데, 이것은 돈을 결정할 때 분명하게 드러나는 현상
이다. 사람들에게 오늘 10달러 받는 것과 다음 주에 12달러를 받는
것 중 어느 것을 선호하느냐고 질문하면 많은 사람은 오늘 10달러
받는 것이 경제적으로 더 손해가 되는 나쁜 선택임에도 오늘의 10
달러를 선택한다. 이는 "손 안에 있는 새 한 마리는 숲에 있는 새
두 마리의 가치가 있다."는 말을 생각나게 한다. 이는 좋은 격언이
지만 투자의 관점에서는 매우 나쁜 거래다. 미래의 수입보다 현재의
수입을 더 크게 보는 이러한 편향은 사람들이 은퇴자금을 충분하게
저축하지 못하게 되는 데 작용한다. 사람들은 미래에 쓰기 위해 임
금의 일부분을 떼어 놓기보다는, 심지어 그렇게 했을 때 이자가 발
생하여 궁극적으로는 더 큰 돈이 생기는데도 불구하고, 현재의 욕구
를 충족하기 위해 받을 수 있는 모든 임금을 받기 원한다.

왜 우리는 자신이 그렇게 좋지 않은 거래에 빠져 있도록 놔두는
것인가? 자신의 행위를 결정해야 할 때, 우리는 현재의 자신에게 보
상을 주고 미래의 자신에게 고통을 떠미는 경향이 있다. 따라서 내
년의 다이어트와 현재의 케잌 한 조각을 거래하게 되는 것이고, 지
금 담배 한 개비를 피우고 금연은 다음에 하기로 결정하는데 이는
우리가 현재에는 써버리고 지불은 나중에 하는 것인 셈이다. 마찬가
지로 현재에 더 많이 쓰면서 살기 위해 미래의 자신에게는 조금만
쓰도록 하는 것이다.

현재의 자신과 미래의 자신의 분열이 심리적으로 깊게 뿌리박혀 있
는 것이라면 이를 이어주기 위해 우리가 할 수 있는 것은 무엇일까?
스탠포드대학 심리학과 대학원과정에 있던 나의 과거 제자이자 현재는
뉴욕대학 마케팅 조교수인 할 얼스너-허쉬필드(Hal Ersner-Hershfield)는

방법이 있을 것으로 생각한다. 그는 스탠포드대학의 통신학 교수인 제레미 베이런슨(Bailenson)과 함께 최근 가상현실이 사람들에게 미래의 자신과 잘 연결되도록 도울 수 있는지 연구하기 시작하였다. 자신의 얼굴에 대한 3차원의 컴퓨터 그래픽 이미지인 아바타를 만들기 위해 얼굴 사진을 찍는 것에 동의한 젊은 지원자를 대상으로 연구하였다. 지원자에게 가상현실 헬멧을 쓰게 하고 컴퓨터가 합성한 거울을 보도록 하였는데 거울에서 자신을 보고 있는 자신의 아바타를 볼 수 있었다. 참가자가 움직이면 거울에 비친 참가자의 도플갱어인 아바타도 참가자의 움직임을 완벽하게 따라하였다. 여기에 조작이 들어갔는데, 통제집단의 참가자에게는 자신의 현재 연령과 같은 연령대로 보이는 아바타가 보였고, 다른 참가자에게는 45년 후의 미래 모습인 아바타가 보였다.

실제사진   아바타   연령을 변화시킨 아바타

아바타는 컴퓨터로 나이 들어 보이게 만들었다. 머리를 회색으로 바꾸고, 턱선을 처지게 만들고, 눈 밑을 변화시키지만 여전히 본인의 얼굴로 보이도록 만들었다. 얼스너-허쉬필드는 참가자에게 일련

의 과제를 하게 함으로써 자신의 아바타에 정서적으로 연결이 되도록 만들었다. 자신의 미래 모습의 아바타를 흐릿한 이미지로 보지 않고 가까이에서 봄으로써 참가자는 이 새로운 자신의 이미지에 정서적으로 연결되기 시작하였다. 그 경험은 진정 비현실적이었지만 문자 그대로 자신이 나이 들었을 때의 모습을 시각화하고 현재의 자신과 연결시키는 것은 미래를 위한 준비에 변화를 일으킬 수 있음을 보여주었다. 연구의 마지막에 참가자에게 우연히 가지게 된 천 달러를 어떻게 할 것인지를 질문하였다. 흥미롭게도 거울에서 나이 든 모습의 자기 아바타를 본 사람이 더 많은 금액을 은퇴를 위해 저축하겠다고 답하였다. 얼스너-허쉬필드는 미래의 자신과 정서적으로 연결되기 시작하여 미래의 자기 모습이 더 이상 낯설어 보이지 않게 되면, 사람이 저축하기 시작할 것이라고 보았다[6].

그러나 대중을 따르는 우리의 집단 선호는 우리를 저축하라고 권장하지 않는다. 미국인들이 은퇴를 위해 얼마나 적은 돈을 모아놓았는지를 보도하는 뉴스를 들을 때마다 이러한 보도가 상황을 더 악화시키지 않을까 걱정된다. 우리가 가지고 있는, 집단을 따르는 성향이 영향을 줄 수 있는 것이다. 더 나쁜 것은 연방정부가 좋은 예를 많이 제시하지 않고 있는 것이다. 보수주의자들은 오래전부터 연방정부가 가진 돈만을 사용하는 가정경제 모델을 따라서 예산 모델을 세워야만 한다고 주장해왔다. 그런데 오히려 가정경제가 정부예산 모델을 따르기 시작하였다. 우리는 채무자의 나라가 되었으며, 거대한 부채를 가지고 있다. 사고 싶은 것을 지불할 수 없는가? 신용카드를 긁으면 되는 것이다. 신용카드의 사용 한도에 도달했는가? 다른 카드를 사용하면 되는 것이다. 우리는 언젠가는 빚을 갚아야 하

274 길고 멋진 미래

는 날이 온다는 것을 망각한 채 현재 지불할 돈이 없으면 신용카드를 지속적으로 쓰고 있는 것이다. (최근 '현명한' 내 친구는 드디어 신용카드 사용을 통제하게 되었다고 내게 말했다. 지금은 지불할 돈이 없을 때만 사용한다고 했다!)

다음 주에 받을 12달러 대신 오늘 10달러를 받는 사람과 같이, 신용카드에 적용되는 높은 이자율로 인해, 우리가 결국에는 돈을 덜 가지게 될 것이 분명하다. 정말로 무서운 문제는 빚이 특히 노년기에는 문제가 되는데도 불구하고, 살면서 빚을 져도 괜찮다고 보는 문화를 우리가 만들고 있다는 것이다. 은퇴 후와 같이 수입이 고정되면 부채를 갚는 것이 실질적으로 불가능하다는 것을 발견하게 될 것이다. 많은 사람에게 있어서 매달 지출되는 가장 큰 경비는 거의 기억하고 있지 않는 물품의 구매 비용일 것이다. 2008-2009년의 금융 위기 때 일부 사람들은 담보대출을 갈아타기 위해서 퇴직예금계좌에서 일찍 탈퇴했는데, 이들은 더 적은 돈을 받게 될 것이다. 수입이 고정되고 나면, 사람들은 뜻밖에 발생하는 비용이나 노인이 흔히 필요로 하는 도움, 예를 들어 배수로에 있는 나뭇잎을 치우거나 겨울에 눈을 치우기 위해 도우미를 고용해야 하기 때문에 여유 자금이 더 줄게 된다. 따라서 이들은 여행이나 특별한 일을 기념하는 것과 같이 기쁨을 주는 일에 사용할 비용을 더 제한할 수밖에 없게 된다.

아직도 대부분의 미국인은 저축할 기회가 있다. 진정 당신이 희망을 버리지 않는 사람이라면 금융위기가 미국인으로 하여금 2005년에 마이너스로 전환된 개인저축률에서 벗어나게 했다는 것을 알면 기쁠 것이다. 그러나 우리는 더 잘 해야 한다. 많은 고용주는 전일제 근로자에게 매우 관대한 저축 프로그램을 제안하고 있다. 고용주는 저축이 쉽고 일상화되도록 근로자의 월급 중 일정 액수를 공제하여 세금이 유예되는 401(k) 퇴직펀드에 적립할 뿐만 아니라 근로자의 개인부담금을 지불해 주는 프로그램을 운영하고 있다. 이 제도는 아주 좋은 거래인데도 불구하고 많은 근로자가 이 제도에 참여하지 않아서 세금유예 혜택도 받지 못할 뿐만 아니라 고용주가 지불해 주는 개인부담금도 받지 못하고 있다.

경제학자는 명백하게 비합리적인 이 행동에 대해 이해가 안 되어 머리를 긁지만, 이는 현재 상황을 향한 인간 편향의 한 예일 뿐이다. 『넛지*: 건강, 복지 및 행복에 대한 결정 향상시키기(Nudge: Improving decisions about health, wealth, and happiness)』의 저자인 리처드 탈러(Richard Thaler)와 캐스 선스타인(Cass Sunstein)이 지적하였듯이 문제는 근로자가 자발적으로 401(k) 프로그램 참여에 서명함으로써, 어떤 투자 펀드에 급여의 몇 퍼센트를 분담할지를 결정하는 힘든 과정에 동참해야 한다는 것이다. 달리 말하자면, 프로그램 참여에 서명함으로써 현재 상황 밖의 행위를 선택해야 하는 것이다. 그러나 탈러와 선스타인이 기술하고 있듯이 이 프로그램 참여를 근로자에게 선택하도록 하지 않고, 회사가 자동적으로 근로자를 이 프로그램에 등록하고 탈퇴는 근로자가 선택할 수 있도록 하면 프로그램 참여율이 급등한다. 이러한 현상에 대해 심리학자들은 디폴트**가 규범에 대한 메시지를 포함하고 있다고 말한다. 달리 표현하

---

* 역주: 리처드 탈러와 캐스 선스타인의 정의에 따르면 넛지란 사람의 선택을 유도하는 부드러운 개입이라는 뜻이다.
** 역주: 특별히 지정하지 않으면 자동으로 선택되는 기본 사양이다. 여기서는 자동적으로 근로자가 저축프로그램에 참여하도록 사전에 설정되어 있는 것을 의미한다.

자면, 고용주가 "당신이 싫다고 말하지 않는다면 회사는 당신을 이 프로그램에 등록할 것입니다."라고 말하면 퇴직을 대비하여 저축하는 것이 대부분의 사람이 하는 일이며 이것이 바른 선택이라는 메시지를 전달한다는 것이다. 반대로, 퇴직대비저축 프로그램 참여를 근로자에게 책임지우면 직장이 근로자에게 저축은 선택하는 것이며 모두가 하는 것이 아닌 특별한 것이라는 메시지를 전달하는 셈인 것이다.

더구나 근로자가 임금의 일부를 저축할 것인지에 대해 지속적으로 선택하지 않도록 이를 관례화하는 것은 근로자들이 저축을 위해 자신의 돈을 잃어버리고 있다고 지각하지 않도록 해 준다. 일부 직장은 세이브 모어 투모로우(Save More Tomorrow) 프로그램을 제안하고 있는데, 이는 근로자가 급여를 더 많이 받게 될 때마다 고용주가 퇴직기여금 수준을 증가시켜서, 실제로 받는 급여수준을 비교적 일정하게 만드는 제도다. 이 제도로 근로자는 동료보다 더 높은 비율로 저축할 뿐만 아니라 인상된 소득을 잃었다고 느낄 필요도 없는 것이다.

불행하게도, 우리 문화가 직면하고 있는 문제는 우리가 저축을 우선시하지 않았으며 다른 어떤 세대보다 더 긴 미래를 직면하고 있는 사람들에게 미래가 없는 것처럼 소비하도록 가르쳤다는 것이다. 우리 문화는 사람들에게 은퇴는 근심걱정 없는 휴식의 시기이며 사회보장 덕분으로 재정적으로 안정된 시기일 것이라고 약속하였으나, 실상은 사회보장이 기본 수준의 지원만을 한다. 퇴직하는 베이비부머는 과거 세대보다 더 재정적으로 쪼들리는데 저축하지 못했고 또 오늘날의 회사가 연금을 제공하지 않기 때문일 뿐만 아니라 여전히 소비자로서 부채가 있거나 주택 시장에 거품이 있던 시기에 주택을 담보로 빌린 자금을 갚아 나가야 하기 때문이다. 2008년의 경제위기는 은퇴자산의 가치를 감소시킴으로써 저축이 있는 사람에게까지도 재정적 문제를 촉발하였다.

우리는 현금부족으로 고통을 받고 미래에 대해 불안해하는 은퇴자 세대를 위태롭게 하고 있는데, 특히 지금은 정부도 미국인과 같은 정도로 부채에 빠져들고 있다. 일하는 것이 고부적이고 개인적으로 성취감을 느낄 수 있어서 사람들이 더 오랜 기간 일할 것이라는 생각에, 나는 신체가 건강한 사람은 더 오래 일할 수 있으며 또 일해야만 한다고 지속적으로 주장해 왔다. 그러나 생존하기 위해 일하지 않을 수 없어서 더 나이 들 때까지 더 오래 일을 해야만 하는 미래는 사실 매우 암담한 것이다.

시나리오 3: 우리는 현재의 건강 위협에 제대로 대처하지 못하고 있다

21세기의 기술적, 의학적 진보는 우리에게 장수할 가능성을 주었지만 이를 보장해주는 것이 아님을 깨닫는 것이 중요하다. 그냥 주어지는 것은 아무것도 없다. 21세기 초에 전세계의 기대수명이 정점에 다다른 후 다시 감소하기 시작할 수 있는 위험이 실제로 존재한다. 또는 선진국가 사람이 계속 더 오래 살 수는 있지만 건강이 더 나쁜 상태로 살 가능성도 있다.

21세기 초에 서로 매우 다른 유형의 건강 위협이 나타나기 시작하였는데, 이 위협 요인을 모두 점검하지 않은 채로 방치하면 더 흔해지고 강력하게 될 가능성이 있다. 한 가지 위협은 주로 부유한 사람에게 영향을 주는 만성질환에서 오는 것이며, 다른 하나는 매우 빈곤한 나라에 영향을 미치는 전염병에서 오는 것이다. 두 번째 위협이 자신의 문제와 크게 관련되지 않아서 안도의 한숨을 쉬었다면 다시 생각해 보라. 해외 여행과 국제 무역이 일반화된 오늘날의 세계에서는 전염병에 대한 방어막은 존재하지 않는다. 세계적 유행병은 현실적으로 가능한 일이다.

먼저 만성질환에 대해 생각해보자. 20세기 후반 의과학은 전염병 확산 방지와 박테리아 감염과 같은 급성질환 치료에서 놀라운 발전을 이룩하였다. 그 결과 선진 국가에서는 장애와 사망의 주요 원인이 알츠하이머병, 당뇨, 암과 같은 만성적인 비전염성 질환으로 옮겨졌다. 오늘날 관상동맥성 심장질환이 전 세계의 사망 원인 1위이며, 그 다음이 뇌졸중과 기타 뇌혈관 질환이다. 이러한 종류의 상태는 건강관리 향상과 위생관리 기반시설 향상으로 설사, 폐렴과 같은 대부분의 조기 사망 원인이 감소하거나 사라진 후에도 남아 있는 흔적으로 생각할 수 있을 것이다.

치명적이지는 않지만 평생의 장애를 초래하는 관절염이나 청력손상과 같은 만성질환은 점차 흔해지고 있다. 국립노화연구소장인 리차드 호디스(Richard Hodes)는 2007년 상원분과위원회 연설에서 최근 수십 년간 건강수준이 눈부시게 향상되었음에도 불구하고 "65세 이상 된 미국인의 과반수 이상은 적어도 하나의 관절부위에 골관절염(7)이 나타나고 있습니다. 50세 이상 된 미국인의 절반 이상은 골다공증이나 낮은 골질량을 가지고 있으며, 심혈관 질환, 암, 당뇨는 미국 노인 사이에서 흔합니다."라고 말하였다. 장수하고 있는 사람을 공격하는 이러한 질병은 과거의 급성질환에 비해 오래 지속될 뿐만 아니라 종종 더 고통스럽다. 병의 진전이 느리고, 기능을 제한하며, 많은 경우 당뇨와 관련된 시력 상실과 같은 2차적 상태를 동반한다. 이러한 이유로 만성질환은 건강관리와 생산성 상실이라는 두 측면에서 사회적 비용이 많이 든다.

만성질환은 개발도상국가보다는 풍요로운 국가에서 더 흔하지만, 이는 벌써 중국과 인도에서도 주된 사망원인이 되었다. 만성질환의 원인은 대부분 행동과 생활양식에 있는데, 지방과 당분 함량이 높은 음식 섭취를 좋아하고 움직이기보다는 앉아서 지내는 사람이 고위험군이다. 진화적으로 끔찍하게 역설적인 것은 현재 우리에게 나쁜 것은 과거에는 좋았던 것이라는 사실이다. 먹는 것도 쉬는 것도 많이 할수록 좋은 것이 인간의 자연스러운 성향이다. 음식이 부족하고 노동이 신체적으로 힘들었고, 어디든 걸어서 가야만 했던 예전에는 음식을 게걸스럽게 먹어 치우고 쉴 수 있을 때는 언제든 쉬는 것이 이치에 맞는 것이었다. 진화역사 대부분의 기간 동안 인간은 충분한 먹거리를 확보하기 위해 투쟁했다. 선진국에서조차도 19세기 말까지 사람들은 나눠먹을 만큼 충분한 음식을 기대할 수 없었다. 악명 높았던 학교 급식은 지방과 칼로리가 높은 식단으로 구성되었는데, 왜냐하면 공립학교들은 대부분의 학생이 완전한 영양섭취를 기대할 수 있는 한 끼 식사에 가능한 최대의 에너지를 제공하고자 했기 때문이다. 그러나 대부분의 중산층 미국인이 필요한 정도 이상의 먹거리를 먹을 수 있게 된 오늘날에도 우리는 여전히 우리를 병들게 하는 식습관에 빠져있는 것이다.

문제는 문자 그대로 더 커졌다. 2000년도에 우리는 중요한 전환
점에 도달했다. 저체중인 미국 성인보다 과체중인 미국 성인이 더
많아진 것이다[8]. 오늘날 대기업이 우리를 그저 덜 건강하게 만드는
상품을 개발해 냄으로써 어마어마한 이익을 긁어모으고 있다. 이는
특히 아동에게 문제가 된다. 이 기업들은 학교를 탄산수나 피자 판
매 전용시장으로 생각한다. TV시청은 아동을 1주일에 30시간을 소
파에 앉아 있게 만들며 컴퓨터는 아이들을 더 오랜 시간 의자에 앉
아 있게 만든다. 바쁜 가정에서는 식사로 비싸지 않은 패스트푸드가
신선한 채소와 과일을 대체하였는데, 그 정도가 빈곤한 사람들에서
훨씬 더 컸던 것은 저소득층 주변에 패스트푸드점이 더 많았기 때문
이다. 당분이 첨가된 음료는 젊은 성인이 하루에 섭취하는 칼로리의
1/4을 차지하게 되었다[9]. 50년 전에 비해 걸어서 또는 자전거로
등교하는 학생 수도 훨씬 줄었다[10]. 휴식 시간에 학생이 다치면 소
송에 휘말릴 염려가 있어서 일부 학교는 휴식 시간을 아예 없애 버
렸다. 대신 아이들은 학교에 있는 시간을 거의 앉아서 보내고 있다.
　많은 전문가는 비만이 지난 50년간 우리 문화가 성취한 건강 증
진을 한 세대 내에 모두 지워버릴 수 있다[11]고 생각한다. 현재의
추세로부터 추정하여, 존스홉킨스대학교 블룸버그 공중위생대학의
역학자인 요우화 웽(Youfa Wang)과 동료들은 2030년이 되면[12] 86
퍼센트의 미국 성인과 30퍼센트의 아동 및 10대 청소년들이 과체중
이 될 것으로 예측하였다. 2048년에는 모든 미국인이 과체중일 것
으로 예측하였다. 100퍼센트의 비만 발생률 경향은 특히 아프리카
계 미국 여성에서는 치명적이다. 흑인 여성은 다른 성인 집단보다
18년 이른 2030년에 이 지점에 도달할 것으로 예상된다. 2070년에

는 미국 아동과 10대의 약 절반이 과체중이 될 것으로 예측되는데 흑인 여아는 이 지점에 20년 더 이른 2050년에 도달할 것이다.

일부 사람들은 유전적으로 비만에 대한 저항력이 있으며 또 예외적 소수가 좋은 건강 습관을 가질 것이 분명하므로 윙은 우리가 100퍼센트의 비만율에 도달할 리가 없을 것임을 안다. 그러나 핵심은 통계적 경향이 매우 빠르게 상승하고 있다는 것이다. 이 비만 증가율은 미래 세대의 장기적 건강에 대해 질병을 예보한다. 비만인 70세가(13) 다른 사람과 기대수명이 동일하다 해도 이들은 40퍼센트 이상 더 오랜 기간을 장애를 가진 채로 보내야 하고 의료비로 39,000달러를 더 사용하게 된다. 윙의 연구는 비만과 관련된 전체의료비가 10년마다 2배가 되어서 2030년에는 전체의료비의 18퍼센트까지 차지하게 될 것으로 추정하였다.

비만은 젊은 사람의 전반적인 건강 전망도 어둡게 할 것이다. 예를 들어 로체스터대학의 생물역학공학자인 에이미 러너(Amy Lerner)는 비만 아동의 걸음걸이 변화가(14) 조기 골관절염 위험을 높이는 것으로 기록하고 있다. 비만은 심장질환, 뇌졸중, 당뇨를 포함하는 많은 만성질환의 위험요인이다. 대부분의 전문가는 비만이 미국인, 특히 아동 사이에서 제2형 당뇨병 발생이 크게 증가하는 주요 원인이라는 데 동의한다. 20년 전만 해도 제2형 당뇨병은 대부분 성인에게 제한적이었기에 '성인기 발병 당뇨'로 불려졌다. 시간이 지나면서 그 증상이 악화되므로, 나이가 들어서 당뇨가 되는 것이 아니고, 당뇨와 함께 성장하는 세대에게 어떤 일이 일어날 것인지를 생각하면 두려워진다. 어떤 건강경제학자는 아동기 당뇨의 증가(15)와 이에 수반되는 장기적인 심장질환과 뇌졸중 발생 위험은 지난 반세기 동안 우리가 달성한 노년기 건강 개선을 무효화할 가능성이 있으며 궁극적으로 기대수명을 단축시킬 수 있다고 믿는다.

더욱 나쁜 것은 이러한 상태는 세대를 거쳐서 지속될 가능성이 있다는 것이다. 과체중 엄마는 당뇨가 될 가능성이 많으며 당뇨가 있는 엄마는 조산아를 낳을 가능성이 더 높고, 조산아는 청소년기에 이르렀을 때 비만이 될 가능성이 더 높다. 빈곤층에서 특히 더 많이 나타나는 출생 시 저체중과 청소년기 비만의 조합은(16) 이후에 당뇨 발생 위험을 더 높인다.

만성질환은 새롭고 머리 아픈 난제를 일으킨다. 한 세기 전에 우리를 괴롭혔던 의학적 문제는 문제가 되는 부위를 현미경으로 관찰하는 실험실 과학자에 의해 해결되었다. 오늘날 만성질환의 치료와 예방은 인간행동을 연구하는 사회과학자의 연구와 통찰에 기초한 생활양식의 변화를 필요로 한다. 고용주이든, 국가원수이든 또는 국제 건강 에이전시이든, 의료보험의 재정문제를 고려하는 사람은 사람을 병들게 할 수 있는 생활양식일지라도 스스로 생활양식을 선택할 수 있는 개인의 권리를 존중하는 오래된 문화적 경향(17)이 생활양식의 변화를 방해한다고 느낀다. 흡연하는 근로자에게 세금을 부과하거나 출근 시에 근로자의 체중을 측정하는 회사에 관한 도발적인 뉴스가 종종 보도되긴 하지만, 이러한 이야기는 대개는 독재자의 간섭으로 보도된다.

이러한 종류의 침입적 간섭에 대해서 많은 미국인이 느끼는 거부감을 나도 공유한다. 이들과 같이 나도 선택의 자유를 특히 중요하게 생각한다. 사람들이 흡연하고 음주하고 싶어 한다면 이들이 바로 내 옆에서 흡연하거나 음주 후 운전하지 않는 한, 즉 내 자유를 침해하지 않는 한, 이는 그들의 권리로 생각한다. 그러나 문제가 있다고 보이는 대부분의 경우는 고용주가 옳지 않은 시점에 간섭하는 것이다. 비만인 사람에게 불이익을 주는 대신, 고용주가 왜 구내식당에서 건강한 음식을 제공하고 더 많이 걸을 수 있는 형태로 구내를 설계함으로써 근로자가 더 좋은 것을 먹고 더 많이 움직이도록 작업환경을 바꾸지 않는 것인가? 이와 유사하게 비만 아동을 자아통제가 안 되는 게으름뱅이로 간주하기보다는, 왜 학교에서 탄산수 판매를 중단하지 않는 것인가? 좋은 선택을 격려하도록 환경을 설계할 필요가 있는 것이다. 이를 탈러와 선스타인은 **자유주의적 개입주의**(libertarian paternalism)[18]라고 하였는데, 이는 선택의 자유는 허용하나 사람들이 자유롭게 옳은 선택을 하도록 장려책을 설정하는 것이다. 어떤 사람들은 다른 사람의 행동에 영향을 준다는 생각을 그다지 좋아하지 않지만, 생각해 보면 모든 문화가 무엇인가를 장려하고 있다. 현재 우리 문화는 매우 건강하지 못한 행동을 권장하는데 이는 진정 우리를 죽이는 것이다.

선진국에서는 지속적으로 만성질환이 위협으로 나타나고 있지만 지구의 반대편에서는 오래된 위협이 다시 나타났다. 세계 2차 대전이 끝날 무렵, 머지 않아 가장 해로운 전염병이 과거의 문제가 될 것이라는 위대한 희망이 있었다. 말라리아, 천연두, 결핵 그리고 콜레라가 선진국에서는 사라진 것으로 보였다. 이러한 진보가 지속될 것을 확신하여 1978년 UN은 「2000년 전인류건강(Health for All 2000)」[19] 합의를 선포하였는데, 이는 2000년 말까지 전염병이 빈곤국가에서도 더 이상 심각한 건강문제가 되지 않는다는 것을 선포하는 것이었다. 진보는 성공적이었고 상당히 빨리 진행되어서 이에 대한 확신이 높았었다.

그러나 그 이후에 전 세계의 보건 상태 차이가 감소하지 않고 더 확대되었다. 극빈한 국가에서는 전염병이 여전히 공중보건에 큰 타격을 주고 있다. 세계보건기구에 따르면, 폐렴과 같은 호흡기 질환은 저소득 국가에서 가장 큰 사망 요인이며, 설사병, 결핵, 말라리아와 같은 전염병은 오래전에 근절된 것이 아니라 매년 수백만 명의 사람을 사망에 이르게 하고 있다. 홍역, HIV/AIDS와 함께 이러한 질병은 매년 천만 명에 이르는 전 세계 5세 미만 아동의 주요 사망 원인이다.

희망적이었던 전후시기 이후에 나타나기 시작한 새로운 전염병도 있다. 2009년 말까지 전 세계에서 3,300만 명이 HIV/AIDS에 감염되었으며, 그 해에 HIV/AIDS는 33만 명의 아동을 포함하여 2백만 명을 죽음에 이르게 하였다. HIV/AIDS는 사하라 사막 이남의 아프리카에서 사망원인 1위를 차지하는데, 이 지역에서는 이 질환에 감염된 사람의 60퍼센트가 여성이다. 취업연령의 성인 사망자 수는 매우 심각해서 이 지역에서는 모래시계 모양의 전혀 새로운 인구분포가 나타났다. 많은 부모가 이 질병으로 사망하였으므로 남은 사람은 어린 고아와 노인뿐인 것이었다. 이 충격적인 인구 패턴은 인생주기의 양 끝에 있는 의존적인 사람은 남겨 놓은 채 이들을 보살펴야 하는 중간에 위치하는 건강한 성인이 거의 없는 패턴이다.

이러한 전염병의 지속적인 확산은 전 세계 극빈 국가에서 장수를 가로막는 강력한 요인일 뿐만 아니라 전 세계의 가난을 심화시키는 심각한 문제이다. 질병이 퍼지면 사람들은 일할 수 없으며, 아이가 죽어가는 것을 보면서 부모로서의 희망과 꿈이 산산조각 나며, 경제가 긴장되고 정치적 동요가 생긴다.

현재 상황이 나쁘지만, 다음 수십 년간은 더 나빠질 수 있는데, 왜 냐하면 전 세계의 인구성장이 경제적으로 빈곤한 지역에서, 즉 생활 조건이 이미 빈곤하고 사회기반시설이 부적절한 지역인 아프리카와 중동에서 주로 나타날 것이기 때문이다. 또 이 변화는 인구과밀이 전염병의 확산에 기여할 수 있는 도시에서 주로 일어날 것이다. 스 탠포드 장수센터의 세계노화 책임자인 아넬 헤이유틴(Adel Hayutin) 은 전세계에서 가장 빈곤한 50개 국가에서 도시인구가 2030년까지 2배 이상으로 증가하여 5조 2천억 명에[20] 이를 것으로 예측하였다. 이러한 패턴은 농촌지역에서 도시로의 인구 이동과 새로운 도시의 출현을 반영하는 것이다. 인구 천만 명 이상의 거대도시는 도시의 열악한 사회기반시설에 미치는 압력을 증가시켜서 전염병 확산에 좋은 환경을 만들게 될 것이다. 매우 빈곤한 지역의 거대도시들은 특별한 위험이 있는데, 왜냐하면 생활조건이 빈곤하고 주민이 신체 적으로 허약한 곳에서 질병이 더 빠르게 확산되기 때문이다. 전염병 은 전 세계의 가장 빈곤한 지역에 있는 사람들에게 가장 치명적인 영향을 준다.

물론 바이러스는 인종, 사회계층, 종교 및 국적과 관련되지 않아 서 지역의 경계를 쉽게 넘나든다. 1918년의 독감은 미국에서 시작 되었으며 부분적으로는 세계1차 대전에 배치되었던 부대로 인해 전 세계로 확산되었다. 웨스트나일바이러스, 신종인플루엔자, 사스 및 조류독감과 같은 전염병은 오늘날 국제무역과 여행으로 인해 빠르 게 확산될 수 있다. 지구상의 어느 한 곳에서의 전염병 발생이 세계 적 유행병이 될 수 있으며 전 세계의 기대수명을 단축시킬 수 있다.

인간의 신체가 근본적으로 변했기 때문에 우리가 더 오래 살 수 있게 된 것이 아님을 기억하는 것이 중요하다. 우리가 초탄력적인 종으로 진화된 것이 아니다. 우리의 환경이 변화되었기에 더 오래 살고 있는 것인데, 이는 나쁜 방향으로 다시 변화될 수 있는 것이다. 전 세계를 뒤덮을 수 있는 바이러스 감염은 여전히 위협적이며, 만성질환에 영향을 미치는 식습관과 생활양식 습관도 마찬가지다. 이러한 질병을 또 다른 종류의 감염이라고 생각한다면, 슬프게도 미국은 이를 전 세계에 확산시키기 시작하였다.

시나리오 4: 우리는 가난한 자를 방치하고 있다

장수는 좋기도 하고 나쁘기도 한 소식의 한 예라고 할 수 있다. 좋은 소식은 우리가 90세까지 살 수 있고 심지어는 상당히 좋은 상태로 100세까지도 살 수 있다는 것이다. 일부 소수는 현재 그렇다. 나쁜 소식은 대부분의 미국인이 과거처럼 풍족하지 않다는 것이다. 이는 행운이나 운명 때문이 아니다. 미국에서의 노화는 명백한 계층 차이를 보인다.

풍족하고 교육받은 미국인은[21] 정말 잘 노화하고 있다. 이 집단은 80대에도 심각한 기능쇠퇴를 보이지 않는다. 이들은 스탠포드대학 의학과 명예교수인 내 동료 짐 프라이즈(Jim Fries)가 말한 **질병의 압축**(compression of morbidity)을 달성한 것으로 보인다. 질병의 압축이란 신체가 궁극적으로는 완전히 기능을 상실하게 되지만 생의 마지막 시기에 신체적 장애를 겪는 시기가 짧아져서, 약 1년 정도로 압축되는 현상을 말한다. 이 시기가 되기까지 이들은 건강하고 활동적이고 가족과 이웃 및 사회에 기여한다. 이것이 가능하다는 것을 우리가 알고 있으므로, 이 뉴스는 최고로 좋은 뉴스일 것이다.

미국에서 장수에 도움이 되는 정도로 재정적으로 안정적이라는 것은 어떤 것인가? 당신은 의료서비스에의 접근이라고 생각할 것이다. 분명 의료서비스에의 접근이 유리한 것이긴 하지만 양질의 건강관리를 전국민에게 일반적으로 해주는 영국과 같은 나라에서도 그렇지 않은 나라와 동일한 계층에 따른 차이[23]가 나타난다. 소득수준과 직업 지위도 장수에 영향을 미칠 것이지만, 다른 대안이 없을 때, 대부분의 사회과학자는 장수를 보장하는 가장 중요한 요인으로 교육을 들 것이다. 교육이 노화의 결과를 예측한다는 것은 여러 연구에서 지속적으로 나타나고 있다. 고등교육을 받은 사람들은 교육을 덜 받은 사람에 비해 더 좋은 직업과 더 많은 수입, 더 높은 지위의 직업을 가지는 경향이 있다. 이들은 더 안전한 지역에 거주하고, 더 건강한 생활양식을 실천하며, 일상적인 스트레스도 덜 경험한다. 이들은 직장에서 골치 아픈 사장 밑에서 일하기보다는 본인이 사장일 가능성이 더 높다. 소득 수준이 질병에 걸린 후 건강이 얼마나 빠르게 나빠지는지를[24] 가장 잘 예측하지만 교육은 질병에 걸릴지 아닐지를 예측한다. 또 질병에 걸렸을 때 교육 받은 사람은 자신의 건강을 더 잘 관리한다. 이들은 건강 문제에 대해 결정해야 할 때 의사와 함께 결정하며, 처방을 더 일관되게 따르는 경향이 있다.

예를 들어, 교육수준 차이에 따라 인슐린 의존성 당뇨나 HIV 환자의 치료 성과가 상당히 다르다. 이 두 질병은 치료에 잘 반응하지만, 치료절차가 복잡하며 매일 처방을 충실히 지키는 것은 환자의 책임이다. 인슐린 의존성 당뇨의 경우 환자는 모든 상황에 대한 자신의 신체 반응에 주의하고 이에 맞게 약을 복용해야 한다. HIV의 경우는, 처방약을 정확한 일정표에 따라 또 특정 음식과 함께 복용해야만 한다. 랜드 연구소(Rand Corporation)와 제휴한 경제학자인 다나 골드먼(Dana Goldman)과 제임스 스미스(James Smith)는 대학교육을 받은 사람과 고등학교를 중퇴한 사람이 처방을 따르는 정도에 차이가 있는지를 연구하였다. 이 두 질병에 있어서 교육받은 사람들은 지시를 더 잘 이해하였고 처방을 더 효과적으로 따랐으며, 치료 과정에 자신의 스케줄을 더 잘 맞추고 환경을 변화시켰다. 골드먼과 스미스는 교육과 건강결과 간의 상관관계는(25) 처방에 따르는 정도로 설명될 수 있다는 것을 발견하였다. 처방을 더 잘 따를수록 전반적으로 건강상태가 더 좋은 것으로 보고되었으며, HIV환자의 경우 CD4 세포 수가 더 많은 등 검사결과가 더 좋았다.

　반면, 교육 수준이 낮은 사람은 평균적으로 성인기 동안 기능적 건강이 계속 쇠퇴한다. 기대수명의 증가가 전세계에 널리 공유될 수 없는 것과 같이 길어진 인생의 혜택도 미국 내에서 불공평하게 분배되고 있는데, 미국은 교육과 부가 국민에게 골고루 나누어지지 않고 있는 나라다. 일부 사람은 미국의 부자가 점점 더 부자가 되는 것과 같이 미국에서 빈곤한 사람도 궁극적으로는 사회 발전의 혜택을 받을 것으로 기대했으나, 최근의 연구들은 낙수효과가 모든 사람의 삶의 질을 향상시킬 것을 기대할 수 없음을 보여주고 있다. 부자와 가난한 자의 차이와 교육받은 자와 교육을 덜 받은 자 간의 차이는 사실 미국에서 증가하고 있다. 1장에서 주목했듯이, 부유한 백인 여성은 가난한 흑인 남성보다 평균 14년을 더 오래 산다. 건강 자원 및

서비스 행정부(Health Resources and Services Administration)의 역학
자인 고팰 싱(Gopal Singh)과 네브라스카대학교 의료센터 공중보건
대학의 사회학교수인 모하마드 시아푸쉬(Mohammad Siahpush)는 기
대수명과 사회계층 간의 관계를 연구하였다. 이들도 격차가 넓어지
고 있음을 발견하였다.

싱과 시아푸쉬는 미국에서 가장 부유한 집단과 가장 빈곤한 집단
간의 기대수명의 차이가 1980년에는 2.8년임을 발견하였다. 2000년
에는 그 차이가[26] 4.5년으로 증가하였다. 하버드대학 경제학자인
데이비드 커틀러(David Cutler)와 동료들은 교육에 의한 차이도 비슷
한 양상임을 발견하였다. 미국에서 25세의 기대수명은 1990년에서
2000년 사이에 증가하였는데, 대학졸업자의 경우에만[27] 증가하였
다. 대졸 학력의 미국인들은 고졸 이하의 교육 수준인 미국인에 비
해 기대수명에서 약 30%의 이득이 있었다. 가난하고 덜 교육받는
것의 대가가 삶의 질에서만 나타나는 것이 아니라 삶의 길이에서도
나타난다는 것은 충격적인 경종이다.

이러한 건강 차이는 부유한 사람들이 몸에 더 좋은 음식을 먹고,
덜 흡연하거나 덜 비만이며, 건강에 이상이 있을 때 건강관리를 더
많이 받을 것이라는 사실로 설명될 수 있다. 그러나 이러한 요인이
부와 질병 간의 일차 함수적 관계를 전적으로 설명하지는 않는다.
점차 연구자들은 빈곤은 스트레스를 조절하는 뇌와 말초 간의 의사
소통 체계인 교감신경계의 만성적 활성화와 관련된 것으로 확신하
기 시작하였다. 이 체계의 빠른 활성화는 생존에 필수적인 것이다.
이는 투쟁 또는 도피 반응을 가능하게 한다. 예를 들어 누군가 당신
을 때리거나 당신의 차가 갑자기 도로를 벗어나 달리기 시작할 때

당신이 즉각적으로 반응하도록 하는 것이 이 체계이다. 그러나 코르티솔과 같이, 신경전달물질이나 호르몬으로 작용하는 화학적 화합물의 수준이 계속 높은 상태로 남아있다면 뇌는 기본적으로 과잉 활성화된 상태가 지속된다. 동맥벽이 굳어지고, 글루코즈 조절이 잘 안 되며, 지방침착물이 허리 주변에 쌓이게 된다. 말하자면, 사회경제적 약점과 스트레스에 대한 생리적 표지 간에 직접적인 연합이[28] 있는 것이다.

아마 가장 심각한 것은 만성적 스트레스와 관련된 이러한 프로파일이 5세 미만[29]의 아동에서 관찰되고 있다는 사실이다. UCLA의 역학자이자 사회계층이 생물학적으로 영향을 미치는 경로를 탐구하는 분야의 선도적 연구자인 테레사 시먼(Teresa Seeman)은 3세와 4세 아동에서 글루코즈가 매우 높은 수준으로 증가되어 있음을 발견하였다. 시먼은 내게 "과거에 성인에서 보았던, 사회경제적 계층에 따른 생물학적 특징을 아주 어린 아동에서 보고 있습니다. 사회경제적 지위가 낮은 아동들이 어린 나이에 벌써 혈당조절이 잘 안 되고, 체중이 높고, 주요 스트레스 호르몬의 수준이 더 높아요."라고 말했다.

마지막으로 정말 심각한 문제의 신호가 나타나고 있다. 최근의 보고에서 보면 아팔래치아 지역과 미국 최남단 지역에서 기대수명이 실제로 감소하고 있다[30]. 이로 미루어보면 빈곤이 미국의 농촌지역에서 가장 심각한 문제를 초래하며, 사람들이 노년기에 얼마나 잘 지내는지에 영향을 미치는 것임을 알 수 있다. 우리가 알고 있는 빈곤한 사람들에 대한 대부분의 사실은 도시 빈민층에 대한 연구에 기초하고 있으며, 도시의 삶을 혹독한 것으로 생각하고 있지만 그럼에도 불구하고 도시는 어떤 면에서는 사람들이 필요로 하는 서비스를 얻기가 더 쉬운 곳이다. 뉴욕시의 빠른 속도를 감안할 때 노인도 맨하탄을 미국에서 가장 좋은 곳의 하나로 생각한다는 사실을 알고는 많은 사람이 놀란다. 뉴욕에서는 의료서비스와 사회서비스, 식료품 매장과 약국 그리고 함께 지낼 수 있는 사람이 모두 근처에 있을 뿐만 아니라 접근하기도 쉽다. 미국 남부 농촌 지역의 가난한 노인에 대해 연구하고 있는 알라바마대학의 임상심리학자인 마타 크라우서(Martha Crowther)는 "농촌 지역의 가난은 도시 지역의 가난과는 질적으로 달라요."라고 말한다. "가난은 어디서나 끔찍한 것이지만 도시에서는 적어도 도움을 주는 센터나 관리소가 있지요."

그러나 농촌지역에서는 노인이 독립적으로 살 수 있도록 해주는 다양한 서비스가 부족하다. 의료비 보장이 되는 노인의료보험을 가지고 있더라도 그 지역에서 찾아갈 의사가 없다면 별 의미가 없는 것이다. 대중교통은 없을 가능성이 높다. 코스트코 매장을 가기 위해서 수 마일을 스스로 운전해야만 할 수도 있다. 그렇지 않다면, 노인은 도움을 받기 위해 근처 친구나 가족에게 의지해야만 할 것인데, 이 친구와 친척은 아마도 가난한 사람일 것이다. 고등학교 중퇴 비율은(31) 도시보다 농촌지역 젊은이에서 더 높으며 실업률도 농촌에서 더 높다. 농촌지역의 노인은 흔히 믿고 의지할 수 있는 젊은 친척이 없을 수도 있다. 자신이 미래를 위해 선택할 수 있는 것이 별로 없다고 보는 지역에서는 젊은 세대는 도시로 떠나게 된다. 농촌에 그대로 남은 젊은 세대는 힘겹게 살아나간다.

도시와 농촌 간, 부유한 자와 가난한 자 간, 대학교육을 받은 자와 받지 않은 자 간의 이러한 차이로 인해, 미국 내의 모든 사람이 성공적으로 노화할 기회를 균등하게 가지고 있지 않다. 보다 나은 삶으

292 길고 멋진 미래

로 가는 길을 많은 사람이 찾기 힘들게 만드는 극명한 불평등으로 인해 나라의 근본적인 원리가 위험한 수준에 이르고 있다. 장수를 가능하게 하는 문화적·과학적 성과의 혜택을 상당수의 사람들이 누릴 수 없다면 민주주의의 근간이 되는 철학적·도덕적 주장이 손상되는 것이다. 그렇다, 사회에는 항상 불평등이 존재한다. 어떤 근로자는 다른 근로자에 비해 더 열심히 일할 것이고, 어떤 사람은 다른 사람보다 더 똑똑하고 더 창의적일 것이다. 그러나 일부 집단이 체계적으로 불리해서 5세 미만의 아동이 건강을 해치는 경로로 들어가게 되고 궁극적으로는 인생과정이 크게 힘들어진다면, 우리가 진정 정의로운 사회에서 살고 있는 것인지 의문해 보아야 할 것이다.

시나리오 5: 우리는 아이들을 위한 계획을 잊고 있다

노화에 관해 이야기할 때 우리는 흔히 자신이나 자신의 부모를 생각한다. 그러나 성인에 대해서만 생각해서는 안 된다. 우리 사회의 가장 젊은 구성원 역시 노화하고 있다. 우리의 근시안적 시각으로 인해 우리는 오늘의 어린 아이가 내일의 노인이 된다는 사실을 잊곤 한다. 우드릭다람쥐가 겨울잠에서 깨어나 굴 밖으로 나왔다가 자기 그림자를 보고 깜짝 놀라 다시 굴로 들어가듯이, 지금 당장 현재의 아이들이 노인이 될 때의 인생 계획을 시작하기 위한 노력을 하지 않는다면, 각 세대는 때가 닥쳐서야 장수한다는 사실에 직면하여 깜짝 놀라 당황하게 될 것이다. 아무런 준비 없이 노년을 맞이하게 되는 것은 우리가 마지막 세대가 되어야 한다.

나는 종종 3세 어린이를 보고 22세기를 살게 된 첫 100세 노인이 보인다는 이야기를 주변에 말하곤 한다. 이런 말을 들으면 대부분은 웃지만 이는 사실이다. 현재 유아의 절반은 백세인이 될 것이다. 다음에 놀이터나 백화점에서 아이들을 보게 될 때, 눈을 가늘게 뜨고 이들을 노인으로 보도록 해보라. 그리고 이들의 먼 미래가 행복하고 건강할 수 있도록 지금 이들을 위해 무엇을 할 수 있을 것인지 생각해보라.

현재의 아동이 미래에 얼마나 잘 지낼 것인가는 상당 부분 우리가 이들을 지금 어떻게 취급하는가에 달려 있는데, 솔직히 말해 우리는 이 점에서 엉망이다. 의료보험 개혁이 도움이 될 것이다. 그러나, 어린 시절의 건강 상태가 이후의 삶의 기능에 영향을 준다는 사실을 우리가 점차 더 잘 알아 가고 있음에도 불구하고, 의료보험 혜택이 없는 아동은 수십 년 동안 예방접종과 같은 주요 예방적 건강관리도 제대로 받지 못하고 있다. 아이들을 신체 활동을 많이 하도록 하여서 튼튼한 뼈가 형성되도록 해 주기보다는 아이들을 집이나 학교에서 거의 움직이지 않는 상황에 그대로 놔두고 있다. 우리는 비만을 조장하는 생활 습관을 장려하고 있는데, 이는 지금의 아이들이 나이 들었을 때 현재의 노인보다 더 병에 잘 걸리고 허약하게 만들 수 있을 것이다.

100년 전에는 출산율이 떨어짐에 따라 공교육에 대한 사회적 투자가 증가하였다. 오늘날 미국의 여러 지역에서 초등교육이 크게 부족하다. 과거보다 훨씬 더 많은 고등학생이 대학에 진학하고 있지만 졸업자 수는 정체상태다. 고졸자 중 30퍼센트를 약간 넘는 정도[32]만이 학사학위를 받고 대학을 졸업한다. 나라의 모든 어린이에게 최상급의 교육을 제공하기 위해서는 학교에 주요 투자를 해야 한다. 초등교육에 더 투자하는 것이 이러한 문제에 대한 답이 되는가에 대해서는 상당한 논란이 있겠지만, 상당한 시간을 투자하고 교육 개혁에 대한 교육전문가들의 조언과 함께 자금을 투입하는 것이 도움이 되지 않을 가능성은 별로 없다. 우리가 정보사회에 살게 되고 시장이 점차 세계화되고 있는 오늘날과 같은 역사적 시점에서 현재의 아동들을 성공적인 삶을 살 수 있도록 준비시키기 위해서는 뛰어난 교육을 평생에 걸쳐 지속적으로 하는 것이 필요하다.

노인의 요구를 젊은이의 요구에 비교하는 것이 불편하긴 하지만, 적어도 표면상으로는 정부 프로그램이 노인을 지원하는 방향으로 기울고 있는 것이 사실이다. 노인의 요구를 살피는 것은 중요하다. 그러나 우리가 처방약과 사회보장연금에 너무 주의를 기울이는 나머지 어린이의 요구도 고려해야 함을 잊을 수도 있다. 사회보장연금과 노인의료보험은 과거의 근로자와 맺은 사회적 계약을 달성하는 것이다. 현재의 어린이에 대한 투자는 미래에 거대한 이득을 가져다줄 것이다. 우리는 이 둘 모두를 해야 한다.

수백 년 동안 각 세대는 과거 세대에 비해 더 생산적이었다. 기술과 건강이 점진적으로 향상되었으며 과거 세대보다 교육을 더 받았다. 이제는 이러한 발전적 경향이 사라지고 수평을 유지하는 것으로 보인다. 점차 더 경쟁적으로 되고 있는 국제경제 상황에서 퇴보가 일어나도록 그냥 둘 수는 없는 것이다. 우리는 현재의 문제를 공격적으로 해결하기 위해 너무 바빴던 나머지 미래에 예견되는 문제를 다루지 못하였는데, 이는 우리의 자녀와 손자손녀의 행복에 영향을 미칠 것이다. 더 이상 근시안적인 시각을 가져서는 안 된다.

CHAPTER 09

길고 멋진 미래 다지기

9.
길고 멋진 미래 다지기

　여러분은 시간을 선물로 받았으며, 이 시간이 잘 활용될 수 있도록 해야 한다. 그러나 오늘날 우리 사회가 이 시간을 활용하고 있는 방식, 즉 생의 가장 끝부분에 여가를 넣고 젊은 성인기와 중년기는 압박을 많이 받아 스트레스가 되도록 놔두는 것은 정말로 창조적이지 않고 잘못된 것이다. 사람들은 현재 인생에서 중요한 여러 일을 할 시간이 충분하지 않다고 느끼지만, 사실은 인류 역사 이래 그 어떤 시기보다 더 많은 시간을 가지게 되었다. 당신은 인간 역사의 과거 어떤 세대와도 다를 뿐만 아니라 더 좋은 인생을 스스로 설계할 기회를 가진 것이다.

　길고 멋진 미래를 위해 당신은 어떻게 계획해야 할 것인가? 최상의 노화에 대해 현재 제안된 많은 조언은 생선기름을 줄이거나 요가를 함으로써 또는 끊임없이 스도쿠게임*을 함으로써 건강한 시간을 연장해야만 하는가에 대한 토막뉴스들인데, 이러한 정보는 얼마 안 가서 낡은 것이 되기 쉽다. 그런 것보다 나는 연장된 인생을 어떻게 준비하고 활용하는 것이 제일 좋을 것인지에 대해 오래 지속될 수 있는 개념적 틀을 제안하고자 한다. 이 틀은 네 가지 기본 원리, 즉 상상하기, 설계하기, 다양화하기와 투자하기에 기초한다. 이 네 가지가 각각 무엇을 의미하는지에 대해 설명한 후, 이 원리에 가장 잘 적용될 수 있다고 생각되는 네 가지 인생 영역에 대해 기술하고자 한다.

상상하기: 노년에 어떻게 대처해야 하는지에 대해 우리는 사회적으로 이미 프로그램화 되어 있다. 그러나 나는 앞으로의 시간을 완전하게 즐길 수 있는 방식에 대해 여러분이 지금부터 새롭게 생각해 보길 권한다. 건강하고 행복하게 100년을 사는 것이 어떤 것일지 한 번 상상해 보길 바란다. 10대 시절 완전한 사랑을 찾게 될 것을 꿈꾸었듯이 당신의 인생 후반부에 대해 꿈꾸어 보라. 어린 시절 미래의 직업에 대해 열망을 가졌던 것처럼 인생 후반부에 대해 많이 생각하라. 은퇴 후에는 더 이상 할 필요가 없는 지루한 일과 관련된 허드렛일을 상상하지 말고 그 대신, 가족과 고용주에 대한 주요 의무가 당신의 인생에서 뒷전으로 물러나고, 당신의 시간이 온전히 당신의 것이 되었을 때 무엇을 하고 싶은지 생생하게 상상해 보라.

베푸는 것이 당신이 할 수 있는 것 중 진정으로 가장 만족스러운

---

* 역주: 9x9 칸으로 구성된 가로줄과 세로줄, 그리고 큰 격자 속의 작은 격자(3x3)에 1부터 9까지의 숫자가 겹치지 않도록 채워넣는 게임

일의 하나라면 미래에 어떤 유산을 세상에 남길 수 있을 것인지 상상해 보라. 가족이나 가치 있는 재단에 돈을 남겨야만 하는 것은 아니다. 기술이든 메시지든 혹은 예술품이든 자신이 앞선 것이라면 무엇이든 남길 수 있는 것이다. 특히 베이비부머 세대는 인생의 전반부는 세상을 탐색하고 기술을 개발하는 데 보내고 후반부에는 전반부에 개발한 전문성을 다른 사람을 돕는 데 보내는 50-50 생애모델의 힘을 세상에 보여주는 역할을 주도적으로 할 수 있을 것이다.

설계하기: 노년기에 건강과 재정적 안정 및 예리한 정신력을 누릴 가능성은 주로 오늘부터 당신이 선택할 일상생활의 양식에 의해 결정될 것이다. 미래의 행복과 관련된 문제라면 우리 모두 최고의 의도를 가지고 있기에 금연할 것이고 패스트푸드를 줄일 것이고 401(k) 플랜에 더 저축하겠다고 맹세하지만, 의지만으로는 우리가 80, 90, 100세까지 옳은 길을 계속 가기 어렵다. 옳은 길을 알지 못하는 것이 어려운 것이 아니라 그 길을 계속 가는 것이 어렵다. 안다고 다 되는 것이 아니며, 아무리 강한 동기도 시들해지는 경향이 있다. 먼 미래의 목표를 위해 천천히 가야 할 때는 미루거나 다른 데로 빠지게 되기 쉬운데, 특히 바른 행동에 대한 보상이 보이지도 않는데, 과제는 어렵고, 자신이 제대로 가고 있는 것인지 의문이 갈 정도로 진행이 더디면 더욱 그렇다.

핵심은 당신의 일상적인 일들이 당신의 목표를 강화할 수 있도록 가정생활, 예금계좌, 식습관 등 당신의 사회적, 물리적 환경을 설계하는 것이다. 당신의 초기 설정(default settings)을 바꿈으로써 힘든 선택을 몇 번이고 되풀이하지 않아도 된다. 이 장에서 이러한 방법이 적용될 수 있는 영역에 대해 계속 논의할 것이지만, 기본 개념은 당신의 건강과 정서적 안녕감과 재정상태를 위해 바른 일을 하는 것을 일상화하는 것이다.

다양화하기: 다양화하는 것이 주식 투자에 이롭다는 것을 알고 있겠지만, 이는 인생의 거의 모든 영역에서도 마찬가지다. 당신의 모든 돈을 하나의 펀드나 주식에 투자해서는 안 되는 것과 같이 자신의 모든 사회적 투자를 자녀나 배우자 또는 직업에만 제한하지 말기를 권한다. 장수시대에서는 다양한 국면을 통과하게 되는 인생을 경험할 가능성이 높다. 한 개 이상의 직업을 가질 수도 있고 다양한 자원봉사나 시민역할을 하게 될 수 있으므로, 자신의 전문성을 다양화해야 한다. 또 가족이 평생 동안 당신에게 필요한 사회적 지원을 제공할 수 없을 것이므로 사회적 네트워크도 다양화해야 한다. 인생이 길어짐에 따라 교육, 직업과 가정, 은퇴가 각각 분명한 단계로 분리되었던 인생 과정 모델이 붕괴될 가능성이 높아질 것이므로 활동도 다양화해야 한다. 인생이 짧아서 한 가지 역할만 하거나 한 가지 사회적 환경에서만 살 것이라는 생각부터 버리자. 긴 인생뿐만 아니라 넓은 인생을 계획하라.

투자하기: 선진국의 베이비부머는 연장된 인생을 새롭게 개척하는 것이므로, 직장, 교육시스템 그리고 사회적 지원의 정부네트워크에 관해 우리가 만들어가는 변화는 다음 세대를 위한 무대가 될 것이다. 현재의 초등학생은 베이비부머보다 더 장수할 것이다. 그래서 나이가 드는 것이 무엇을 의미하는 것인지, 건강한 장수가 어떤 것

인지에 관해서 이들에게 알려야 하는 것이다. 현재의 아동이 노년기를, 우리 세대가 기대했던 것보다 더 긍정적으로 기대할 수 있도록 만들어보자.

과학에 투자하는 것보다 더 좋은 재정적, 사회적 투자는 없을 것이다. 과학에의 투자는 질 높은 직장과 새로운 산업과 같이 막대한 경제적 보상을 가져다 줄 뿐만 아니라 돈으로 그 가치를 따질 수 없는 건강과 생활양식의 향상을 사셔다 줄 것이다. 물론, 과학과 교육은 함께 가는 것이다. 교육에 투자하는 것이 내일의 아동이 건강하고 긴 인생을 달성하는 데 도움이 되는 궤도에 들어가도록 하는 최선의 방법일 것이다. 자신의 자녀나 손자손녀 또는 다른 어린 친지나 친구부터 시작하여 차차 이웃이나 전 세계의 어린이에게 투자를 확대할 것을 고려해 보라.

이상과 같은 상상하기, 설계하기, 다양화하기 및 투자하기의 개념적 틀은 인생의 어떤 분야에서든 다가오는 변화를 계획하기 위한 좋은 방법일 것이지만, 아래에 제시하는 네 가지는 전 생애에 걸쳐서 행복을 보장하는 가장 핵심적인 것이라고 생각하기에, 또 각 영역별로 현재의 우리 삶에서 변화를 시작할 수 있다고 생각하기에 언급하고자 한다. 이를 읽어나가면서 자신의 인생에 적용할 수 있는 아이디어를 발견하고, 더 나아가서 연장된 인생을 더 건강하고 행복하게 만들 수 있는 문화적 변화를 성취하기 위해 우리가 어떻게 함께 일할 수 있을 것인지에 대해 지역의 조직, 종교집단, 의회 대표뿐만 아니라 친구, 가족, 동업자 등 다른 사람과 이야기할 수 있게 되길 바란다.

사회적 관계를 키워라

　건강한 사람은 집단에 소속될 필요가 있다. 그것이 우리가 진화과정에서 생존했던 방식이었으며 현재에도 우리가 생존하는 방식이다. 강한 사회적 관계는 삶의 질뿐만 아니라 얼마나 오래 살 것인지에도 영향을 미친다. 과거부터 우리를 지원해왔던 많은 사회제도가 매우 빠르게 변하고 있기에, 우리는 이에 성공적으로 적응하기 위한 방법을 마음속에 그려볼 필요가 있다.

　선진국은 수명이 연장되고 출산율이 추락하면서 믿을 수 없을 정도의 인구변화를 겪고 있다. 머지 않아서 과거 어느 때보다 더 많은 세대의 가족이 생존하게 되겠지만 핵가족은 점차 더 작아질 것이다. 과거 어느 때보다 더 많은 여성이, 즉 약 20퍼센트의 여성이 출산하지 않는다. 현재의 결혼패턴이 유지된다고 가정한다면, 재혼을 통해 가족이 추가되거나 이혼한 커플이 각각의 인생을 가게 되는 일이 많아지면서 가족의 개념은 점차 더 가변적이 될 것이다.

　베이비부머 세대에 속한 우리가 노인이 되었을 때 우리의 조부모 세대에 비해서 우리 주변의 가족은 손자손녀 수가 더 적고, 일인 가족이 많아서 그 크기가 더 작아질 뿐만 아니라 혼합가정이 늘어날 것이다. 의붓 손자손녀나 전처, 전남편, 이전 사위, 이전 며느리 등 혈연보다는 결혼에 의해서 맺어지는 사람의 비율이 더 증가할 것이다. 가족이 더 가변적이 되고 생물학적 유대 관계에 의해 정의되는 정도가 적어지면서 가족은 덜 안정적이 될 것이고 과거의 가족이 했던 것보다 사회적 지원을 덜 제공하게 될 것이다. 반면, 다양한 세대의 존재는 가족의 불안정성을 상쇄할 것인데, 특히 같은 시기에 생존하고 있을 뿐만 아니라 어린 손자손녀를 돌보기 위해 투자할 수 있는 조부모나 증조부모로부터 충분한 보조를 받을 가능성이 있는 어린 아동의 관점에서 그렇다. 도움을 구할 수 있는 몇몇 세대의 나이 든 친척이 있는 것은 가족에게 소중한 자산이 될 수 있다.

가족의 유대가 적어지면서 과거 어떤 때보다 이를 발전시키는 것이 더욱 중요해질 것이다. 당신과 동년배인 사촌뿐만 아니라 형제자매들과의 관계는 인생에서 가장 오래 지속될 관계이므로 형제와 자매를 잘 보살펴라. 몇몇 사람에게 이들은 거의 100년 동안 알고 지내는 사람일 수도 있다. 당신의 형제자매는 당신의 가장 오래된 기억을 공유할 사람인데, 왜냐하면 이들과 나이가 비슷하기 때문에 인생의 중요한 단계를 함께 하게 될 것이기 때문이다. 나이가 아주 많이 들어서 세상이 당신의 나쁜 건강상태만을 보게 될 때, 그들은 당신이 예전에 어떠했는지를 기억해 주는 사람이 될 것이다. 그들은 또 당신이 완전히 믿고 의지할 수 있는 사람이어서 당신의 코털이 코 밖으로 나왔을 때 또는 스커트 뒷자락이 팬티스타킹 안에 끼었을 때 이를 주저 없이 말해 줄 수 있는 사람이다. 사실 형제자매 관계는 싸움이 잦거나 서로 멀리 떨어져서 살 경우는 시간이 지나면서 소원해질 수 있다. 그러나 당신이 서로 간의 차이를 제쳐두고 함께 웃고 친밀한 대화를 나눌 수 있다면 그 관계는 유지할 가치가 있다.

진정, 가족관계를 오랫동안 키우는 중요한 가이드라인은 원한을 떨쳐버리는 방법을 배우는 것이다. 가족관계와 친구관계는 수십 년간 지속되므로 갈등이 어쩔 수 없이 발생하게 마련이다. 어떤 때는 화가 날 수도 있고 어떤 때는 배신당할 수도 있다. 그러나 우리를 어떤 방식으로든 화나게 만든 모든 사람과 절연한다면 우리는 노년기에 정말 외로워질 것이다. 건강하지 못한 가족 간의 역학관계에서 벗어나야만 하는 충분한 이유가 있을 때도 있지만 많은 경우는 가족 간의 긴장은 오래 전의 사건에서 나온 것이어서 원래 화나게 했던 것이 이제는 거의 중요하지 않을 수가 있다. 가족 간에 오래된 불화가 있다면 화해하려고 최선을 다하라. 진부하게 들리겠지만, 오랜 기간 어떤 사람에 대해 화를 내면 그 사람을 해치기보다는 당신 자신에게 더 해가 된다. 지속적으로 분노를 경험하는 것은 스트레스의 한 형태인데, 스트레스가 우리의 건강과 인생에 어떤 영향을 미치는지는 이미 잘 알려져 있다. 용서하는 마음을 길러라[1]. 그렇게 하는 것이 당신의 건강에 좋다. 그렇게 하는 것이 어려워서 시간이 필요하기도 하다. 좋은 방법은 화나게 만든 사람을 잊은 것처럼 행동하기로 마음먹는 것이다. 그러다 보면 얼마 지나지 않아 감정도 행동을 따라가게 될 것이다.

유대가 강한 가족들도 혈연을 넘어서까지 관계를 키워야 할 필요가 있다. 언젠가는 사랑하는 가족이 사망하고 아이들은 멀리 떠난다. 그러니 지금 당장 가까운 생물학적 유대와 사랑하는 파트너와의 관계를 넘어서까지 당신의 **가족**을 다양화하라. 친구, 이웃, 동료, 멘토 등 인생의 여러 측면에서 관련된 사람들과 의미 있고 호혜적인 유대를 만들어라. 관계를 다양화할 수 있다면, 질병이나 이혼, 이주와 같이 사회지원 네트워크에 영향을 미치는, 기대하지 않았던 변화의 영향을 덜 받을 수 있다. **자발적** 가족을 만드는 것의 장점은 당신이 가장 좋아하는 사람들이 포함된 사회관계망을 만들 수 있는 기회를 가지게 된다는 것이다. 좋아하는 올케가 당신의 남자형제와 이혼했기 때문에 올케와의 관계를 끊어야 할 필요는 없는 것이다. 가족 모임에 가장 친한 친구를 포함시킬 수도 있으며, 이로 인해 친한 친구의 가족과도 알게 될 수 있다.

혈연에 의한 가족이든 친구관계에 의한 가족이든 가족을 유지하는 데에는 진정 많은 노력이 든다. 우리 대부분은 중년기에 직장에서의 의무에 얽매여서 우리의 사회적 삶에 산소가 되는 것을 잘라버리면서 산다. 자녀들과 함께 하고 싶은 시간조차도 제대로 보내지 못하면서 산다! 긴 인생이 일반적인 생물학적 경향일 뿐이지 모든 사람에게 주어지는 것이 아니기 때문에 사회적 관계를 누리기 위해 은퇴까지 기다려야 한다는 것은 끔찍한 생각일 뿐만 아니라 위험하기도 하다. 가족과 친구를 위해 시간을 잘 내지 못하고 있다면 사랑하는 사람과의 시간이 일상이 되도록 계획을 잘 짜 보라. 달력에 가족이나 사회적 관계를 위한 시간이 규칙적인 간격으로 돌아오도록 표시하고 다른 모임을 중시하는 만큼 이 모임도 중시하라.

나의 한 동료는 두 딸의 어린 시절, 딸이 하교할 때 차량으로 귀가시켜 주고 싶었으나 3시에 열리는 교수 미팅이 종종 끝나지 않아서 갈 수가 없었다 한다. 그러던 중 그녀는 자신에게 더 편리한 시간대인 1시에 그 미팅이 시작되지 못하는 이유가 바로 두 명의 동료가 항상 1시에 스쿼시 경기를 하기 때문임을 알게 되었다. 그 약속은 그들의 달력에 기록되어 있어서 그들은 이 시간을 피해서 모든 약속을 잡았던 것이다. 그러나 자신의 아이들을 픽업하는 일은 달력에 표시되어 있지 않았던 것이다. 그날 이후로 그녀는 사람들에게 자신은 3시에 약속이 있다고 말했으며, 교수회의는 모든 사람에게 더 나은 시간대로 옮겨졌다. 물론 그녀는 미팅에 참석할 수 있었는데 딸을 데리고 참석했던 것이다.

당신이 일 중독자이고 가족과 휴가를 거의 보내지 않는다면 다음과 같이 해 보라. 이는 일로부터 분리되기 위해 몸부림치는 매우 바쁜 사람을 위한 방법인데, 극히 드물게만 긴 주말 휴가를 즐길 수 있었던 내 친구 부부로부터 들었던 방법이다. 이들은 매번 휴가가 얼마나 휴식이 되고 자신들의 관계에 도움이 되는지를 깨달았지만, 일단 집으로 돌아오면 다음 주말휴가를 계획하는 데 애를 먹었다. 일상의 업무로 돌아가게 되면 수년이 지나야만 자신들이 휴가를 갈 시간이 있다고 느낄 수 있을 지경이었다. 그리하여 이들은 마침내 다음 번 주말휴가를 예약하기 전에는 돌아오지 않기로 약조를 하게 되었다. 다음 휴가의 구체적인 날짜와 비용을 마련해놓고 나니 이를 지킬 수밖에 없었다. 날짜를 정함으로써 달력에서 날짜를 빼두는 것이 이러한 변화를 만들 수 있었던 것이다.

마지막으로 당신의 사회관계망을 강화하기 위해 노력할 때 당신의 나이가 몇 세이건 간에, 유사한 연령대의 사람 집단 속에만 자신을 묶어두지 않도록 하라. 나이가 들면서 우리의 사회관계망은 자연스럽게 우리가 가장 좋아하는 사람으로 좁혀지니 조심스럽게 가지를 쳐야 한다. 당신이 고등학생일 때 단축번호로 저장된 사람이 모두 고등학생이라면 이는 지나치게 가지를 친 것이다. 이럴 경우 노년기에 당신은 살아있는 마지막 외로운 사람이 될 가능성이 있다.

핵가족이 점차 많은 세대에 걸치게 되므로 우리는 세대 간의 장벽을 허물 필요가 있다. 여러 세대와 소통할 때 그 관계가 강하고 진지한 것이 되기 위해서는 강압적으로 부자연스럽게 행동하지 말아야 한다. 나이 든 사람은 젊은 세대를 알기 위해 진정 노력해야 하며 이들을 충분히 잘 기능하는 사람으로 대해야 한다. 특히 자주 보지 않는 젊은 친지와 함께 할 때 나이 든 사람은 흔히 "어머나, 많이 컸구나."라는 상투적인 말과 함께 "학교에서 어떻게 지내니?"와 같은 스무고개식의 질문을 하는 경향이 있다. 그러나 아이들은 "좋아요.", "네."와 같은 한 단어로 답하면 되는 여러 개의 질문 세례에 당황할 수 있다. 이러한 교류는 시간과 의미 있는 경험을 공유하는 것과는 달리 진정한 친밀감을 형성하지 못한다. 영화를 내어해시 함께 보고 이에 대해 이야기해 보라. 어떤 음악을 젊은 친구가 좋아하는지 알아보고 이들이 좋아하는 것을 들어보자고 제안해 보라.

젊은 사람도 자신의 삶에 자신의 조부모만이 아니라 나이 든 사람을 초대함으로써 이들과 유대를 형성하기 시작할 필요가 있다. 젊은 사람은 나이 든 사람에 대해 흔히 서먹서먹함을 느낀다. 젊은 사람은 나이 든 사람을 화나게 하고 싶지 않기에 노인을 조심스럽게 또는 생색을 내면서 대한다. 아니면 그냥 피해 버린다. 그러나 아이들과는 달리 대부분의 성인은 열린 마음으로 진정 관심을 가지고 질문할 경우는 스무고개식의 질문을 좋아한다. 성인에게 있어서는 다른 사람이 자신의 개인적 삶에 대해 질문하는 것은 자신에 대해 관심을 가지고 있으며 친해지고 싶다는 바람의 증거이다. 젊은 사람이 "베트남 전쟁 때 어떻게 보내셨어요?"와 같은 의미 있는 질문을 하거나 나이 드는 것에 대해 질문하면, 젊은 사람은 노인이 자신과 생각을 공유하고 싶어 함을 발견하게 될 것이다.

세대 간의 유대가 장수시대에서는 중요할 것이므로 자녀가 다른 세대의 친척, 설사 그들이 먼 곳에 산다 할지라도 그들과 강하고 편한 관계를 가질 수 있는 기회를 제공함으로써 어린 세대에게 노인이 무섭고 낯설게 보이지 않도록 해야 한다. 만약 당신이 먼 곳에 살고 있는 노인이라면 아이들에게 카드나 선물을 보내거나 휴일에 방문하는 것 이상으로 아이들에게 자주 연락하라. 그렇게 하면 당신은 10대 청소년이나 아동이 부모와 전화할 때보다 무조건 긍정적인 조부모와 전화할 때 얼마나 더 마음을 터놓고 수다를 떠는지 놀라게될 것이며, 또 다른 도시에 있는 사랑하는 친척 아저씨 아주머니 집에서 여름을 보내러 오라고 초대해 주는 것이 이들과 진정한 유대를 형성하게 만들며 자신의 초대가 부모와 자녀가 서로 잠시 떨어질 수 있는 기회를 제공한다는 것을 알게 될 것이다. (실제로 독일이나 유럽의 여러 국가에서는 여름방학을 조부모와 보내는 것이 일반적인 관습이다.) 가정에서는 아이들이 긍정적인 역할모델이 될 수 있는 지역사회의 노인을 알고 지낼 수 있도록 기회를 만들라. 자원봉사가 노인세대와 접촉할 수 있는 좋은 맥락일 것이다.

우리 자신의 긴 삶을 상상해 보기 시작했듯이 우리의 미래 세대가 자신들의 긴 삶을 상상해 보도록 도울 필요가 있다. 우리는 자녀에게 그들의 긴 인생은 할아버지·할머니의 삶과 같은 것이 아닐 것이며, 다른 것을 기대하고 또 준비해야만 한다는 것을 분명하게 알도록 해야만 한다. 당신이 잘 알고 있는 젊은 사람에게 어떤 노인이되고 싶은지 질문하고, 그 장기적 목표에 대해 꿈을 가질 수 있도록도와라. 당신 자신의 노화에 대해, 나이가 든다는 것이 어떤 느낌인지, 하지 말았어야 했던 것이 무엇인지, 자신이 잘 했다고 생각하는것이 무엇인지에 대해 이들과 이야기하라. 당신의 아픔과 고통에 대해서만 이야기하지 않도록 하라. 그러나 그것에 대해 이야기하는 것을 두려워하지도 말라. 관절염이 얼마나 당신을 괴롭혔는지를 당신의 손자손녀가 안다면, 손자손녀가 후에 관절염 치료법을 발견하는 과학자가 될 수도 있는 것이다.

당신이 인생을 즐겁게 살고 있음을 아동이건 성인이건 젊은 사람이 알 필요가 있다. 이는 그들에게 그들 자신이 현재 경험하고 있는 시기와 똑같이 노년을 좋은 것과 나쁜 것이 모두 있는 시기로 볼 수 있도록 한다. 그들에게 어떤 것을 기대할 수 있을 것인지를 알도록 해야 한다. 나의 어머니가 폐경을 하고 폐경기 일과성 열감이 극심했던 어느 날, 어머니는 시어머니가 "어미야, 나이가 들면서 열감이 나아질 테니 걱정하지 마라."라고 자신에게 속삭였던 것을 상기하여 그 시기를 넘겼다 한다. 나는 학생에게 나이가 들면 학생도 다른 사람이 자신을 어떻게 생각할 것인지에 대해 덜 신경 쓰게 될 것이라는 말을 해주었을 때 학생의 얼굴표정을 보는 것을 좋아한다.

자신의 자녀와 손자손녀에게도 투자할 수 있다. 중국 가정에서 손자손녀가 태어나기도 전부터 이들의 교육을 위해서 노인이 저축을 시작하는 것이 좋은 모델이다. 이는 당신의 후원으로 복합적인 이득을 얻을 수 있는 최선의 방법이다. 자신의 자녀나 손자손녀(또는 자신의 가족이 아무도 없다면 가까운 친구의 자녀나 손자손녀)의 은퇴자금을 위한 저축을 시작할 수도 있다. 몇 달러밖에 주지 못할 정도라 할지라도 수십 년 동안 복리이자가 붙어서 계좌의 가치가 몇 배로 늘어나게 된다. 모든 조부모가 경제적 지원을 할 수 있는 형편은 아니므로 조부모나 증조부모가 지역사회에 서비스를 제공한 대가로 자신의 가족을 위해 지역대학의 등록금으로 전환될 수 있는 포인트를 적립할 수 있도록 하는 프로그램을 연방정부와 주정부가 마련함으로써 미래 세대에 대한 투자를 장려할 수도 있을 것이다.

가족의 변화에 대한 전망이 항상 관심을 불러일으키지만 역사 이래 가족구조는 지속적으로 장점과 단점의 거래를 통해 변화되어 왔음을 기억하라. 수명연장으로 인해 우리가 가지게 된 수년간의 기간에 적응하는 동안 가족과 사회적 유대의 어떤 변화에 직면하게 되더라도, 가장 중요한 메시지는 중요한 인간관계가 시간이 지나면서 더 강해지도록 이를 키워나가라는 것이다. 당신이 인생여정을 여행하는 동안 이들의 든든한 호위가 필요할 것이다.

더 오래 일하고 더 많이 저축하라

베이비부머 세대부터 시작해서, 더 오래 일한다는 생각에 익숙해지도록 하자. 이는 물론 사회보장제도의 지불능력 보장에 도움이 되긴 하지만 단순히 이를 보장하기 위해서 또는 수십 년의 은퇴기간을 시작하기 전에 빈약한 개인저축을 탄탄하게 하는 데 시간이 필요하기 때문만은 아니다. 일을 더 오래 해야 하는 것은 주로, 사람들이 자신이 하고 있는 일을 즐기기 때문이다. 위대한 지그문트 프로이드(Sigmund Freud)는 좋은 정신건강의 핵심 요인에 대해 기술할 때, 일을 사랑과 동일한 선상에 놓았다. 비록 직업 활동이 매 순간 즐거운 것은 아니지만, 오랜 시간의 일은 우리에게 많은 것을 준다, 자아정체감과 목표, 자신의 기술을 활용할 기회와 새로운 기술을 배울 기회, 가족과는 다른 방식으로 우리를 아는 친한 사람의 네트워크, 그리고 문제해결을 위해 뇌를 사용할 기회를 제공해 준다. 인생 기간이 길어진다면 근로연수도 길어져야만 한다. 문제는 더 길어진 직

업세계의 기간이 만족스러울 뿐만 아니라 자극적이 되도록 만들어
야 하는 것이다.

우리 각자는 평생을 통해서 직업에 얼마나 할당할 것인지에 대한
계획이 있어야 하는데, 이는 부분적으로는 가족, 지역사회 봉사, 여
행 및 교육 등 해야 할 일들에 직업이 얼마나 밀접하게 관련된다고
생각하는지에 달려있다. 직업세계로 이제 들어가려고 하는 젊은 성
인은 평생 동안 몇 개의 직업을 가지게 될 가능성이 있으므로, 직업
계획을 세우는 초기단계에 있다면 자신이 하고 싶은 몇 가지 직업에
대해 생각해보라. 젊은 시절과 나이 들었을 때는 임금을 덜 받지만
중년기에는 황소처럼 일하고 많이 받는 유연한 직업을 원하는가?
하나의 직업이 어떻게 두 번째 세 번째 직업의 준비가 될 수 있을
것인가? 평생 동안 한 가지 이상의 직업을 가질 생각이라면 나이
들면서 어떤 능력이 향상되고 어떤 능력이 떨어지는지를 고려하라.
새로운 지식을 많이 배워야 하는 직업이라면 이러한 직업을 더 젊은
시절에 가지는 것이 좋다. 반대로 원하는 것이 오랜 기간의 기술이
나 인생경험을 요한다면 이는 중년기에 시도하는 것이 좋을 것이다.
인지적 관점에서 보면 은퇴 후에 파일럿이 되려는 것은 그다지 좋은
생각이 아니지만 교사나 정치가, 공동체 조직가가 되려는 것은 아주
좋은 생각이다. (항상 결정하기 전에 두 번은 생각하라.)

은퇴가 가까워지고 있는 사람들은 65세가 되는 날 갑자기 직업생
활에서 은퇴로 전환되지 않는 방법을 생각해 보라. 고용주에게 당신
의 계획이 무엇인지 또 자신이 택할 수 있는 선택 안으로 어떤 것이
있는지, 예를 들어 근무시간을 줄이거나, 당신이 진정으로 관심 있
는 특정 사업에 집중한다거나 젊은 사원을 멘토링하는 것과 같은 안

에 대해 이야기해보라. 나는 교실에서 점차 신체적으로 지쳐 가는, 은퇴를 앞둔 60세의 초등학교 교사는 신임교사에게 조언을 하고 수업진행을 방해하는 문제 학생에게 특별한 관심을 기울여줌으로써 신임교사에게 훌륭한 교실 지원자가 될 수 있다고 생각한다.

시빅 벤처스에서 마크 프리드만이 제안한 운동인 앙코르 커리어는 중년들에게 만족스러운 새로운 기회를 제공하고 있다. 이 단체는 **은퇴하지 말고, 전환하세요**(Don't retire, rewire)라는 슬로건과 함께 은퇴 연령이 가까운 사람에게 새로운 커리어로 전환하도록 자극하는데, 소송전문가를 공익법에 관심을 가지도록 하거나 법인관리자가 고교 학교장이 되도록 자극한다. 이들의 전문성을 교육, 환경보호, 종교와 같이 사회적으로 중요한 분야에서 활용하도록 하는 것은 더 오래 일할 필요가 있거나 새롭고 의미 있는 일을 하고 싶어 하는 베이비부머에게 특별히 매력적이다.

직업 분야에서 당신이 어떤 단계에 있건 당신의 전문성을 다양화하도록 시도하라. 당신의 직업이 교육적이라고 생각하지 않을 수도 있는데, 직업은 사실 당신 인생에서 가장 지적 자극이 되는 일일 것이다. 이는 당신에게 해 내야 하는 일상의 도전을 제공하고, 당신의 대화기술과 사회기술을 적용해 볼 사람을 제공해 주며, 가정 이외의 환경을 경험할 수 있도록 해 준다. 아마도 당신의 인생에서 새로운 기술에 접하고 자신과는 다른 연령대의 사람을 포함하여 새로운 사람을 만나게 될 가능성이 가장 많은 장소가 될 것이다. 과거 어느 때보다 더 길게 연장된 인생의 직업단계에서는 일을 지속적으로 할 수 있는 것이 중요하다. 직업을 시작하려는 사람이나 직업 전환을 하려고 생각하는 사람은 자신이 생각하고 있는 분야가 오랜 기간 동안 당신이 흥미를 가질 수 있는 분야인지에 대해 주의 깊게 생각하라. 나는 학생들에게 항상 좋아하는 일을 찾으라고 하는데, 왜냐하면 좋아하는 일을 찾으면 일이 더 이상 일처럼 느껴지지 않기 때문이다.

자연과학 및 사회과학 분야의 직업을 포함하는 일부 전문직, 예술, 의학, 법학, 공학 등은 새로운 기술이 개발되고 새로운 아이디어가 떠오르면서 끊임없이 변화하는 분야이므로, 지속적인 성장과 탐색이 가능하다. 그러나 대부분의 직업은 매우 반복적이며, 정신활동의 민첩성에 그다지 좋지 않다. 나이가 들면서 흔히 나타나는 일부 인지기능의 쇠퇴는 새로운 학습의 부족에 기인한다. 당신의 직업이 너무 자동화되어서 생각할 일이 없다고 느껴진다면 이직할 시기인 것이다. 지적 자극이 되는 직업을 가질 만큼 훈련과 교육을 받지 못했다면, 당신이 하는 일을 자주 변화시켜서 변화 자체가 당신을 정신 차리도록 만들라. 식료품 가게에서 수납하는 일을 하고 있다면 제과 쪽으로 옮기거나 같은 체인의 다른 지점으로의 이전을 생각해 볼 수도 있다.

대부분의 사람에게 더 오래 일하는 것은 경제적으로도 더 좋다. 당신이 저축을 충분하게 하지 못하여 65세가 다가오면서 점차 이에 대해 과민해지고 있는 상태일 수도 있다. 또는 저축을 잘 했으나 2008년의 주식시장 붕괴가 무겁게 내리누르는 것을 보았을 수도 있다. 어떤 경우이건 조기 은퇴하여 사회보장 부금을 낮추는 것은 선택하지 않는 것이 더 좋다. 그러나 많은 미국인은 이를 선택하고 있다. 보스톤대학 은퇴연구센터(Center for Retirement Research)의 경제학자인 엘리시어 뮤넬(Alicia Munnell)과 스티븐 새스(Steven Sass)

가 저서인 『더 오래 일하기: 은퇴 후의 수입감소에 대한 해결(Working longer: The solution to the retirement income challenge)』에서 지적하였듯이, 현재 보통 미국인들은 62세나 63세에 은퇴하고 연금을 덜 받고 있다. 이러한 선택에 대해 생각조차도 하지 말라! 그러한 선택은 남은 인생을 매달 더 적은 액수의 연금으로 살아야 하는 것뿐만 아니라 장수시대에는 더 적은 액수로 더 오래 살아야 함을 의미하는 것이다. 그 반대 역시 사실이다. 70세까지 은퇴를 연장한다면 남은 인생 동안 매달 약 1/3정도 더 많은 연금을 받을 수 있다. 뮈넬과 새스는 특히 결혼한 여성에게 남편이 조기에 은퇴하지 않도록 권하라고 조언하는데, 왜냐하면 여성이 남편보다 더 오래 살기 때문이다. 남편이 사망한 후에는 배우자의 연금이 감소하므로 가능한 최대 수준에서 연금이 시작될 수 있도록 하는 것이 최선이다.

　연방정부는 65세 이후까지 일하는 사람의 사회보장연금을 늘려주고 70세 이후에는 연금증가를 막는 현재의 제도를 수정함으로써, 수명 연장에 따라 사람들이 근로 햇수를 늘리는 계획을 수립하도록 장려할 수 있을 것이다. 조지 슐츠와 존 쇼벤이 장려하듯이 오랜 기간 동안 예를 들어 40년간 근로하는 사람을 위해 사회보장세금을 낮춰주어야 한다. 이는 나이 든 근로자를 계속 고용하도록 고용주에게 인센티브를 주므로 사람들에게는 장기근로의 기회가 자동적으로 증가할 것이다. 사회보장연금도 은퇴와 함께 갑자기 시작하여 은퇴기간 내내 항상 고정된 수준으로 지급하기보다는, 완전히 은퇴하기 전까지 몇 년에 걸쳐 서서히 근로시간을 줄여나가길 원하는 사람들에게는 유연하게 서서히 몇 년에 걸쳐 단계적으로 시작하도록 해야 한다. 이는 사람들이 반고용 상태로 더 오랜 기간 근무하게 만들 것이다. 고용주도 재택근무나 근무시간을 자유롭게 선택 가능하게 하거나 이들의 근무를 가능하게 하는 기타 여러 제도를 마련함으로써, 나이 든 사람이 더 오랜 기간 시간제로 근무할 수 있도록 도와야 한다.

이 경우 당신의 미래에 투자하는 것은 실제로 투자이다. 저축은 많은 사람에게 실제적으로 또 심리적으로 힘들다. 모든 사람이 돈 잃는 것을 싫어하는데, 많은 사람에게 저축은 마치 돈을 다른 사람에게 주어 버리는 것처럼 느껴진다. 돈을 잃는 것처럼 느끼는 것이 싫으므로 사람들은 그 돈을 지금 써 버리는 것을 선호할 수 있다. (우리의 뇌가 미래의 필요보다는 현재의 즉각적인 요구를 우선시하도록 진화되었음을 기억하라.) 이를 기억하고 우리의 삶에서 저축이 노력이 들지 않는 자동적인 것이 되도록 하는 제도를 개발해야만 한다. 은퇴를 위해 모아두려고 했던 자금을 다른 데 써버리게 되는 것을 막으려고 애쓰고 있다면 매 월급 때마다 절약하려는 자신을 믿기보다는 저축에 대해 계약을 하라. 고용주, 은행 또는 은퇴자금 담당자가 당신의 월급에서 일정 액수가 자동으로 저축계좌로 이체되도록 도와줄 수 있을 것이므로 당신이 이에 대해 생각할 필요도 없고 은행에서 줄을 서서 기다릴 필요도 없고, 심지어 돈의 일부가 사라지고 있다고 느낄 필요도 없다.

고용주는 근로자를 401(k) 플랜에 등록할 때, 근로자가 근로자 저축 가입에 자발적으로 서명하도록 하는 대신, 가입하지 않을 때 서명을 해야만 하도록 제도화하여 은퇴저축을 규범화하는 데 도움을 줄 수 있다. 고용주는 세이브 모어 투모로우 플랜을 제공하여, 근로자의 저축률을 매년 늘려 나가서 근로자가 돈을 잃고 있다고 느끼지 않도록 하면서 퇴직 기여금을 늘려 나가도록 할 수 있다. 또 근로자에게 은퇴자금이 얼마나 필요한지에 대한 장기적 요구를 평가할 수 있도록 워크숍을 열 수도 있을 것이다.

저축이 충분한가를 어떻게 알 수 있는가? 은퇴 전에 테스트를 하라. 사회보장연금을 포함하여 퇴직 수입을 계산하고, 직장을 다니면서 6개월간 그 수입으로 생활해 보라. 6개월간 완벽하게 편안했다면, 또 그 정도의 수입을 20년간이나 30년간 또는 40년까지도 유지할 수 있다고 생각하면 은퇴하라. 그렇지 않았다면, 편안하게 은퇴하려면 얼마나 더 저축해야 할 것인지에 대한 감을 잡을 수 있을 것이다.

20세기에 직업은 극적으로 변화했으며 21세기에도 역시 극적으로 변화할 것이다. 많은 사람에게 직업은 점차 신체적으로 덜 힘들어질 것이며, 바라건대는 점차 더 유연해져서 일을 하기 위해 특정 장소에 있어야 하는 것이 점차 덜 중요해질 것이다. 사람들이 더 오래 일해야 한다는 것을 인식하게 됨에 따라, 또 고용주는 더 적은 수의 근로자 풀에서 근로자를 구해야 할 것임을 인식하게 됨에 따라, 새로운 작업 패턴과 선택 요건들이 나타날 것이다. 그러나 가장 중요한 주제는 사람들이 더 오래 일할 필요가 있다는 것일 것이다. 문제는 지루하고 즐겁지 않고 신체적으로 위험하고 힘든 직업 환경을 바꾸고, 사람들에게 재훈련의 기회를 제공해서 자신이 싫어하는 일에 수십 년간 묶여있는 일이 없도록 하는 것이다. 좋고 긴 직업생활로 가는 길은 궁극적으로는 교육에서 시작된다.

평생 배워라

많은 과학자는 나이가 들면서 나타나는 인지쇠퇴가, 부분적으로는 가사건 회사 경영에 관한 일이건 특정 직업이나 생활양식에 익숙해짐에 따라 획일적인 절차를 만들고 나면 새로운 학습을 별로 하지 않게 되는 것에 기인한다고 본다. 평생에 걸쳐 당신이 획득한 전문성이 매우 만족스럽고 분명히 유용하겠지만 그렇더라도 현재 가지고 있는 재능에 너무 안주해서는 안 된다. 노년에도 정신적으로 명석하도록 스스로 도전해야 한다. 아주 익숙한 과제를 수행할 때는 새로운 신경연결이 형성되지 않는다. 뇌가 최적의 기능을 유지하도록 자극받기 위해서는 새로운 학습을 해야 한다.

알츠하이머병이나 기타 치매와 싸운 우리의 부모 세대를 보았기에, 우리 베이비부머는 인지쇠퇴가 가족과 자신의 삶의 질에 미치는 대가를 통감하고 있으며 인지쇠퇴를 피해 가기를 간절히 바란다. 결과적으로 수많은 사람이 컴퓨터 기반 게임에 많은 돈을 쓰고 있다. 미국인들은 자신의 문제를 해결해 준다고 내세우는 게임을 구매하는 것을 아주 좋아한다. 이러한 게임을, 당신이 즐긴다면 나쁠 것은 없으며 그냥 즐기면 된다. 그러나 일상의 인지기능이 놀랍게 향상될 것을 기대하지는 말라. 뇌게임을 오래 하다보면 분명 이 게임을 더 잘하게 되겠지만 이러한 기술이 일상에 전이된다는 증거는 거의 없다. 간접통로를 통한 교육이 직접통로를 택하는 것만큼 좋은 것은 아니다. 식료품 가게에서 사야 할 품목을 기억하지 못한다고 걱정이 된다면 사야 할 품목을 기억하는 연습을 해라. 대화를 유연하게 하고 싶다면 함께 담소를 나눌 만한 사람을 더 찾아라.

전통적인 은퇴를 하겠다고 계획하여, 아이들에게 읽기 가르치기와 같이 정신적으로 더 자극이 되는 일을 하기보다, 수영장 옆에 앉아서 아이패드로 뇌훈련 게임을 하는 베이비부머가 걱정스럽다. 내가 좋아하는 자원봉사 프로그램은 경험봉사단(Experience Corps)인데, 여기서 도시 빈민지역 학생을 지도하도록 나이 든 사람을 훈련한다. 이들은 학생들과 1:1로 또는 몇 명의 아동에게 학교장이 지정한 특별한 프로젝트를 함께 하거나 읽기를 가르친다. 이들은 가장힘든 학생을 돕는 것과 동시에 모든 아동을 도울 수 있도록 노력한다. 자원봉사자와 아동의 변화에 대해 컬럼비아대학의 메일맨 보건대학장이자 역학자인 린다 프리드(Linda Fried)가 이끄는 공동연구팀이 조사하였다. 초기 결과는 놀라운 것이었다[2]. 아동이 학교에서더 잘 하였을 뿐만 아니라 노인 봉사자도 혜택을 받았다. 노인봉사자는 새로운 친구관계를 형성하기 시작하였고 외출하면서 신체적으로 더 강해졌으며, 정보를 이전보다 더 효율적으로 처리하기 시작하였다!

우리는 점점 더 지식이 중요한 문화에서 살고 있다. 다른 사람의마음에 영향을 줄 수 있는 인생을 살 수 있다는 것과 지식을 다른사람에게 전달할 수 있다는 것은 당신이 그것을 받아들이건 던져버리건 당신을 풍요롭게 해주는 선물이다. 우리는 평생에 걸쳐 교육이지속될 수 있도록 하는 방법에 대해 생각해 봐야 한다. 교육은 현재대부분의 사람에게는 18세 또는 22세에 갑자기 끝나버리고 그 이후에는 돌아오지 않는, 생의 초반 20년간에만 아주 힘든 일이다. 그결과, 학교는 연령을 기준으로 봤을 때 미국에서 가장 분리된 기관이다. 평생교육은 직장을 잠시 떠나서 비싼 등록금을 내고, 캠퍼스를 통학하면서 물리적으로 학교로 돌아가야만 하는 것을 의미하지는 않는다. (물론 나는 대학이 캠퍼스로 돌아오고 싶어 하는 노인을 위해 돌아올 수 있는 길을 만들어주어야 한다고 생각한다. 우리는 대학이 젊은 사람만을 위한 것이라는 개념을 바꾸어야 한다.) 그러나 공교육이 도시에서만 가능하다고 생각해야 할 이유가 없다. 우리는 교육이 교실에서만 가능한 것으로 생각하는데 이는 바보 같은 생각이다. 당신의 뇌는 칠판 앞에서만 배우는 것이 아니라 공원이나 보트나 열기구에서도 배울 수 있다.

어디에서 배우건 지속적인 학습으로 뇌를 자극할 필요가 있다. 인지과학자가 이야기하는 두 가지 훌륭한 방법은 새로운 언어나 악기를 배우는 것이다. 만약 당신이 이러한 능력이 당연히 요구되는 UN의 통역가나 전문음악가라면 다른 것을 시도해야 한다. 배워야 하는 것이 새로운 기술이라고 가정한다면 지역 문화센터에서 개인레슨으로 배울 수도 있을 것이고, 언어학습의 경우는 몰입을 통해 스스로 배울 수도 있을 것이다. 여행은 다양한 사람을 만나고 새로운 음식을 접하며 멀리 떨어진 나라의 역사와 문화를 배울 수 있는 방법일 뿐만 아니라 새로운 언어기술을 연습해 볼 수 있는 아주 좋은 방법이다.

교육이 특정 방식으로 이루어져야만 한다고 생각할 이유는 없다. 가만히 앉아서 학습할 때 가장 잘 하는 사람이 아니라면 활동적인 체험 교육을 포함하여 무엇이든 평소에 하고 싶었던 것을 시도해보라. 예를 들어 정원을 가꾸거나, 지역 극단의 연극을 시도하거나, 도감을 사서 산행 길을 나서거나, 오래된 차를 재건하는 것과 같은 거대한 재건 프로젝트를 시작하거나, 수채화물감을 가지고 해변으로 떠나 보라. 공식적이지 않는 친한 몇몇 사람과의 모임에서 가장 잘 배운다면 북클럽이나 자연 걷기 모임을 해 보거나 아니면 지역 대학, 도서관, 박물관이나 예술영화관에서 제공하는 강연 시리즈에 등록해 보라.

중요한 것은 자신이 아주 익숙한 전문분야의 도서만을 읽거나 그러한 분야의 일만을 하면서 자신을 정체시키지 않는 것이다. 자기가 잘 하는 분야가 아닌 것을 시도하라. 당신이 회계사라면 야간 수학 강의를 하는 것은 밴조 연주를 배우는 것만큼 당신의 인지 발달을 확장시키지 않는다. 이미 세 가지 언어에 능통하다면 네 번째 언어를 배우는 것은 도자기를 배우는 것보다 더 도전적인 일이 되지는 않는다.

앞서 언급했듯이 어떤 유형의 건강하고 행복한 노인이 되고 싶은지, 세상에 어떤 기여를 하고 싶은지에 대해 상상해 보기 시작하는 것이 중요하다. 그러한 목표에 도달하기 위해서 현재 실제적인 어떤 일을 시작해야 하는지 생각해 보라. 당신의 앙코르 커리어와 은퇴 후의 희망을 준비하기 위해서 어떤 기술과 훈련이 필요한지 생각해 보라. 비영리 업계에 몸담고 싶다면 은퇴 이전에 그러한 기구에 대해 배워야 할 것이므로, 관련 위원회에 봉사를 자원하고 당신이 일하고 싶은 비영리 단체와 관련된 사회적 쟁점에 대해 파악하도록 하라. 어딘가 섬에서 그림을 그리면서 보내기를 원한다면 자신이 진정 그림 그리기를 원하는지 확인하기 위해서 미리 미술 강좌를 듣는 것이 좋다. 세계를 여행하고 싶다면 한두 가지의 외국어를 배우는 것은 세계여행의 경험을 훨씬 깊어지게 할 것이다. 역설적이게도 보람 있는 은퇴를 하기 위해서는 일이 요구된다. 은퇴한 후 다음에 무엇을 할 것인지 아무 계획 없이 안락의자에 갇혀 있다면 당신은 꽤 빠르게 지루해질 것이다.

자원봉사는 당신의 기술과 지식을 지역사회에 환원하면서 동시에 새로운 것을 배우는 데 아주 좋은 방법이다. 장수는 주업 이외의 의미 있는 활동을 탐색하는 데 전념할 수 있는 많은 시간을 줌으로써 전례가 없던 시민참여의 기회를 제공해 주고 있다. 은퇴할 때까지 기다리지 마라. 직업 활동을 더 유연하게 할 수 있고, 시간제 근무나 주당 근무 일수를 줄여서 근무하는 것이 더 보편적이 될 수 있다면, 봉사활동을 평생 동안 일상화할 수도 있을 것이다. 좋은 행동을 했을 때 얻을 수 있는 즉각적인 만족감 외에도 자신의 시간을 기부하는 것은 새로운 관심사를 탐색하고 일상에서 벗어나 휴식을 즐길 수 있고, 당신이 진정 좋아하는 것에 몰두하도록 한다. 이는 두 종류의 삶을 사는 것과 유사하다.

더 젊은 사람이나 직업 전환을 고려 중인 사람에게 자원봉사는 가능한 직업을 들여다볼 수 있는 유용한 창이 된다. 의료분야에서 일하는 것에 대해 항상 궁금했다면 병원에서 자원봉사하는 것은 자신이 병원에서 더 많은 시간을 보내고 싶은지를 파악하는 데 도움이 될 것이다. 나이 든 사람에게는 직장에서 습득한 기술을 자신이 관심 가지는 다른 분야에 적용해 볼 기회가 된다. 어쩌면 당신은 정치에 대한 깊은 열정을 가지고 있지만 직업으로서 이를 선택하지 않았을 수도 있다. 당신의 지역에서 선거인등록 운동을 하거나 마틴 루터 킹(Martin Luther King) 목사 기념일과 같이 의미 있는 국경일 행사를 후원하지 않을 이유는 없다. 항상 선장이 되고 싶었다면 해

변경비 지원단체에 가입하라. NBA가 당신을 영입하려고 전화한 적은 없었지만 지역센터의 농구장에서 아이들에게 슈팅하는 법을 가르칠 수도 있다. 경영리더가 은퇴하면, 흔히 소수의 경영진이 있는 비영리 기구에 자신의 서비스를 제공하고 싶어할 수 있다.

마지막으로 우리가 미래 세대에게 줄 수 있는 가장 중요한 선물은 좋은 교육이다. 우리 아이들의 미래가 우리의 미래만큼 좋기를 바라는 것이 우리의 유일한 희망이다. 아이들이 평생 학습을 즐길 수 있도록 이들에게 기본적인 지식과 기술을 가르치는 데 투자하자. 모든 아이가 글을 읽고 셈을 할 수 있도록 자극할 필요가 있는데 이것은 최저 수준일 뿐이다. 우리의 아이들은 국내정치와 국제정치, 세계 문화와 종교에 대해서도 이해할 수 있어야 한다. 오늘날 세계여행은 자동차 여행만큼 일반화되어 있으므로, 아이들이 다양한 삶의 방식에 대해 이해할 수도 있어야 한다.

기본 경제교육도 교육과정의 한 부분으로 만들어 아이들이 저축, 부채, 복리이자의 원리에 대해 이해할 수 있도록 하여서, 과거 세대가 은퇴계획에 실패했던 오류를 범하지 않도록 해야 할 것이다. 어린 아이에게 저축의 가치를 심어주어서 성인이 되어도 유지되는 습관이 되도록 해야겠다. 공공서비스의 가치와 즐거움에 대한 모델도 제시하여서, 아이들이 자신의 지역사회에 기부하는 것이 평생의 습관이 될 수 있도록 그리고 학교를 졸업한 지 한참 후에도 지속적으로 세계를 탐색하고 배울 수 있도록 해야 한다.

신체를 돌보라

우리는 "내가 이렇게 오래 살 줄 알았다면 나 자신을 더 잘 돌보 았을 텐데."라는 식의 상투적인 후회 섞인 말을 흔히 한다. 현재 우 리는 변명의 여지가 없다. 당신이 이 책을 읽고 있다면 당신이 나이 가 많아질 때까지 살 공산이 높다는 것이다. 노년기를 건강하고 강 하게 맞이할 수 있다면 끝없이 즐겁고 베풀 것이 더 많은 것이다. 현재 나이가 얼마나 들었건, 자신의 신체를 귀한 성전처럼 다루건 또는 파티에 끌고 가는 물건처럼 다루건 건강한 노년의 가능성을 증 가시키려는 노력을 결코 포기해서는 안 된다. 시작하기에 너무 늦은 경우란 결코 없으며, 그만 두기에는 항상 너무 이르다.

당신의 집안 혈통이 당신에게 준 DNA에도 불구하고 그것이 어떻 게 나타나고 작동하는가는 당신에게 달려 있다. 후성유전학 분야의 발전이 보여주듯이 영양상태, 독소에의 노출 및 운동과 같은 생활양 식 요인이 유전자가 어떻게 표현되는지를 결정하는 데 중요한 역할 을 한다. 당신이 자신의 유전을 통제할 수는 없을지라도 어느 정도 는 조절할 수 있다. 당신의 가계에 있는 그 어떤 건강문제이든 그것 이 당신의 운명을 결정한다고 가정하지 마라. 동일한 유전자를 가진 사람들이 유전 관련 질환에 걸릴 가능성에서조차도, 동일한 운명을 가지는 것이 아님을 보여주는 쌍생아 연구들을 기억하라. 부모로부 터 받은 유전적 코드는 종착역이 아니라 시작점일 뿐임을 생각하라. 편하게 살고 젊은 나이에 죽는다는 생각을 버려라. 이러한 생각은 우리가 미래와 아무 이해관계가 없다고 느끼게 만들기 때문에 현재

324 길고 멋진 미래

를 위해서만 무모하게 살게 만든다.

물론, 건강습관을 변화시키는 것은 진정 어렵다. 우리는 항상 더 바르게 먹고 운동을 더 하겠다고 약속하지만 대부분은 이러한 약속을 지키지 못한다. 은퇴를 위해 저축하는 것과 같은 긍정적인 습관을 일상화하는 것은 몇 장의 종이에 서명을 하기만 하면 되므로 서명할 때 한 번만 갈등하면 되기 때문에 비교적 쉽다. 그러나 좋은 건강습관을 생활화하는 것은 한 번 결정하고 그 이후에는 잊어버려도 되는 것이 아니므로 가장 어려운 일의 하나이다. 식사할 때마다 무엇을 먹어야 할지 결정해야만 하며 쉬고 싶을 때도 정기적으로 밖으로 나가서 운동해야 한다.

습관 변화를 위한 비법은 좋은 행동을 장려하도록 환경을 변화시키는 것이다. 나쁜 습관을 유혹하는 물건을 주변에서 제거하면 좋은 습관 형성에 성공할 가능성이 크게 증가한다. 더 건강한 식생활을 하고 싶다면 찬장을 뒤져서 정크푸드를 치우고 건강을 고려해 신중하게 선택한 식품으로 대체하여, 간식을 먹으려고 먹거리를 찾아도 잘못된 선택을 하지 않도록 해야 한다. 식료품가게에서 케이크나 쿠키 등에 대한 유혹에 저항하기 힘들다면 식료품가게에 가지 말고 배달서비스를 선택하도록 하라. (물론 스스로 쇼핑한다면, 절대로 식전에 식료품가게에 가서는 안 되며, 반드시 식사 후에 가도록 해야 한다.) 또는 식료품가게에서 장을 보지 말고 시장에서 장을 봄으로써, 신선한 식료품을 선택할 수 있을 뿐만 아니라 지역의 경작자들도 지원하도록 하라. 맛이 좋은 모든 것을 없애는 데 너무 치중하지 말라. 맥아빵을 싫어한다고 식품 창고에 맥아빵만 가득 채워 넣는 것이 맥아빵을 갑자기 맛있게 느끼도록 하지는 않는다. 오히려 근처의 버거킹으로 가도록 내몰 수가 있다.

일상생활을 잘 설계해서 옳은 일을 즉각적으로 하도록 만들어라. 더 많이 걸어야 한다면 근무하는 빌딩에서 가장 먼 곳에 있는 주차장의 주차권을 구매하도록 하라. 또 매일 몇 걸음을 걸었는지 체크하도록 보수계를 착용하고 다녀라. 규칙적으로 손자손녀를 데리고 공원에 가도록 하며, 공원에서는 벤치에만 앉아있지 마라. 적어도 리모트콘트롤을 치워버려서 채널을 변경하기 위해서는 소파에서 일어나야만 하도록 만들라.

좋은 건강 습관은 그 어떤 종류이건 즉각적으로 하도록 스케줄 활용을 잘 하라. 치과 약속을 잘 잊는다면 1년간의 치과 예약을 한 번에 다 하라. 의료검진과 마사지 계획도 동일하게 해라. 헬스 클럽에 가는 것이 체력관리를 하도록 동기화한다면 등록하고, 만약 그것이 너무 비싸고 자신에게 잘 맞지 않는다면 일정한 시간에 걷기 운동을 함께 할 파트너를 찾아라. 의무가 있다는 것은 당신을 집 밖으로 나가게 할 것이다. 개인 트레이너를 두는 가장 큰 장점은 지켜야만 하는 스케줄을 가지게 되는 것이다. 그것도 잘 안 된다면 애완견을 사라.

신체활동을 두려운 것이 아니라 좋아하는 것으로 만들어야만 한다. 운동이 당신이 결코 좋아할 수 있는 것이 아니라면 적어도 기꺼이 할 수 있는 것으로 만들어야 한다. 운동경기 팀의 멤버가 되거나 격렬한 운동을 해야만 하는 것이 아니다. 그저 단순하게 걷고 스트레칭하고 신체를 강건하게 유지하라. 걷기와 같이 적당한 신체 활동을 주기적으로 하는 것은 매우 큰 건강 배당금을 받을 수 있는 것이다. 즉 뼈를 튼튼하게 하고 기분을 좋게 만들고 체중조절을 하고,

당뇨와 뇌졸중 및 일부 암을 예방하는 데 도움이 된다. 운동은 정신에도 역시 좋다. 정신적으로 명석함을 유지하고 싶다면 뇌게임보다 운동이 더 좋다는 많은 증거가 있다.

많은 사람에게 있어서 약간의 압력을 행사하고 사회적 활동을 하도록 영향력을 가하는 것이 운동을 지속하게 하는 데 도움이 된다. 이렇게 하는 가장 좋은 방법의 하나는 점심시간이나 오후 휴식시간에 함께 걸을 수 있는 좋은 동료를 만나는 것이다. 걸으면서 친구와 이야기하면 자신이 운동하고 있음을 거의 느끼지 못한다. 수많은 지역사회 스포츠와 여가 활동이 왜 아동을 위한 것이어야만 하는가? 수년 전 한 노인병 전문의가 "노인의 문제는 이들이 더 이상 춤을 추지 않는 것입니다."라고 말하는 것을 들은 적이 있다. 과거엔 토요일 밤의 댄스는 아주 흔한 것이었으며 여러 세대가 참여하는 모임이었다. 댄스는 사람들이 열렬하게 하는 뛰어난 운동이며, 살아오면서 수많은 시간 동안 연습해 왔기 때문에 노인들이 가장 잘 한다. 이와 같은 지역사회 댄스 모임이나 다른 정규적인 사회적 모임을 부활시켜서, 우리 중 가장 잘 하는 사람만이 아니라 보통 사람이 경쟁적이지 않은 분위기에서 움직임을 즐길 수 있는 기회를 많이 만들자.

저항이 가장 적은 길이 좋은 건강으로 가는 길이 되는 세상을 만드는 것이 관건이다. 가게에 가야 할 때, 차량으로 가는 것보다 걸어서 가는 것이 가장 편리하도록 주변과 도시 환경을 계획하고 설계하는 도시개발자가 필요하다. 농촌 사람이 도시지역으로 이주하기 시작하였던 1800년대 후반에 놀이터 운동이 시작되었다. 이는 도시에 살더라도 아이들이 야외에서 안전하게 함께 놀 수 있는 공간을 제공하자는 취지였다. 오늘날은 젊은이부터 노인까지 모든 연령층의 사람들이 음악, 댄스, 지역 생산품의 직거래 등 다양한 활동을 통해 모일 수 있는 공원을 각 지역에 두는 공원 운동이 필요할 수 있다. 이는 안전한 지역사회 야외활동의 개념을 다시 가져오는 것이다.

비만은 널리 퍼진 문제여서 건강한 식생활과 운동을 장려하는 아주 혁신적인 국가차원의 공공건강개입이 필요한 것으로 보인다. 적어도 공립학교에서 체육수업을 부활시켜야 하며 휴식 시간도 되돌려야 한다. 그러나 아마도 이것만으로는 충분하지 않을 것이다. 학교에서 학생들에게 매 시간 10분씩 운동할 수 있는 휴식시간을 주는 것이 어떨까 생각한다. 한때 공립학교에서 점심식사에 가능하면 많은 칼로리가 포함되도록 시도했던 것처럼, 현재는 영양가 없는 칼로리를 줄이고 칼슘과 섬유질을 증가시키기 위한 계획이 필요하다. 음식점들이 가게 창에 자신들이 건강한(게다가 맛이 없지 않은) 음식을 제공함을 나타내는 승인증을 붙이면 좋을 것으로 생각한다. 마지막으로 미래의 세대가 우리 세대가 건강에 관해 범했던 오류를 반복하지 않도록 하기 위해서 투자하자. 자녀와 손자손녀들에게 좋은 영양과 건강에 좋은 음식의 맛을 선물하자. 아이들은 어린 시절 먹었던 음식에 대한 선호를 평생 유지하므로, 아이들에게 건강에 도움이 되는 집안 조리법에 대한 좋은 추억을 제공하자. 오클랜드에 사는 80세 된 내 친구는 음식이 식재료 고유의 진짜 맛일수록 사람들이 덜 먹는다고 믿는다. 그래서 요리전문가인 줄리아 차일드(Julia Child)처럼 그녀는 저칼로리 요리에 확실하게 반대한다. 대신 그녀는 젊은 이웃과 친척들에게 베이컨 지방을 올리브유로 대체하고 정제된 설탕 대신 당밀을 사용하여 전통 남부 요리를 어떻게 만드는지를 가르쳤다.

우리는 아이들이 피자와 치킨 너겟만을 먹는다는 생각에 젖어있지만 아이들이 충분히 어렸을 때 시작하면 아이들은 성인이 주는 어떤 음식이든 잘 먹는다. (아시아인 친구 집을 방문했을 때 그 친구의 아기가 유아용 의자에 앉아서 스시를 먹고 있는 것을 보고 나는 이를 믿게 되었다.) 물론 우리 아이의 식습관을 바꿀 수도 있다! 무엇보다, 어떻게 하면 아이들을 불쾌한 맛이 나는 담배를 피워 보고 싶어지도록 만들 수 있는지를 담배산업체가 찾아낼 수 있다면, 틀림없이 우리도 아이들이 두부를 먹고 싶어 하도록 만들 수 있는 것이다. 음식이 어떻게 만들어지는 것인지, 그릇에 무엇이 담겨 있는지에 대해 아이들이 배울 수 있도록 하라. 당신이 식단을 짜고 재료를 사고 요리할 때 아이들이 돕도록 하라. 음식 생산에 아이가 관여할수록 아이들은 이를 먹으려고 할 가능성이 더 높은데, 이러한 사실을 응용한 프로그램들이 개발되었다. 그러한 한 예가 캘리포니아 주 버클리의 공립학교에서 실시하고 있는 것으로 요리의 아이콘인 앨리스 워터스(Alice Waters)가 개발한 먹거리 학교정원(Edible Schoolyard) 프로그램이다. 이 프로그램에서는 아이들이 과일과 채소를 재배하고 이를 음식으로 만드는 것을 배운다.

모든 것을 함께 연결하기

일상생활의 네 가지 영역, 즉 관계, 일, 학습 및 건강은 모두 연장된 삶에 의해 변화될 것이다. 덤으로 받게 된 시간을 현명하게 활용한다면 우리는 교육을 더 잘 받고, 자녀들과 더 많은 시간을 함께 보내며, 수십 년간 유지되는 깊은 우정을 즐기고 전례가 없는 전문성과 재능을 개발할 수 있다. 우리는 더 이상 우리의 인생을 교육, 직업, 가정 그리고 가장 마지막에 여가에 집중된, 연속적인 단계로 인위적으로 분리할 필요 없이, 이 모든 것을 평생에 걸쳐 함께 경험할 수 있다. 마침내 우리는 가정과 일 간의 긴장과 갈등에 종지부를 찍을 수 있게 될 것이다. 눈을 떠서 살펴보면 우리는 이제 이 둘을 모두 할 수 있는 시간을 가지게 된 것이다. 연령분리를 더 이상 하지 않게 되고, 아이들이 노인을 역할 모델로 알게 되면서 자신이 80대, 90대에 추구할 목표에 대해 생각하기 시작할 것이다.

사실, 이에는 장애물이 있다. 교육과 건강습관을 향상시켜야 하며, 사회계층 간의 불평등을 감소시켜야 하고, 장기간의 계획을 어떻게 세워야 하는지에 대해 배워야 한다. 장수의 혜택이 지구촌 곳곳에 골고루 미치도록 하기 위해서 이 나라와 전 세계의 빈곤을 감소시킬 수 있는 공공 프로그램을 개발할 필요가 있다. 전 세계에서 가장 빈곤한 지역의 교육을 향상시켜야 할 것이며, 정부와 비영리단체가 함께하여 이들에게 기본 영양, 위생 및 선진국에서 장수가 가능해지도록 한 보건의료서비스를 제공하도록 해야 할 것이다. 이는 정말 대단한 일이다. 그러나 우리는 과거에는 해결할 수 없을 것으로 보였던 문제를 해결하였다. 100년 전으로 돌아가서 사람들에게 미국에서 태어나는 아기들은 거의 대부분 노인이 될 때까지 산다고 말하면 어떨지 상상이 되는가?

2050년까지 100세인이 백만 명에 달할 것으로 예상되는 미국에서 초고령을 재창조하는 도전은 베이비부머 세대가 직면한 사회 혁명 중 가장 큰 혁명이 될 것이다. 우리는 초고령을 생물학적으로 불가피한 단계일 뿐만 아니라 생산적이고 즐겁고 다음 세대에게 영감을 주는 새로운 인생단계로 만들 수 있다. 인생 전반부 동안 우리가 많은 혜택을 받았던 지역사회에 그 동안 받았던 것을 되돌리는 데에 후반부를 사용하자는 계획인 50-50플랜의 도전을 받아들이자. 장수로 인해 제기되는 수많은 문제를 어떻게 다루어야 할지를 잘 알고, 우리 다음 세대가 길고 건강한 인생을 살 수 있도록 이들을 어떻게 준비시켜야 하는지를 잘 아는 세상을 만들기 위해서는 베이비부머의 경험과, 지혜 그리고 리더십이 필요하다. 이는 거대한 과제지만 우리는 세상을 변화시키는 일을 항상 잘 해 냈다. 이 책에서 당신이 얻을 수 있는 한 가지 생각이 있다면 그것은 앞으로 기대할 것이 매우 많다는 것이다. 지금 움직이기 시작하자. 우리의 혁명은 아직 끝나지 않았다.

참고문헌

Chapter 1: 시작하는 글

(1) Blake, D. & Pickles, J. (2008) Apocalyptic demography? Putting longevity risk in perspective. *Executive Report*, Chartered Institute of Management Accountants. http://www1.cimaglobal.com/cps/rde/xchg/SID-0AE7C4D-2CA621B0/live/root.xsl/28033.htm.

(2) Christensen, K., Doblhammer, G.,Rau, R., & Vaupel, J. W. (2009). Aging populations: The challenges ahead. *The Lancet, 374*, 1196-1208.

(3) MacArthur Network on an Aging Society. (Fall 2009). Policies and politics for an older America. *Contexts, 8*(4), 22-27.

Chapter 2: 장수에 관한 믿지 못할 통념

(1) Hagestad, G. O., & Uhlenberg, P. (2005). The social separation of old and young: A root of ageism. *Journal of Social Issues, 61*(2), 343-360.

(2) Carstensen, L. L., Turan, B., Scheibe, S., Ram, N., Ersner-Hershfield, H., Samanez-Larkin, G., Brooks, K. & Nesselroade, J. R. (2011). Emotional experience improves with age: Evidence based on over 10 years of experience sampling. *Psychology and Aging, 26*, 21-33.

(3) Scheibe, S. & Carstensen, L. L. (2010). Emotional aging: Recent findings and future trends. *Journals of Gerontology 65B*(2), 135-144.

(4) Cowan, P., & Cowan, C. (1992). *When partners become parents: The big life change for couples.* New York: Basic Books.

(5) Knoops, K. T. B., de Groot, L. C. P. G., Kromhout, D., Perrin, A., Moreiras-Varela, O., Menotti, A., et al. (2004). Mediterranean diet, lifestyle factors, and 10-year mortality in elderly European men and women. *Journal of the American Medical Association, 292*(12), 1433-1439.

(6) Cherkas, L., Hunkin, J., Bernet, S. K., Richards, J. B., Gardner, J. P., Surdulescu, G., et al. (2008). The association between physical activity in leisure time and leukocyte telomere length. *Archives of Internal Medicine, 168*(2), 154-158.

(7) Mather, K. A., Jorm, A. F., Parslow, R. A. (2011). Is telomere length a biomarker of aging? A review. *The Journals of Gerontology 66A*(2), 202-213.

(8) Gatz, M., Reynolds, C. A., Fratiglioni, L., Johansson, B., Mortimer, J. A., Berg, S., et al. (2006). Role of genes and environments for explaining Alzheimer disease. *Archives of General Psychiatry, 63*(2), 168-174.

(9) Hossain, P., Kawar, B., & ElNahas, M. (2007). Obesity and diabetes in the developing world: A growing challenge. *New England Journal of Medicine, 356*(3), 213-215.

(10) Roh wedder, S. & Willis, R. J. (2010). Mental retirement. *Journal of Economic Perspectives, 24*(1), 119-138.

(11) Thayer, C. (2007). *Preparation for retirement: The haves and have-nots* [AARP report]. Washington, DC: AARP Knowledge Management.

(12) Employee Benefit Research Institute Retirement Survey 2010 results, http://www.ebri.org.

(13) Pillemer, K., Suitor, J. J., Mock, S. E., Sabir, M., Pardo, T. B., & Sechrist, J. (2007). Capturing the complexity of intergenerational relations: Exploring ambivalence within later-life families. *Journal of Social Issues, 63*, 775-791.

(14) Hurd, M. D., & Smith, J. P. (2002). *Expected bequests and their distributions* [NBER Working Paper no. 9142]. Cambridge, MA: National Bureau of Economic Research. Cited in *Health and Retirement Study Newsletter, 1*, pp. 4-7.

(15) Meadows, D., Meadows, D., & Randers, J. (2004). *Limits to growth: The 30-year update.* White River Jct., VT: Chelsea Green Publishing.

(16) Hayutin, A. M. (2007). *How population aging differs across countries: A briefing on global demographics.* Stanford, CA: Stanford Center on Longevity.

(17) The majority of younger people tend to favor actions benefiting older people and older tend to favor actions benefiting youth. Personal communication, John Rother, AARP.

(18) Wise, D. A. (2010). Facilitating longer working lives: International evidence on why and how. *Demography, 47*(S1), S131-S149.

(19) Gruber, J., & Wise, D. A. (Eds.). (1999). *Social security and retirement around the world.* Chicago: University of Chicago Press.

(20) Singh, G. K., & Siahpush, M. (2006). Widening socioeconomic inequalities in US life expectancy, 1980-2000. *International Journal of Epidemiology, 35*(4), 969-979.

Chapter 3: 노화란 무엇인가?

(1) Centers for Disease Control and Prevention. (1999). Ten great public health achievements: United States, 1900-1999. *Morbidity and Mortality Weekly Report, 48*(12), 241-243.

(2) Francis, D. R. (2002, March). Why do death rates decline? *NBER Digest,* p. 3.

(3) Diamond, J. (1997). *Guns, germs, and steel: The fates of human societies.* New York: Norton.

(4) Diamond, J. (1987, May). The worst mistake in the history of the human race. *Discover,* pp. 64-66.

(5) Hess, A. F. (1921). Newer aspects of some nutritional disorders. *Journal of the American Medical Association, 76,* 693-700.

(6) Agence France-Presse. (2003, August 27). Death toll from Europe's heat wave could exceed 15,000: estimates. Retrieved October 31, 2008, from http://www. terradaily.com/2003/030827 165837.vbless3o.html

(7) Park, D. C., Lautenschlager, G., Hedden, T., Davidson, N. S., Smith A. D., & Smith P. K. (2002). Models of visuospatial and verbal memory

across the adult life span. *Psychology and Aging, 17*(2), 299-320.

(8) Schaie, K. W. (1994).The course of adult intellectual development. *American Psychologist, 49*, 304-313.

(9) The Pew Research Center for the People and the Press. (2007). *What Americans Know, 1989-2007: Public knowledge of current affairs and information revolutions.* Washington, DC.

(10) Hambrick, D. Z., Salthouse, T. A., & Meinz, E. J. (1999). Predictors of crossword puzzle proficiency and moderators of age-cognition relations. *Journal of Experimental Psychology: General, 128*(2), 131-164.

(11) Schneider, J. (2002, June 3). 100 and counting [electronic version]. *U.S. News & World Report.* Retrieved October 31, 2008, from http://www.usnews.com/usnews/biztech/articles/020603 /archive_021563.htm

(12) Rosellini, L. (1995, August 20). Our century. *U.S. News & World Report.* Retrieved October 31, 2008, from http://www. usnews.com /usnews/culture/articles/ 950828/archive_032746.htm

(13) Perls, T. T. (1995). The oldest-old. *Scientific American, 272*, 70-75.

(14) Ritchie, K. (1995). Mental status examination of an exceptional case of longevity: J. C., age 118 years. *British Journal of Psychiatry, 166*(2), 229-235.

(15) Whitney, C. R. (1997, August 5). Jeanne Calment, world's elder, dies at 122 [electronic version]. *New York Times.* Retrieved October 31, 2008, from http://query.nytimes.com/gst/fullpage .html?res=9C01E7D7113 DF936A3575BC0A961958260

(16) Carnes, B. A., Hayflick, L., & Olshansky, S. J. (2002). No truth to the fountain of youth. *Scientific American, 286*(6), 92-95.

(17) Olshansky, S. J., Hayflick, L., & Carnes, B. A. (2002). Position statement on human aging. *Journals of Gerontology 57A*(8), B1-B6.

(18) Lakdawalla, D. N., Bhattacharya, J., & Goldman, D. P. (2004). Are the young becoming more disabled? *Health Affairs, 23*(1), 168-176.

(19) McCann, J. (2001). Wanna bet?: Two scientists wager on whether humans can live to 130 or 150 years. *Scientist, 15*(3), 8.

Chapter 4: 긴 생애 구상하기

(1) Burrelli, J. S. (2004). *Science and engineering doctorate awards: 2003* [NSF 05-300]. Arlington, VA: National Science Foundation, Division of Science Resources Statistics.

(2) U.S. Census Bureau. (2001). *America's families and living arrangements: Population characteristics 2000* [Current Population Reports, Series P20-537]. Washington, DC: U.S. Government Printing Office.

(3) Teachman, J. D., Tedrow, L. M., & Crowder, K. D. (2000). The changing demography of America's families. *Journal of Marriage and the Family, 62,* 1234-1246.

(4) Kohli, M. (2005). The world we forgot: A historical review of the life course. In R. Miller (Ed.), *Biographical research methods* (pp. 5-34). London: Sage.

(5) Pilling, D. (2003, August 7). Japan could "export" surplus centenarians. *Financial Times,* p. 1.

(6) Bennett, J., Quezada, E. C., Lawton, K., & Perun, P. (2008). *The UK Child Trust Fund: A successful launch.* London: Institute for Public Policy Research. Sadly, funding for Child Trust Fund accounts was cut in January 2011.

(7) Biblarz, T. J. & Stacey, J. (2010). How does the gender of parents matter? *Journal of Marriage and Family, 72*(1), 3-22.

(8) Labouvie-Vief, G. (2003). Dynamic integration: Affect, cognition, and the self in adulthood. *Current Directions in Psychological Science, 12*(6), 201-206.

(9) Baltes, P. B., & Baltes, M. M. (1990). Psychological perspectives on successful aging: The model of selective optimization with compensation. In P. B. Baltes & M. M. Baltes (Eds.), *Successful aging: Perspectives from the behavioral sciences* (pp. 1-34). New York: Cambridge University Press.

(10) Ray, R., & Schmitt, J. (2007). *No-vacation nation.* Washington, DC: Center for Economic and Policy Research.

(11) Expedia. (2008). *International Vacation Deprivation Survey.* Retrieved from http://media.expedia.com/media/content/expus/graphics/promos/

vacations/expedia_international_vacation_deprivation_survey_2008.pdf

(12) Caruso, C. C., Hitchcock, E. M., Dick, R. B., Russo, J. M., & Schmitt, J. M. (2004). *Overtime and extended work shifts: Recent findings on illnesses, injuries and health behaviors* [DHHS (NIOSH) Publication No. 2004-143]. Cincinnati, OH: National Institute for Occupational Safety and Health, 1-38.

(13) Arias, E. (2007). United States life tables, 2004. In *National Vital Statistics Reports* (Vol. 56, no. 9, pp. 1-39). Hyattsville, MD: National Center for Health Statistics.

(14) If you were born in 1960 or later your eligibility for full Social Security benefits will be increased to 67. Retrieved from Social Security Online, February 19, 2009, http://www.ssa.gov/retire2/retirechart.htm

(15) Freedman, M. (2007). *Encore: Finding work that matters in the second half of life.* New York: Public Affairs.

(16) Hagestad, G. O. (1996). On-time, off-time, out of time? Reflections on continuity and discontinuity from an illness process. In V. L. Bengston (Ed.), *Adulthood and aging: Research on continuities and discontinuities* (pp. 204-222). New York: Springer.

(17) Reynolds, S., Ridley, N., & Van Horn, C. E. (2005). A work-filled retirement: Workers' changing views on employment and leisure. *WorkTrends Survey, 8*(1), 1-39.

(18) Faiola, A. (2005, October 17). Sick of their husbands in graying Japan. *Washington Post*, p. A01.

(19) Kim, S., Hasher, L., & Zacks, R. T. (2007). Aging and a benefit of distractibility. *Psychonomic Bulletin & Review, 14*(2), 301-305.

(20) Charles, S. T., & Carstensen, L. L. (2008). Unpleasant situations elicit different emotional responses in younger and older adults. *Psychology and Aging, 23*(3), 495-504.

(21) Cheng, S. T., & Yim, Y. K. (2008). Age differences in forgiveness: The role of future time perspective. *Psychology and Aging, 23*(3), 676-680.

Chapter 5: 노화의 사회적 측면

(1) Lang, F. R., & Carstensen, L. L. (1994). Close emotional relationships in late life: Further support for proactive aging in the social domain. *Psychology and Aging, 9*, 315-324.

(2) Berkman, L. F., & Syme, S. L. (1979). Social networks, host resistance, and mortality: A nine-year follow-up study of Alameda County residents. *American Journal of Epidemiology, 109*, 186-204.

(3) Johnson, S., Dweck, C., & Chen, F. (2007). Evidence for infants' internal working models of attachment. *Psychological Science, 18*(6), 501-502.

(4) Martin, J. M., & Cole, D.A. (2000). Using the personal stroop to detect children's awareness of social rejection by peers. *Cognition and Emotion, 14*(2), 241-260.

(5) Singh-Manoux, A., Marmot, M. G., & Adler, N. E. (2005). Does subjective social status predict health and change in health status better than objective status? *Psychosomatic Medicine, 67*, 855-861.

(6) Cole, S. W., Hawkley, L. C., Arevalo, J. M. G., & Cacioppo, J. T. (2011). Transcript origin analysis identifies antigen-presenting cells as primary targets of socially regulated gene expression in leukocytes. *Proceedings of the National Academy of Sciences, 108*(7), 3080-3085.

(7) Capitanio, J. P., Mendoza, S. P., Lerche, N. W., & Mason, W. A. (1998). Social stress results in altered glucocorticoid regulation and shorter survival in simian acquired immune deficiency syndrome. *Proceedings of the National Academy of Sciences USA, 95*, 4714-4719.

(8) Cole, S. W., Korin, Y. D., Fahey, J. L., & Zack, J. A. (1998). Norepinephrine accelerates HIV replication via protein kinase A-dependent effects on cytokine production. *Journal of Immunology, 161*, 610-616.

(9) Cole, S. W., Hawkley, L. C., Arevalo, J. M., Sung, C. Y., Rose, R. M., & Cacioppo, J. T. (2007). Social regulation of gene expression in human leukocytes. *Genome Biology, 8*(9), R189. doi:10.1186/gb-2007-8-9-r189

(10) Fratiglioni, L., Wang, H. X., Ericsson, K., Maytan, M., & Winblad, B. (2000). Influence of social network on occurrence of dementia: A

community-based longitudinal study. *Lancet, 355*, 1315-1319.

(11) Pressman, S. D., & Cohen, S. (2007). The use of social words in autobiographies and longevity. *Psychosomatic Medicine, 69*, 262-269.

(12) Berkman, L. (2000). Which inflences cognitive function: Living alone or being alone? *Lancet, 355*(9212), 1291-1292.

(13) Kahn, R., & Antonucci, T. C. (1980). *Convoys over the life course: Attachment, roles, and social support.* In P. B. Baltes & O. Brim (Eds.), *Life-span development and behavior* (Vol. 3, pp. 81-102). New York: Academic Press.

(14) Berkman, L., & Glass, T. (2000). Social integration, social networks, social support and health (pp. 137-173). In L. F. Berkman & I. Kawachi (Eds.), *Social epidemiology.* New York: Oxford University Press.

(15) Fredrickson, B. L., & Car stensen, L. L. (1990). Choosing social partners: How old age and anticipated endings make us more selective. *Psychology and Aging, 5*, 335-347.

(16) Fung, H. H., & Carstensen, L. L. (2006). Goals change when life's fragility is primed: Lessons learned from older adults, the September 11th attacks and SARS. *Social Cognition, 24*, 248-278.

(17) Fredrickson, B. (1995). Socioemotional behavior at the end of college life. *Journal of Social and Personal Relationships, 12*(2), 261-276.

(18) Saller, R. (2001). Family values in ancient Rome. Fathom Archive, University of Chicago Library. Retrieved from http://fathom.lib.uchicago.edu/1/777777121908/

(19) Bernard, J., & Bernard, J. S. (1982). *The future of marriage.* New Haven: Yale University Press.

(20) Fuchs, V. R. (2004). Reflections on the socio economic correlates of health. *Journal of Health Economics, 23*(4), 653-661. doi:10.1016/j.jhealeco.2004.04.004

(21) Miller, E. D., & Wortman, C. B. (2002). Gender differences in mortality and morbidity following a major stressor: The case of conjugal bereavement. In G. Weidner, M. Kopp, & M. Kristenson (Eds.), *Heart disease: Environment, stress and gender* (pp. 251-266). Washington, DC:

IOS Press.

(22) Schleifer, S. (1989). Bereavement, depression and immunity: The role of age. In L. Carstensen & J. Neale (Eds.), *Mechanisms of psychological influence on physical health: With special attention to the elderly* (pp. 61-79). New York: Plenum Press.

(23) Waite, L. J., Browning, D., Doherty, W. J., Gallagher, M., Luo, Y., & Stanley, S. M. (2002, June). *Does divorce make people happy? Findings from a study of unhappy marriages* [report]. Institute for American Values, Center for Marriage and Families. Retrieved from http://center.american values.org

(24) Cherlin, A. J. (2005). American marriage in the early twenty-first century. *The Future of Children, 15*(2), 33-55.

(25) Miller, E. D., & Wortman, C. B. (2002). Gender differences in mortality and morbidity following a major stressor: The case of conjugal bereavement. In G. Weidner, M. Kopp, & M. Kristenson (Eds.), *Heart disease: Environment, stress and gender* (pp. 251-266).Washington, DC: IOS Press.

(26) According to the Census Bureau, in 2002 about 18 percent of women ages 40 to 44 had never had a child, compared with 10 percent in 1976. U.S. Census Bureau. Percentage of childless women 40 to 44 years old increases since 1976, Census Bureaureports [news release]. (2003). Retrieved from http://www. census.gov/Press- Release/www/releases/archives/fertility/001491.html

(27) U.S. Census Bureau. Americans marrying older, living alone more, see households shrinking, Census Bureau reports [news release].(2006). Retrieved from http://www.census.gov/ PressRelease/www/releases/archives/families_households/006840.html

(28) National Center for Health Statistics, 2007.

(29) Cherlin, A. J. (2005). American marriage in the early twenty-first century. *The Future of Children, 15*(2), 33-55.

(30) Women and the Economy 2010. 25 years of progress but challenges remain. Report by the U.S. Congress Joint Economic Committee.

(31) Cicirelli, V. G. (1991). Sibling connections in adulthood. *Marriage*

and Family Review, 16(3/4), 291-310.

(32) Livingston, G. & Parker, K. (2010). Since the start of the Great Recession, more children live with grandparents. Pew Research Center Report.

(33) Fuller-Thompson, E., & Minkler, M. (2001). American grandparents providing extensive childcare to their grandchildren. *Gerontologist, 41*(2), 201-209.

(34) Minkler, M., & Roe, K. M. (1996). Grandparents as surrogate parents. *Generations, 20,* 34-38.

(35) Hawkes, K., O'Connell, J. F., Blurton Jones, N. G., Alvarez, H., & Charnov, E. L. (1998). Grandmothering, menopause, and the evolution of human life histories. *Proceedings of the National Academy of Science, 95,* 1336-1339.

(36) Blurton Jones, N. G., Hawkes, K., & O'Connell, J. F. (1997). Why do Hadza children forage? In N. Segal, G. E. Weisfeld, & C. C. Weisfeld (Eds.), *Uniting psychology and biology: Integrative perspectives on human development* (pp. 279-313). Washington, DC: American Psychological Association.

(37) Hawkes, K., O'Connell, J. F., & Blurton Jones, N. G. (2003). Human life histories: Primate tradeoffs, grandmothering socioecology, and the fossil record. In P. Kappeler & M. Pereira (Eds.), *Primate life histories and socioecology* (pp. 204-227). Chicago: University of Chicago Press.

(38) Hawkes, K. (2003). Grandmothers and the evolution of human longevity. *American Journal of Human Biology, 15,* 380-400.

Chapter 6: 집단적 지원: 사회보장연금과 노인의료보험

(1) Kolata, G. (2006, July 30). So big and healthy even grandpa wouldn't know you. *New York Times.* Retrieved October 29, 2008, from http://www.nytimes.com/2006/07/30/health/30age.html

(2) Federal Interagency Forum on Aging-Related Statistics. (2008). Older Americans 2008: *Key indicators of well being.* Washington, DC: U.S. Government Printing Office.

(3) The amount of Social Security people receive is based on an average of earnings across their working lives. U.S. Social Security Administration. (2008). *Understanding the benefits* [SSA Publication No. 05-10024]. Washington, DC.

(4) Sherman, A., & Shapiro, I. (2005). Social Security lifts 13 million seniors above the poverty line: A state-bystate analysis. Center on Budget and Policy Priorities. Retrieved from http://www.cbpp.org/2-24-05socsec.htm

(5) U.S. Social Security Administra-tion, Office of Policy. Monthly statistical snapshot, Table 2: Social Security Benefits. Retrieved October 28, 2008, from http://www.ssa.gov/policy/docs/ quickfacts/stat_snapshot/

(6) Dalstra, J. A., Kunst, A. E., Borrell, C., Breeze, E., Cambois, E., Costa, G., et. al. (2005). Socioeconomic differences in the prevalence of common chronic diseases: An overview of eight European countries. *International Journal of Epidemiology, 34*(2), 316-326. doi:10.1093/ije/ dyh386

(7) Schultz, G. P., & Shoven, J. B. (2008). *Putting our house in order: A guide to Social Security and health care reform.* New York: Norton.

(8) Gruber, J., Milligan, K. & Wise, D. (2010). Social Security programs and retirement around the world: The relationship to youth unemployment. (1-46) NBER. University of Chicago Press.

(9) Shoven, J., & Goda, G. S. (2008). *Adjusting government policies for age inflation* [NBER Working Paper no. 14231]. Cambridge, MA: National Bureau of Economic Research. Retrieved October 30, 2008, from http://www.nber.org/papers/w14231.pdf

(10) President Johnson's remarks with President Truman at the signing in Independence of the Medicare Bill, July 30, 1965. Retrieved February 23, 2009, from http:/www.lbjlib.utexas/Johnson/ archives.hom/speeches. hom/650730/asp

(11) http://www.gallup.com/poll/147380/americans-medicare-social-security-crisis-within-years.aspx

(12) The Henry J. Kaiser Family Foundation. (2008). Retrieved February 19, 2009 from http://www. kff.org/medicare/h08_7821.cfm

(13) The Henry J. Kaiser Family Foundation. (2007, January). *Health care spending in the United States and OECD countries.* Retrieved from http://www.kff.org/insurance/ snapshot/chcm 010307oth.cfm; see also "United States continues to have highest level of health spending" (2007, September 12). *ScienceDaily.* Retrieved September 9, 2008, from http://www.sciencedaily.com/ releases/2007/09/070911155457.htm

(14) Brownlee, S. (2007). *Overtreated: Why too much medicine is making us sicker and poorer.* New York: Bloomsbury.

(15) Orszag, P. (2008). *Congressional Budget Office testimony: Growth in health care costs.* Washington, DC: Congressional Budget Office.

(16) Goldman, D. P., Shang, B., Bhattacharya, J., Garber, A. M., Hurd, M., Joyce, G. F., et al. (2005, September 26). Consequences of health trends and medical innovation for the future elderly. *Health Affairs, 24*(2), W5R5-17. doi:10.1377/hlthaff.W5.R5

(17) Cohen, J. T. J., Neumann, P. J., & Weinstein, M. C. (2008). Does preventive care save money? Health economics and the presidential candidates. *New England Journal of Medicine, 358*(7), 661-663.

(18) Brox, J. I., Sorensen, R., Friis, A., Nygaard, O., Indahl, A., Keller, A., et al. (2004). Randomized clinical trial of lumbar instrumented fusion and cognitive intervention and exercises in patients with chronic low back pain and disc degeneration. *Spine, 28*(17), 1913-1921.

(19) Garber, A. M. (2004). Cost-effectiveness and evidence evaluation as criteria for coverage policy. *Health Affairs*, January-June; Supplement Web exclusives, W4-28496.

(20) Henry Kaiser Foundation Health Tracking Poll (2011, March).

(21) Fuchs, V. R. (2008). Three "inconvenient truths" about health care. *New England Journal of Medicine, 359*(17), 1749-1751.

Chapter 7: 미래에 투자하기: 과학과 기술

(1) Fogel, R., & Costa, D. (1997). A theory of technophysio evolution, with some implications for forecasting population, health care costs and pension costs. *Demography, 34*, 49-66.

(2) Wang, Y., Beydoun, M. A., Liang, L., Caballero, B., & Kumanyika, S. K. (2008). Will all Americans become overweight or obese? Estimating the progression and cost of the US obesity epidemic. *Obesity, 16*(10), 2323 -2330. doi:10.1038/oby.2008.351

(3) Alzheimer's disease to quadruple worldwide by 2050. (2007, June 11). *ScienceDaily.* Retrieved October 29, 2008, from http://www. sciencedaily.com/releases/2007/06/070610104441.htm

(4) Almond, D. (2006). Is the 1918 influenza pandemic over? Long-term effects of in utero influenza exposure in the post-1940 U.S. population. *Journal of Political Economy, 114*(4), 672-712. doi:10.1086/507154

(5) Parent, C. I., & Meaney, M. J. (2008). The influence of natural variations in maternal care on play fighting in the rat. *Developmental Psychobiology, 50*(8), 767-776. doi:10.1002/ dev.20342

(6) Yau, J. L.W., Noble, J., Hibberd, C., Rowe, W. B., Meaney, M. J., Richard G. M., et al. (2002). Chronic treatment with the antidepressant amitriptyline prevents impairments in water maze learning in aging rats. *Journal of Neuroscience, 22*(4), 1436-1442.

(7) Bialystok, E., Craik, F. I. M., & Ryan, J. (2006). Executive control in a modified antisaccade task: Effects of aging and bilingualism. *Journal of Experimental Psychology: Learning, Memory, and Cognition, 32*(6), 1341-1354.

(8) Langa, K. M., Larson, E. B., Karlawish, J. H., Cutler, D. M., Kabeto, M. U., Kim, S. Y., et al. (2008). Trends in the prevalence and mortality of cognitive impairment in the United States: Is there evidence of a compression of cognitive morbidity? *Alzheimer's & Dementia, 4*(2), 134-144.

(9) Conboy, I. M., Conboy, M. J., Wagers, A. J., Girma, E., Weissman, I. L., & Rando, T. A. (2005). Rejuvenation of aged progenitor cells by exposure to a young systemic environment. *Nature, 433*, 760-764.

(10) Brack, A. S., Conboy M. J., Lee, M., Roy, S., Kuo, C. J., Keller, C., et al. (2007). Increased Wnt signaling during aging alters myogenic stem cell fate and increases fibrosis. *Science, 317*, 807-810.

(11) Vihang, A., Narkar, V. A., Downes, M., Yu, R. T., Embler, E., Wang, Y.X., et al. (2008). AMPK and PPAR agonists are exercise mimetics.

Cell, 134(3), 405-415. doi:10.1016/j.cell.2008.06.051

(12) Erhart, J. C., Dyrby, C. O., D'Lima, D. D., Colwell, C. W., & Andriacchi, T. P. (2010). Changes in in vivo knee loading with variable stiffness shoe correlate with changes in the knee adduction moment. *Journal of Orthopedic Research, 28*(12), 1548-1553.

(13) Yachida, S., Jones, S., Bozic, I., Antal, T., Leary, R., Fu, B., Kamiyama, M., Hruban, R.H., Eshleman, J. R., Nowak, M. A., Velculescu, V. E., Kinzler, K. W., Vogelstein, B., & Iacobuzio-Donahue, C. A. (2010). Distant metastasis occurs late during the genetic evolution of pancreatic cancer. *Nature, 467*, 1114-1117.

(14) Carstensen, E. L., Parker, K. J., & Lerner, R. M. (2008). Elastography in the management of liver disease. *Ultrasound in Medicine & Biology, 34*(10), 1535-1546.

(15) Marsh, J. (2002). House calls. *Rochester Review, 64*(3). Retrieved from http://www.rochester.edu/pr/Review/V64N3/feature2.html

(16) Jimison, H. B., & Pavel, M. (2008). Integrating computer-based health coaching into elder home care. In A. Mihailidis, J. Boger, H. Kautz, & L. Normie (Eds.), *Technology and aging: Selected papers from the 2007 International Conference on Technology and Aging* (pp. 122-129). Amsterdam: IOS Press.

(17) Bandura, A., Freeman, W. H., & Lightsey, R. (1999). Self-efficacy: The exercise of control. *Journal of Cognitive Psychotherapy, 13*(2), 158-166.
(18) Knowlton, B. (2006, January 1). Letter from America: Turning out gadgets for a $2-a-day multitude. *International Herald Tribune.* Retrieved from http://www.iht.com/articles/2005/12/30/ news/letter.php?page=2

(19) Murphy, K. M., & Topel, R. H. (2006). The value of health and longevity. *Journal of Political Economy, 114*, 871-904.

(20) Deaton, A. (2006). The great escape: A review of Robert Fogel's The Escape from Hunger and Premature Death, 1700-2100. *Journal of Economic Literature, 44*(1), 106-114. doi:10.1257/002205106776162672

(21) Kirkegaard, J. F. (2007). *The accelerating decline in America's high-skilled workforce: Implications for immigration policy.* Washington, DC: Peterson Institute for International Economics.

(22) Report published by The Royal Society (2011, March). Knowledge, Networks and Nations. (DES 2096).

Chapter 8: 무엇이 잘못될 수 있을까?

(1) Seeman, T. E., Merkin, S. S., Crimmins, E. M., and Karlamangla, A. S. (2010). Disability trends among older Americans: National Health and Nutrition Examination Surveys, 1988-1994 and 1999-2004. *American Journal of Public Health 100*(1), 100-107.

(2) Gilbert, D. T. (2006). *Stumbling on happiness.* New York: Knopf.

(3) Gilbert, D. T., Pinel, E. C., Wilson, T. D., Blumberg, S. J., & Wheatley, T. (1998). Immune neglect: A source of durability bias in affective forecasting. *Journal of Personality and Social Psychology, 75*, 617-638.

(4) Gilbert, D. T. (2006). *Stumbling on happiness.* New York: Knopf, 124-125.

(5) Zajonc, R. B. (1968). Attitudinal effects of mere exposure. *Journal of Personality and Social Psychology, 9*(2), 1-27.

(6) Ersner-Hershfield, H., Goldstein, D., Sharpe, W. F., Fox, J., Yeykelis, L., Carstensen, L. L., & Bailenson, J. N. (in press). Increasing saving behavior through age-progressed renderings of the future self. *Journal of Marketing Research.*

(7) *Burden of chronic disease: Statement before the Senate Appropriations Subcommittee on Labor, Health and Human Services, and Education,* 110th Cong. (2007, April 20) (testimony of Richard J. Hodes and Richard J. Turman). Retrieved from http://www.nia.nih.gov/AboutNIA/ Budget Requests/ Burden_of_Chronic_ Disease_2007.htm_ftn2

(8) Caballero, B. (2007). The global epidemic of obesity: An overview. *Epidemiologic Reviews, 29*(1), 1-5. doi:10.1093/ epirev/mxm012

(9) Rajeshwari, R., Yang, S., Nicklas, T., & Berenson, G. (2005). Secular trends in children's sweetened-beverage consumption (1973 to 1994): The Bogalusa Heart Study. *Journal of the American Dietetic Association, 105*(2), 208-214.

(10) Kids Walk-to-School [program Web page]. Centers for Disease Control and Prevention. Retrieved October 30, 2008, http://www.cdc.gov/nccdphp/dnpa/kidswalk/

(11) Lakdawalla, D. N., Bhattacharya, J., & Goldman, D. P. (2004). Are the young becoming more disabled? *Health Tracking, 23*(1), 168-176.

(12) Wang, Y., Beydoun, M., Liang, L., Caballero, B., & Kumanyika, S. (2008, October). Will all Americans become overweight or obese? Estimating the progression and cost of the US obesity epidemic. *Obesity, 16*(10), 2323-2330. [Accessed July 2008 via advance online publication]

(13) Lakdawalla, D., Goldman, D., & Shang, B. (2005). The health and cost consequences of obesity among the future elderly. *Health Affairs, 24*(Supp. 2), w5r30-41.

(14) Gushue, D. L., Houck, J., & Lerner, A. L. (2005). Effects of childhood obesity on three -dimensional knee joint biomechanics during walking. *Journal of Pediatric Orthopaedics, 25*(6), 763-768.

(15) Olshansky, S. J., Passaro, D. J., Hershow, R. C., Layden, J., Carnes, B. A., Brody, J., et al. (2005). A potential decline in life expectancy in the United States in the 21st century. *New England Journal of Medicine, 352*(11), 1138-1145.

(16) Valdez, R., Athens, M. A., Thompson, G. H., Bradshaw, B. S., & Stern, M. P. (1994). Birthweight and adult health outcomes in a biethnic population in the USA. *Diabetologia, 37*, 624-631.

(17) Yach, D., Hawkes, C., Gould, C. L., & Hofman, K. J. (2004). The global burden of chronic diseases: Overcoming impediments to prevention and control. *Journal of the American Medical Association, 291*(21), 2616-2622.

(18) Thaler, R., & Sunstein, C. (2003). Libertarian paternalism. *American Economic Review, 93*(2), 175-179.

(19) Gannon, J. C. (2000). National intelligence estimate: The global infectious disease threat and its implications for the United States [NIE 99-17D]. Washington, DC: National Intelligence Council.

(20) Hayutin, A. (2007). Global demographic shifts create challenges. *PREA Quarterly* (Fall), 46-53.

(21) House, J. S., Lantz, P. M., & Herd, P. (2005). Continuity and change in the social stratification of aging and health over the life course: Evidence from a nationally representative longitudinal study from 1986 to 2001/2002 (Americans' changing lives study). *Journals of Gerontology 60B*(2), 15-26.

(22) Fries, J. (1980). Aging, natural death, and the compression of morbidity. *New England Journal of Medicine, 330*, 130-135.

(23) Banks, J., Marmot, M., Oldfield, Z., & Smith, J. P. (2006). Disease and disadvantage in the United States and in England. *Journal of the American Medical Association, 295*, 2037 2045.

(24) Herd, P., Goesling, B., & House, J. S. (2007). Socioeconomic position and health: The differential effects of education versus income on the onset versus progression of health problems. *Journal of Health and Social Behavior, 48*(3), 223-238.

(25) Goldman, D. P., & Smith, J. P. (2002). Can patient self-management help explain the SES health gradient? *Proceedings of the National Academy of Sciences, 99*(16), 10929-10934.

(26) Singh, G. K., & Siahpush, M. (2006). Widening socioeconomic inequalities in US life expectancy, 1980-2000. *International Journal of Epidemiology, 35*(4), 969-979.

(27) Meara, E. R., Richards, S., & Cutler, D. M. (2008). The gap gets bigger: Changes in mortality and life expectancy, by education, 1981-2000. *Health Affairs, 27*, 350-360.

(28) Janicki-Deverts, D., Cohen, S., Adler, N. E., Schwartz, J. E., Matthews, K. A., & Seeman, T. E. (2007). Socioeconomic status is related to urinary catecholamines in the Coronary Artery Risk Development in Young Adults (CARDIA) study. *Psychosomatic Medicine, 69*, 514-520.

(29) Evans, G. W., & English, K. (2002). The environment of poverty: Multiple stressor exposure, psychophysiological stress, and socioemotional adjustment. *Child Development, 73*(4), 1238-1248.

(30) Ezzati, M., Friedman, A. B., Kulkarni, S. C., & Murray, C. J. L. The reversal of fortunes: Trends in county mortality and cross-county mortality disparities in the United States. PLoS *Medicine, 5*(4), e66. doi:10.1371/journal. pmed.0050066

(31) U.S. Department of Agriculture, Economic Research Service. (2003, November). *Rural education at a glance* [Rural Development Research Report no. 98]. Retrieved from http://www.ers.usda.gov/ publications/ rdrr98/rdrr98_lowres.pdf

(32) U.S. Census Bureau. (2006). Educational attainment [table]. Retrieved November 20, 2008, from http://factfinder.census.gov/ servlet/STTable?_bm=y&-geo_id=01000US&-qr_name=ACS_2006_EST_G0 0_S1501&-ds_name=ACS_2006_EST_G00_&-_lang=en&-redoLog=false& CONTEXT=st

Chapter 9: 길고 멋진 미래 다지기

(1) Witvliet, C. V., Ludwig, T. E., & Vander Laan, K. L. (2001). Granting forgiveness or harboring grudges: Implications for emotion, physiology, and health. *Psychological Science, 12*(2), 117-123. doi:10.1111/1467-9280.00320

(2) Fried, L. P., Carlson, M.C., Freedman, M., Frick, K.D., Glass, T. A., Hill, J., McGill, S., Rebok, G. W., Seeman, T., & Tielsch, J. (2004). A social model for health promotion for an aging population. *Journal of Urban Health, 81*(1), 64-78.

색인

〈 저자소개 〉

　로라 카스텐슨(Laura L. Carstensen) 박사는 스탠포드대학교 심리학과 교수이자 공공정책 분야의 Fairleigh S. Dickinson Jr. 교수이며, 스탠포드장수센터 창립멤버이기도 하다. 20년 이상 국립노화연구소의 지원을 받아 연구를 수행해 왔다. 구겐하임 펠로우 및 미국국립보건원상을 받았으며 고령화 사회에 관한 맥아더재단 연구회 회원으로 캘리포니아 로스 알토스 힐에 살고 있다.

〈 역자약력 〉

김혜리

/약력

이화여자대학교 영어영문학과 졸업 (학사)
서울대학교 심리학과 졸업 (석사)
Brown 대학교 심리학과 졸업 (Ph.D)
현재 충북대학교 심리학과 교수

/대표 저서 및 역서

인지발달
마음 맹
자폐아동도 마음읽기를 배울 수 있다
그 남자의 뇌, 그 여자의 뇌
자폐인의 세상 이해하기
언어발달
아동정신병리

김영경

/약력

덕성여자대학교 경영학과 졸업 (학사)
경북대학교 심리학과 졸업 (석사 및 박사, 노년심리 전공)
경북대학교, 숭실사이버대학교 강사 역임
현재 충북대학교 강사 및 인간심리연구소 전임연구원

/대표 저서 및 역서

노인상담: 경험적 접근
무의식의 보고 꿈
노인상담의 첫걸음
임상 노년심리학

길고 멋진 미래—행복한 노년 준비하기

초판발행	2017년 8월 31일
중판발행	2018년 10월 20일

옮긴이	김혜리 · 김영경
펴낸이	안상준

편 집	전은정
기획/마케팅	노 현
표지디자인	조아라
제 작	우인도 · 고철민

펴낸곳	㈜피와이메이트
	서울특별시 마포구 월드컵북로 400, 5층 2호(상암동, 문화콘텐츠센터)
	등록 2014. 2. 12. 제2015-000165호
전 화	02)733-6771
f a x	02)736-4818
e-mail	pys@pybook.co.kr
homepage	www.pybook.co.kr
ISBN	979-11-88040-08-7 93180

* 잘못된 책은 바꿔드립니다. 본서의 무단복제행위를 금합니다.
* 역자와 협의하여 인지첨부를 생략합니다.

* 책값은 뒤표지에 있습니다.

박영스토리는 박영사와 함께하는 브랜드입니다.